大数据驱动下的大学英语教育创新探索

陈　潇　苗春雨　著

中国纺织出版社有限公司

内 容 提 要

随着信息技术的高速发展，大数据在教育领域的应用引起了广泛关注。了解和应用大数据技术有助于高校和教师深入了解学生需求，改进教学质量，本书回顾和梳理了大数据技术在教育领域的应用，分析了大数据技术与大学英语教学的关系，探讨了大数据技术如何帮助优化大学英语课程设计，探索了大数据支持下的教学创新和管理水平提升，研究了大数据下的大学英语听力、口语、阅读、写作教学实践，并总结了大数据应用的效果、问题和发展趋势。本书内容充实，适合高校英语教师、教育工作者阅读。

图书在版编目（CIP）数据

大数据驱动下的大学英语教育创新探索 / 陈潇，苗春雨著 . -- 北京：中国纺织出版社有限公司，2024.3

ISBN 978-7-5229-1626-2

Ⅰ. ①大… Ⅱ. ①陈…②苗… Ⅲ. ①英语—教学研究—高等学校 Ⅳ. ①H319.3

中国国家版本馆 CIP 数据核字（2024）第 070390 号

责任编辑：段子君 于 泽 责任校对：高 涵
责任印制：储志伟

中国纺织出版社有限公司出版发行
地址：北京市朝阳区百子湾东里 A407 号楼 邮政编码：100124
销售电话：010—67004422 传真：010—87155801
http://www.c-textilep.com
中国纺织出版社天猫旗舰店
官方微博 http://weibo.com/2119887771
三河市延风印装有限公司印刷 各地新华书店经销
2024 年 3 月第 1 版第 1 次印刷
开本：710×1000 1/16 印张：14
字数：243 千字 定价：99.90 元

前 言
PREFACE

进入 21 世纪,信息技术迅猛发展,使得数据量呈现爆炸式增长。互联网、移动设备的广泛应用产生了海量的结构化和非结构化数据,这些庞大、复杂和多变的数据被称为"大数据"。大数据具有数据量大、种类多样等特征,能够展现数据之间的密切关系,为决策提供新的洞见。大数据技术正迅速改变我们的世界。从就业到医疗,从商业活动到科学研究,大数据已经成为制定决策、解决问题和创新的关键因素。在这个数字化时代,教育领域同样受到了大数据的深刻影响。

大学英语教学作为高等学校的一门重要基础课程,肩负着重要的人才培养使命。当前,大学英语教育仍存在教学内容单一、教学方法落后、评价方式不科学等问题。大数据技术为大学英语教育提供了新的教学思路。大数据可以收集各类英语教学数据,通过分析发现教学规律,挖掘数据价值,为教学决策提供依据。大数据支持下的个性化学习、移动学习、混合学习等教学模式可以提高教学效率。同时,大数据也可以优化教学资源配置,提供精细化的教学诊断和预警,实现对教学过程的全面监控。

大数据驱动下的大学英语教育可以促进教学内容、教学方法、学习方式、评价考核、资源配置等各个方面的改进与升级,推动大学英语教育整体水平的提高。因此,高校进行大数据驱动下大学英语教学研究,对于推动大学英语教育改革,实现教育信息化建设,具有重要的现实意义。《大数据驱动下的大学英语教育创新探索》应运而生。

本书从大数据的概念和特点入手,探讨大数据在教育领域的潜力和优势。在分析大学英语教育现状与存在问题的基础上,研究如何应用大数据改进和创新大学英语教育的教学设计、教学模式、教学管理等内容。本书旨在为教育者和研究人员提供有关如何利用大数据技术来提高教育质量和学生学习体验的有用信息。

期待本书的内容能够激发更多创新思维，为大学英语教育的未来发展提供有益的启示。

著者

2024 年 1 月

目　录
CONTENTS

第一章　引言

第一节　研究背景

一、大数据时代来临

随着信息技术的高速发展，我们进入了大数据时代，这个时代的特点是数据产生的速度和数量呈爆炸式增长。大数据不仅是数量庞大的数据，还包括多样化的数据，涵盖文本、图像、音频、视频等多种形式的信息。这些数据源源不断地产生，涉及各个领域，包括社交媒体、在线交易、传感器数据、科学研究等。

大数据的重要性在于，通过高级分析技术，人们可以从这些海量数据中提取有价值的信息和见解。这种高级分析包括数据挖掘、机器学习、人工智能等技术，它们能够揭示出数据中隐藏的模式、趋势和关联性，从而帮助我们做出更明智的决策。

大数据技术的崛起已经彻底改变了许多领域的运作方式。在商业领域，企业可以通过大数据分析了解市场趋势、消费者需求，优化供应链管理，提高客户体验，甚至进行个性化营销。在科学研究领域，大数据分析有助于加速发现新知识，解决复杂的科学问题，如气候模拟、基因组学研究等。在医疗领域，大数据可用于个性化医疗诊断和治疗，提高患者护理质量。

在教育领域，大数据的应用也引起了广泛的关注。高校和教育机构开始积极利用大数据来更好地了解学生的学习需求、行为和表现。这包括学生的学习经历、考试成绩、在线课程互动数据等。通过分析这些数据，教育者可以获得关于学生的深入洞察，帮助他们制定更有效的教育策略。例如，个性化教育可以根据学生的学习习惯和水平进行调整，提供定制化的学习路径。此外，大数据还可以用于教育政策制定和课程改进，以提高教育体系的整体质量。

二、大学英语教育改革的必然趋势

大学英语教育一直是高等教育体系的核心组成部分，因为英语已成为国际交流和职业发展的必备技能。然而，随着全球化和国际交流的不断增加，英语的重要性不断凸显。在这个背景下，大学英语教育面临着一系列新的挑战和需求，这使得改革势在必行。

（一）全球化和国际交流的增加

随着国际化程度的提高，学生需要具备跨文化交流和合作的能力。英语作为一门国际通用语言，成为实现这一目标的关键工具。大学毕业生只有具备流利的英语口语水平和出色的英文写作能力，才能在国际职场中参与竞争。

（二）多样化的学生需求

大学招收的学生群体日益多样化，包括不同背景、语言水平和学科需求的学生。传统的教学方法和课程设计无法满足所有学生的需求。因此，需要更灵活和个性化的教育方法和资源。

（三）教育技术的崛起

教育技术如在线学习平台、虚拟教室和移动学习工具等不断发展，为英语教育提供了新的可能性。这些技术可以支持个性化学习、自主学习和远程教育，提高了教学的灵活性和可及性。

在这个背景下，大学英语教育改革成为必然趋势。改革的目标包括提供更灵活、多样化的教学方法，支持学生的自主学习，提高英语教育质量，并更好地满足国际化社会的需求。大数据技术为实现这些目标提供了新的机会，通过收集和分析学生的学习数据，教师可以更好地理解学生的需求，调整教学策略，并实现个性化教育。

三、国家层面对大数据的支持

在国家层面，政府对大数据技术的支持和重视对大学英语教育创新产生了重要影响。2014 年，在首届世界互联网大会上就提到了我国的大数据战略。教育领域被明确定位为大数据的重点应用领域之一，这为教育信息化和大数据技术在教育中的融合奠定了基础。

2015 年 9 月，中国教育大数据研究院成立，这一举措被视为中国教育领域的重要里程碑。该研究院的设立旨在推动教育领域的大数据研究和应用，为教育改革提供数据支持和决策参考。

2015 年 12 月，北京师范大学外国语言文学学院院长程晓堂教授在"第二届互联网＋学校教育高峰论坛"上强调，信息化已经成为不可逆转的发展趋势，教育与技术的结合不再是争论的问题，而是如何更好地结合的问题。这一观点反映了中国教育界对于大数据技术在教育中的重要性的认知。

2018 年 4 月，教育部正式发布《教育信息化 2.0 行动计划》，这一行动计划全面启动了以大数据为核心的教育信息化发展新征程。政府通过该计划明确了政策引导、资源投入、数据安全、监测和评估等方面的举措，以促进大数据在教育领域的应用和创新。

我国政府出台的有关大数据在教育应用方面的一些政策文件，体现了大力支持教育领域开展数据驱动教育改革的政策导向，也为大数据技术在大学英语教育创新中的应用提供了有力支持。这些举措不仅鼓励了大数据技术在教育中的应用，也为教育领域的发展提供了重要的战略方向和资源保障。

第二节 研究目的

本书主要探讨如何利用大数据技术改善大学英语教学。具体包括：

（1）梳理大数据技术在教育领域的应用概况。回顾和总结大数据技术在教育领域的广泛应用，包括数据收集、分析和利用。这将提供一个背景，以了解大数据在教育中的潜在价值和应用场景。

（2）分析大数据技术与大学英语教学的契合点。分析大数据技术与大学英语教学之间的相互关系和互补性。如何将大数据技术与英语教学有机结合，以实现更有效的教学方法将是重点。

（3）明确大数据驱动大学英语教学的意义。强调大数据技术在提高大学英语教育质量和效率方面的重要性。本书将探讨为什么大数据驱动的教学对学生和教师都具有重要意义。

（4）探讨大数据技术如何支持和优化大学英语课程的设计。研究如何利用大数据技术来改进大学英语课程的设计，包括课程内容、教材选择和学习路径的优化，以满足不同学生的需求。

（5）探索创新教学模式的途径。着眼于如何借助大数据技术来开发和实施创新的英语教学模式，如移动学习、翻转课堂、多模态交互教学等，以提高学习体验和成效。

（6）分析大数据技术如何提高大学英语教学管理水平。探讨大数据在教学管理方面的应用，包括教学资源的优化、教学评估的改进以及教师专业发展和培训的支持。

（7）探究大数据支撑下的英语听、说、读、写教学。深入研究如何利用大数据技术来改进英语听力、口语、阅读和写作教学，以提高学生的语言能力。

（8）分析大数据技术的应用效果、问题和发展趋势。回顾和分析已经实施的大数据技术在大学英语教学中的效果，同时关注可能存在的问题和未来的发展趋势，以指导未来的研究和实践。

上述研究目的共同构成了一项如何将大数据技术应用于大学英语教育的综合性研究，旨在提高教育质量、增强学生学习体验，并促进教育领域的创新。

第三节　研究结构与方法

一、研究结构

本书包括八个章节，每个章节侧重于不同的主题和研究方向，以全面深入地探讨大数据在大学英语教育中的应用和影响。每个章节内部包含多个小节，用于详细展开相关主题。整体结构设计旨在帮助读者系统地理解和应用大数据在大学英语教育领域的重要性和潜力。

第一章阐述了大学英语教育的重要性和现实挑战，以及现代教育中信息化和大数据技术的崛起。明确本研究的核心目标，即探讨大数据在大学英语教育中的应用，以提高教育质量和效果。简要概述本研究的章节结构和内容安排，为读者提供一个整体框架。

第二章详细解释了大数据的定义，包括数据的规模、多样性、速度、价值等特点。介绍大数据技术在教育中的具体应用案例，如学习分析、个性化教育等。分析大数据如何影响和推动教育改革，提出大数据在教育中的潜在价值和优势。

第三章详细分析了当前大学英语教育中可能存在的问题，如教学质量、学生参与度等。介绍大数据技术如何提供数据支持，以优化教育过程，改善学习效果，实现个性化学习等。

第四章讨论了如何利用大数据技术进行大学英语教学设计，研究如何通过大据分析优化教材、教学资源和课程内容。讨论如何利用大数据构建和优化学生的个性化学习路径。

第五章重点探讨了基于大数据的创新教学模式，内容包括：大数据如何支持英语移动学习，提高学习灵活性和效果；大数据如何用于翻转课堂教学，提高学生参与度和课堂效果；如何利用大数据技术构建大学英语多模态交互模式，以及大数据在混合学习中的应用。

第六章探讨了大数据在教学管理方面的应用，包括研究如何通过大数据来优化教育资源的分配，提高资源利用率。讨论如何利用大数据来评估教学的效果和改进点。分析大数据时代教师的专业发展和培训需求，以适应新的教育环境。

第七章分项阐述了大数据支撑下的听、说、读、写教学实践，如语音识别技术、语音交互技术、自动评估系统等技术的应用。

第八章审视了大数据在大学英语教学应用中可能面临的障碍和挑战，如隐私问题、数据安全等，并进行反思，提出相应对策。展望未来大数据在大学英语教育领域的发展趋势，包括技术进步、应用创新等。

二、研究方法

本书在撰写中采用了多种研究方法来支持研究内容和目标。

（一）文献研究法

通过广泛查阅国内外相关书籍、期刊论文、学位论文等文献资料，全面了解大数据技术及其在英语教学领域的应用状态，学习借鉴相关研究成果。

（二）比较研究法

对大数据环境下的英语教学与传统英语教学进行比较分析，找出二者的区别所在，明确大数据技术的应用价值。

（三）案例研究法

收集和分析大数据应用于英语教学的典型案例，总结大数据技术在英语教学不同方面的具体应用方式。

（四）调查研究法

通过问卷调查、访谈等方式了解英语教师和学生的需求，为大数据技术与英语教学的有效结合提供依据。

（五）实证研究法

在英语教学实践中，运用大数据技术进行教学实验，评估其应用效果，不断完善大数据驱动下的英语教学方案。

（六）规律归纳法

根据研究结果归纳大数据技术应用于英语教学领域的主要模式和规律，为理论建构提供支持。

（七）预测研究法

在总结大数据技术与英语教学融合状况的基础上，预测大数据环境下英语教学的发展方向。

（八）专家访谈法

访谈教育领域的专家、教育技术专家或大数据分析师，获取他们的见解和建议。

通过结合多种研究方法，本书深入探讨了大数据技术在大学英语教学领域的应用，为未来的研究和实践提供了丰富的理论和实践基础。

第二章　大数据概述

第一节　大数据的概念与特点

在信息时代的浪潮中，大数据已经成为一个备受关注的话题。它不仅改变了我们获取、存储和处理信息的方式，还深刻地影响着商业、科学、政府和社会各个领域的运作方式。本节将带领大家深入探讨大数据的概念与特点及其发展历程。

一、大数据的定义

大数据是一个备受瞩目的概念，吸引了许多学者和研究机构的关注。不同学者和研究机构对大数据的定义呈现出多样性。

一些学者将大数据视为数据概念的延伸和扩展，主要特征在于其规模之巨。比如，刘建明将其描述为信息爆炸的同义语，认为其是巨大的数据和海量信息的另一种称谓。

另一些定义强调大数据不仅数据量庞大和种类多样，还包括那些难以使用传统软件工具捕捉、管理和分析的数据。美国麦肯锡咨询公司指出，大数据是指那些大小超越了典型数据库软件采集、存储、管理和分析能力的数据集。易安信（EMC）公司则强调大数据是一种不断积累的数据表征，大多数是非结构化的，因规模庞大、原始性或非结构化特点而难以使用传统关系数据库方法分析。

还有学者认为，大数据包括海量的结构化和非结构化数据，这些数据难以通过传统数据库和软件技术进行处理。维基百科强调，大数据是一组无法在一定时间内使用通常的软件工具捕获和管理的数据集。

一些观点还强调了大数据的巨大潜力，认为它不只拥有庞大的数据规模，还包含着巨大的价值。维克托·迈尔·舍恩贝格和肯尼思·库克尔认为大数据是一种新型能力，通过对海量数据的分析，可以获得巨大的价值，不仅可以提供产品和服务，还能带来深刻的洞见。IDC 则将大数据定义为从海量数据中提取有价值信息的新一代技术和架构。

大数据的内涵远不止于前述的特点，还包括快速的数据生成与处理以及动态的数据体系等含义。全球知名信息技术研究与咨询公司 Gartner 认为大数据是"大容量、高速率和多变化的信息集，需要考虑成本效益和信息处理的创新形式，以促进理解和决策制定"。

还有一些学者认为大数据技术需要新的数据模型、新的基础设施服务，并使用多样化的工具来获取和处理来自不同数据源的数据，以多样化的方式传递给不同的数据信息消费者和设备。

我国工业和信息化部电信研究院在《大数据白皮书（2014）》中也对大数据也进行了定义，他们强调大数据的特征，包括体量大、结构多样和时效性强。此外，还提到大数据的应用需要采用新型计算架构和智能算法等新技术，并强调将新理念应用于辅助决策、发现新知识，以及业务流程优化的重要性。

这些不同的定义和描述突出了大数据的多维性和复杂性，强调了处理大数据所需的新技术、新方法和新思维方式。大数据不仅是数据规模大，还带来了高效地捕获、处理、分析及应用数据的挑战和机遇。

总之，随着大数据理念的传播及其应用的深入，大数据已经超越了传统的"数据"概念，它不仅是一种技术，更是一种能力。这种能力使我们能够从海量复杂的数据中发现有意义的关联，挖掘事物的变化规律，并准确预测事物的发展趋势。同时，大数据也代表了一套方法论，通过分析间接的数据来推测难以客观表达的特征，揭示事物之间的本质联系，有助于人们更准确地认识世界。大数据还代表一种思维方式，它强调让数据发声，使数据成为人类思考问题和制定行动决策的基础，不再依赖主观臆断，而是依赖科学计算来探索事务的本质。大数据所包含的多元性、有序性、共享性和生成性等特征，促使人们在技术和哲学的指导下应对大数据带来的挑战，不断创新技术、方法和思维。最重要的是，大数据逐渐演变为一种社会文化方式，鼓励每个人都参与数据的生成、共享、热爱和管理，这种文化正在悄然改变各个行业。这个变革不仅影响数据的处理方式，还深刻影响我们对于信息、知识和决策的看法，缔造了一个更加数字化和科学化的世界。

二、大数据的历史与现状

大数据的发展经历了多个关键阶段，反映了信息技术的演进和数据处理方法的不断改进。在早期，计算机主要用于科学计算和数据处理，数据量相对较小且主要是结构化的。然而，互联网时代的到来使在线数据迅速增长，包括网页内容、电子邮件和在线交易数据等。这个阶段引领了数据的爆炸式增长趋势，同时面临着非结构化和半结构化数据的挑战。

21世纪初，"大数据"这一概念开始兴起，用来描述处理海量和多样化数据的挑战和机会。谷歌在2005年发布了MapReduce和Google File System（GFS）的论文，引领了分布式计算和存储的发展，为后来的大数据技术奠定了基础。随后，雅虎在2006年开源了Hadoop，这是一个基于MapReduce的分布式计算框架，成为大数据处理的标志性工具。2008年，Hadoop的子项目Hive和Pig的开发使非技术人员也能处理大数据。

2010年，大数据技术开始进入商业应用领域，包括数据分析、商业智能和市场营销分析等。IBM的Watson系统在2011年问世，它基于大数据和人工智能，用于解决复杂问题，如医疗诊断和自然语言处理，引发了人们对大数据与AI结合的高度关注。

随着物联网的发展，流式数据的处理变得尤为重要，实时数据分析也越发得到重视。Apache Kafka等流处理技术在这一领域崭露头角。同时，大数据与机器学习的结合推动了人工智能的迅猛发展，包括深度学习等领域的突破。然而，大数据的快速增长也引发了数据隐私和伦理问题，促使政府和组织制定数据保护法规。最新的发展趋势包括边缘计算技术与大数据的结合，允许数据在本地处理和分析，减少了数据传输和延迟。

美国一直处于大数据领域的领先地位，早在2009年就高度重视大数据技术的战略意义，当时的奥巴马政府成立了美国大数据研究与发展创新联盟，大力支持大数据相关领域的基础研究与技术攻关。2012年，美国政府发布了《大数据研究与发展战略报告》，明确制定了大数据发展的长远战略规划与指导方针。同时，美国也不断支持高校和科技企业建立大数据研发体系。例如，斯坦福大学于2008年成立了斯坦福数据仓库，为大数据交叉研究与应用提供重要支撑。Google、微软、IBM等科技巨头也纷纷在硅谷地区设立专门从事大数据技术研发的实验室和中心。这为美国大数据产业培养高端人才和推动技术革新奠定了坚实基础。在技术积累到一定程度后，美国开始大力推动大数据在各行各业的广泛应用。比如，商业领域利用大数据进行个性化营销和客户分析，医疗领域开展基因和医疗影像的大数据分析，交通部门依靠大数据优化交通流量预报等。这大大提升了产业效率和服务质量，也促进了产业的智能化升级。与此同时，美国高等院校也相继开设了大数据相关专业。例如，斯坦福大学的计算机科学专业就重视培养具备大数据思维和分析能力的技术人才。基础教育也开始推广计算思维与编程课程。这为美国建立了完整的大数据人才培养体系。

在我国，大数据的研究与应用也得到了政府、学术界和工业界的高度关注与支持。我国政府意识到大数据技术的战略重要性，自 2011 年以来发布了一系列关于大数据发展的重要规划，包括《中国云科技发展"十二五"专项规划》和《物联网"十二五"发展规划》等。这些规划将大数据技术列为重点领域，明确了其在国家发展中的地位。

在学术界，我国高校和研究机构积极参与大数据研究，成立了多个以大数据为核心的国家级智库型科研机构，如中国国际经贸大数据研究中心和清华大学、北京大学的相关研究院。此外，中国计算机学会举办了一系列大数据学术活动，推动了研究与合作的发展。

产业界方面，中国知名企业如阿里巴巴、百度、京东等，都成立了大数据产品团队和实验室，将大数据研究与应用提升至企业战略层面。这些公司充分利用自身的数据资源，不仅在互联网领域，还在政府、医疗、金融、零售等传统领域积极应用大数据技术。

政府部门也在推动数据对外开放，例如，上海市推动政府部门将数据对外开放，涵盖了多个领域的数据内容，鼓励社会企业参与数据的开发和运用，促进大数据的社会化应用。

目前，大数据技术在我国各行各业得到了广泛应用，包括政府决策、医疗诊断、金融风险评估、零售供应链管理、教育质量提高等。我国已建立了坚实的大数据基础，未来将继续加强研究和合作，推动大数据技术在各个领域的创新与应用，为国家发展和社会进步提供有力支持。

三、大数据的特点

大数据发展的早期阶段，人们开始意识到随着互联网和物联网的广泛应用，数据规模和数据类型都发生了跨越性变化。2001 年，国际数据公司（International Data Corporation，IDC）首次提出了"3V"（Volume、Velocity、Variety）来描述这些变化，强调大数据数据量巨大、更新速度快和类型多样的特征。但随着时间的推移，人们发现从大量复杂数据中挖掘价值信息也成为重要挑战。2012 年，吉姆·格雷在宣讲中增加了"价值（Value）"维度，强调大数据分析能够提供隐含的商业和社会价值。这就形成了补充完善后的大数据定义的"4V"模型，它从数据的生成、传输速度到提取潜在价值，给出了一个更系统全面的定义。

从大数据"4V"特征模型不难看出，大数据有以下基本特征。

（一）数据的体量巨大（Volume）

数据的体量巨大是大数据的一项显著特点，它意味着我们现在生活中积累了前所未有的数据规模。这些数据来源多样，包括传感器、社交媒体、日志文件、移动设备等各种来源的信息。这种海量数据的持续积累和快速生成已经成为现代社会和经济活动的一个重要产物。例如，物联网设备每秒产生大量的数据点，而社交媒体平台上数百万用户不断发布信息，这些都导致数据量急剧增加。

这些数据不仅数量庞大，还包括长时间内积累的历史数据。这些历史数据可以用于分析趋势、预测未来事件及挖掘有价值的见解。此外，大数据通常需要整合来自多个数据源的信息，这涉及跨部门、跨组织、跨国界的数据整合，面临数据格式、数据质量和数据一致性等挑战。

数据的体量巨大反映了现代经济和社会活动中对数据的高需求。企业、政府、科研机构等积极采集和利用数据，以改进产品或服务、优化运营、提高决策质量以及开发新的商业模式。然而，面对如此庞大的数据量，传统的数据存储和处理方法已经不再适用。因此，处理大数据需要使用分布式计算框架、高性能存储系统和大规模数据仓库，以确保数据的高可用性、可扩展性和处理效率。

（二）数据的速度快（Velocity）

数据的速度快是大数据的显著特点之一，它强调了数据产生的速度之快以及人们对实时或近实时处理数据的需求

大数据源以极快的速度生成数据。例如，工厂的传感器每毫秒都可以生成大量的生产数据，社交媒体上每秒都有数百万用户发布消息和互动。这种高速生成数据的特点要求数据处理系统能够即时地捕获这些数据。很多情况下，对数据的实时处理是至关重要的。例如，在金融领域，高频交易需要实时监控市场数据以做出即时决策。在医疗保健领域，监测患者的生命体征数据需要及时警报医生以采取行动。社交媒体平台需要在用户发布内容后立即做出反应。

实时数据分析能够为企业提供竞争优势。通过及时了解市场趋势、客户需求和产品性能，企业可以更迅速地调整策略、改进产品并提供良好的客户体验。在电子商务领域，对实时数据的分析可以改进个性化推荐和定价策略。数据速度快特点在互联网交易和物联网领域尤为显著。互联网交易需要实时处理大量的交易数据，确保支付安全和订单处理。而物联网设备不仅产生大量数据，还需要实时

监测和响应设备状态，例如，智能家居设备需要实时控制家庭环境。

为了满足数据速度快的要求，大数据处理系统采用了各种技术和工具，如流式处理系统、复杂事件处理（CEP）引擎、实时数据库等。这些技术允许数据在产生时就被即时处理，以快速获取有用的信息。

（三）数据的多样性（Variety）

数据的多样性是大数据的另一个重要特点，它指的是大数据集中包含多种不同类型和格式的数据，这一特点强调了数据的复杂性和多样性。

（1）结构化数据。结构化数据是以清晰、预定义的格式存储的数据，通常以表格形式呈现，如数据库中的行和列。该数据包括数字、日期、文本等，易于处理和分析。例如，客户信息、交易记录和库存数据都是结构化数据。

（2）半结构化数据。半结构化数据不像结构化数据那样具有严格的表格结构，但它包含标记或层次结构，使得数据元素之间的关系可以被理解。常见的半结构化数据格式包括可扩展标记语言（XML）和JavaScript对象表示法（JSON）。该数据用于表示配置文件、日志文件、文档对象模型（DOM）等。

（3）非结构化数据。非结构化数据没有明确定义的数据模式，通常是自由文本、图像、音频和视频等形式。该数据类型非常复杂，不容易以传统的方式处理和分析。例如，社交媒体帖子、电子邮件文本、音频记录和监控摄像头图像等都属于非结构化数据。

（4）多媒体数据。多媒体数据包括图像、音频和视频等形式的数据，通常需要专门的工具和算法来处理和分析。例如，医学图像、安全监控摄像头录像和音频流数据等都属于多媒体数据。

（5）地理空间数据。地理信息系统（GIS）生成大量的地理空间数据，包括地图、卫星图像、GPS轨迹等。该数据类型通常包含地理坐标和地理属性信息，用于地理位置分析和地图制图。

（6）社交媒体数据。社交媒体数据包括文本、图像和视频的多样数据，用于分析用户观点、社交网络关系和趋势。该数据涵盖用户生成的内容，如推文、帖子、评论和分享。

（7）数据流。数据流是实时生成的数据，需要及时处理和分析。该数据通常用于监控和控制系统，如传感器数据、网络流量数据和交易数据流。

数据多样性要求数据处理工具和算法能够适应不同类型和格式的数据。因此，大数据技术包括数据预处理、数据清洗、数据集成、文本挖掘、图像处理、语音识别等各种技术，以便有效地处理和分析多样性数据。通过综合分析结构化、半结构化和非结构化数据，组织和企业可以获得更全面的见解，并做出理智的决策。数据的多样性是大数据时代中面临的挑战之一，但也是创造更大价值的机会之一。

（四）数据的低价值密度（Value）

大数据往往包含大量看似无用的数据，但其中隐藏着极为宝贵的信息。与传统数据库相比，大数据集中可以提取有价值信息的数据点所占的比例更低。这意味着大数据集中的绝大部分数据在当前的分析或决策上没有直接的参考或用途。

例如，在互联网搜索日志中，有高达99%的点击数据与商业无关，仅有1%的点击数据包含有关用户需求、趋势或产品偏好的重要信息。然而，正是这1%的信息为企业提供了巨大的商业价值，可用于改进搜索算法、广告定位以及产品开发。同样，许多大数据源，如传感器、RFID读数等会产生大量数据，但其中只有少数数据点包含了对分析有用的信息。

由于数据价值密度低，大数据分析更具挑战性。分析师需要具备出色的数据挖掘和分析技能，以从大数据中筛选出潜在的有价值信息。这需要使用复杂的算法、机器学习模型和统计工具，以识别和提取数据中的隐藏模式和见解。

此外，数据价值密度低也增强了大数据分析的成本和复杂性。因为需要处理庞大的数据集，找到其中那些可能为商业服务的细微信息，这需要更多的计算资源、更大的存储空间和更优的专业技能。

综上所述，低价值密度是大数据特征的一个重要方面，它强调了大数据中信息的不均衡分布。尽管大数据集包含大量数据，但其中只有一小部分数据点具有实际的商业或社会价值。这使得大数据分析成为一项复杂而具有挑战性的任务，需要专业知识和高级工具来发现并利用其中的潜在价值，同时需要投入相应的资源和技术以应对低价值密度所带来的挑战。

四、大数据的核心价值

（一）促进了思维的数据化

大数据的核心价值之一是促进了思维的数据化，这一变革在大数据时代的各个领域都产生深远影响。

首先，大数据推动决策制定从主观主义到客观数据的演变。过去，很多决策是基于主观经验和直觉，但现在，越来越多的决策需要依赖数据和事实。企业领导、政府官员、科学家等各领域的从业者都认识到，数据提供了更可靠的决策依据，因此数据驱动决策成为新的范式。

其次，大数据时代强调了复杂数据模型的应用。面对庞大、多样化的数据集，传统的简单统计方法已经不再适用。数据化思维要求我们使用机器学习、深度学习、自然语言处理等高级分析技术来处理数据，从中提取信息和见解。该方法的应用使我们更深入地理解数据，并发现隐藏在其中的模式和趋势。

再次，数据化思维也强调客观性和准确性。通过数据分析，我们可以更全面地了解问题，减少主观偏见的干扰。这对于避免基于个人情感或观点的错误决策至关重要，提高了决策的质量和准确性，对于科学研究、企业管理以及社会决策都产生了积极影响。

从次，在科学研究方面，大数据的应用推动了新的发现和理论构建。研究人员可以利用大数据来验证假设、发现新规律，推动各学科的发展。例如，在生物医学领域，基因组学和蛋白质组学的研究依赖于大数据来理解生命科学的复杂性。

最后，在企业管理中，数据化思维可以优化运营效率、降低成本、提高客户满意度等。通过数据分析，企业可以更好地了解市场趋势、客户需求和竞争对手的策略，从而优化决策制定和战略规划。这有助于企业更灵活地应对市场变化，提高竞争力。

综合而言，大数据的核心价值之一是促进了思维的数据化。这一变革实现了从主观性到客观性、从定性到定量的思维模式转变，使我们更依赖数据来指导决策和行动。这不仅提高了决策的客观性和准确性，还推动了科学研究的进步和企业管理的优化，为创新、竞争力和社会进步开辟了新的途径。大数据时代是一个重要的里程碑，将数据作为思维和决策的核心元素，对各个领域产生深远影响。

（二）促进了社会的变革

大数据分析为解决众多社会问题提供了新的思路和有力工具。通过收集和分析城市交通数据，政府和交通管理部门可以预测交通拥堵状况，从而优化交通流量、改善城市交通状况。在医疗卫生领域，大数据分析支持精准医疗，医疗专业人员可以根据个体患者的健康数据和基因信息来制定更加个性化的治疗方案。在食品供应链管理中，通过追溯数据，可以预防食品安全事故，确保食品的质量和健康。

大数据为多个领域的服务提供了个性化支持，推动了社会进步。在教育领域，学习分析和教育数据挖掘使学校能够更好地理解学生的学习需求，提供个性化的教育方案。在就业市场中，大数据分析可以使求职者与就业职位更好地匹配，提供职业建议，提供更好的就业机会。在金融领域，大数据分析用于个人信用评估、风险管理和投资建议，为个人和企业提供更好的金融服务。

总之，大数据的应用正在重塑和优化我们的生产和生活方式，成为当前时代的社会变革驱动力。利用大数据分析，我们可以更好地应对城市发展、医疗卫生、食品安全等社会问题，实施更智能化、高效率的解决方案。同时，大数据也为教育、就业、金融等多领域提供了个性化支持，帮助个体和组织更好地实现其目标。大数据的社会变革价值不断扩展，为未来社会创造了更多机遇。这一变革正在推动社会朝着更加智能、高效和可持续的方向前进。

第二节　大数据在教育领域的潜力与优势

数字化时代，大数据技术已经成为多个领域的创新引擎，教育领域也不例外。大数据在教育领域的应用，不仅是一种技术的迭代，更是一场教育的革命。

一、大数据驱动教育决策创新

大数据在驱动教育决策创新方面具有巨大的潜力和优势。传统的教育决策常常受到主观经验和数据匮乏的局限，而大数据的应用可以弥补这些不足，制定更科学、精确和有效的教育决策。

大数据的核心优势在于其能够通过大规模的数据采集、处理和分析，揭示数据之间的内在联系和趋势。在教育领域，这意味着可以更全面地理解学生的学术表现、行为模式和需求。通过大数据分析，教育决策制定者可以更好地把握教育系统中的问题和机遇，从而制定更具前瞻性和科学性的政策。

大数据的应用可以提高教育决策的准确性和可预测性。大数据不仅有助于政府和学校评估课程与教材的有效性，还可以预测学生的学术成功率。这种预测性分析有助于及早发现学术困难和提供个性化支持，以确保每名学生都能够取得成功。

最重要的是，大数据驱动的教育决策模式有助于使传统的主观决策方式朝着更科学、合理和民主的方向迈进。教育大数据为决策制定者提供了客观的、基于数据的依据，减少了主观因素的干扰，使决策更具可信度。这也有助于提高决策的透明度和公众的参与度，使教育决策更加民主。

综上所述，大数据驱动的教育决策创新为教育领域带来了巨大的机会。它能够弥补传统决策中的不足，提高决策的科学性以及教育质量。随着大数据技术的不断发展，教育决策将越来越依赖数据做出更加智能和有效的决策，从而推动整个教育领域的创新和进步。

二、大数据引领教育教学变革

大数据技术正在成为教育领域的强大引擎，引领教育教学的深刻变革。大数据的应用使教育变得更加个性化和精细化。通过全面采集学生的主客观数据，如学习进度、兴趣爱好、学习方式等，学校可以精准地了解每名学生的学情和需求。这为个性化教学、适应性教学等教育模式的实施提供了坚实的数据基础。教师可以根据这些数据为每名学生量身定制教学计划，提供更贴近学生实际需求的教育服务。

大数据支持了教育评价的多元化和精细化。传统的教育评价主要依赖于考试成绩，但大数据的应用使评价变得更加多维和全面。通过多角度记录学生的学习行为、情感状态、个性技能等多源数据，教育机构可以更全面地了解每名学生的发展情况。这有助于实现精准化的学情分析和评价，使教育评价更具针对性和科学性。

此外，大数据还为教育科研提供了前所未有的机会。教育大数据可以支持教育研究者更好地探究教育教学的新问题，挖掘教育领域的新规律。通过大规模的数据分析，教育研究者可以更准确地预测未来趋势，为教育政策的制定和实践提供科学依据。

大数据引领教育教学变革的核心在于数据的应用和分析，它使教育变得更加个性化、多元化、科学化。通过大数据的支持，教育可以更好地满足学生的需求，提高教育质量，实现教育的深刻变革。"大数据革命"将不断推动教育领域向更加智能、灵活和人性化的方向发展。

三、大数据促进学习方式转变

大数据技术在教育领域的应用已经引发了学习方式的深刻变革，这一变革基于对学生学习行为和需求的深度分析，为实现个性化学习提供了全新的机会。

首先，大数据的应用使个性化学习成为可能。传统教育模式往往是为一群相似的学生设计的，而大数据技术允许教育者更好地理解每名学生的学习需求和学习特点。通过对学生的学习行为数据进行分析，学校和教师可以识别出每名学生的学习风格、兴趣爱好、学术水平等个性化信息。这为个性化学习路径的设计和推荐提供了依据，使学习更加符合每名学生的需求。

其次，大数据支持对学习过程的实时监测和反馈。学校可以建立学习预警系统，通过对学生的在线学习行为进行监测和分析，及时发现学术困难和学习障碍。这种实时反馈可以让教育者采取及时的干预措施，为学生提供针对性的支持和指导，优化学习效果。

最后，大数据还支持自适应学习系统的发展。基于大数据分析，学校可以构建自适应学习平台，根据学生的学习行为和表现，动态调整学习资源和学习路径。这使学生可以根据自身的学习进度和需求来自主规划学习，提高学习的自主性和控制力。

大数据促进学习方式的转变是通过深度分析学生的学习行为和需求，开展个性化学习、提供实时反馈、支持自适应学习等方式来实现的。这一变革使学习变得更加灵活、智能，为提高学习质量和学习体验提供了有力支持。教育大数据的应用将继续推动学习方式的创新，使教育更加符合学生的需求和期望。

四、大数据助力教育公平实现

教育公平是一个重要的社会目标，这意味着每名学生都应该有平等的机会和资源来获取高质量教育。然而，由于社会、经济和地理等多种因素的影响，教育系统中存在不同程度的不平等。大数据技术有助于识别这些不平等，并采取措施来提高教育的公平性。

（一）识别不平等和风险群体

大数据分析有助于学校识别不同学生群体之间的教育不平等。通过分析学生的学术成绩、出勤记录、家庭背景等数据，可以识别出贫困家庭、特殊需求学生等处于风险中的学生群体。这种识别有助于学校和教师提前采取措施来帮助这些学生，以减轻不平等。

（二）个性化支持和干预

大数据分析可以为学生提供个性化的支持和干预措施。通过实时监测学生的学习行为和表现，学校和教师可以识别学生的学术困难或潜在的学习障碍，并及时提供针对性帮助。这种个性化的支持有助于提高每名学生的学术成功率，减少学业不平等。

（三）资源分配的公平性

大数据有助于学校更公平地分配资源。通过分析学生的需求和学术水平，学校可以更合理地分配师资、课程和学习资源，确保每名学生都有平等的机会获得高质量的教育。这有助于减少不同学校之间的资源不平等。

（四）教育政策的优化

大数据分析还可以支持教育政策的优化。政府和决策者可以利用大数据来监测教育体系中的不平等现象，并相应地调整政策。这包括改进拨款分配、改革入学标准、提供奖学金和助学金等措施，以促进更广泛的教育公平。

（五）监督和透明度

大数据可以提高教育系统的透明度，确保公平原则得以遵守。通过公开的教育数据和指标，社会各界可以监督学校和政府的行为，确保不平等现象得到纠正。

总的来说，大数据技术为实现教育公平提供了强大的工具和资源。通过深度分析学生数据、资源分配、个性化支持和政策优化，大数据有助于减少教育系统中的不平等，确保每名学生都有平等的受教育机会，推动教育公平的实现。这对于社会的可持续发展和人才的培养具有重要意义。

第三节　大数据对大学英语教育改革的启示

大数据分析不仅为教育决策提供了科学依据，还深刻地影响了教育的方方面面，促使我们重新审视并改进教育体系，以更好地满足学生的需求，提高教育质量，培养具备实用技能的学生。本节将深入探讨大数据在不同层面给大学英语教育改革带来的启示。

一、对课程设置的启示

信息爆炸的时代，英语已经不再是一门纯粹的学科，更是一种工具，一种全球通用的交流工具。因此，大数据的影响使高校不得不重新思考大学英语课程的设置。

首先，大数据分析有助于高校更全面地了解学生的需求和兴趣。通过追踪学生的学习数据，学校可以更准确地了解哪些语言技能对学生更为重要。这为课程设置提供了方向和指导，可以根据学生的需求开设更具针对性的课程，如英语听力、口语、写作等语言技能课程。

其次，大数据的实时反馈和评估工具可以使高校更及时地了解课程效果。课程设置不再依赖于教育者的主观判断，而是根据学生的实际表现进行动态调整。如果某一部分的课程效果不佳，学校可以通过大数据分析找出问题所在，有针对性地进行改进。

再次，大数据的个性化学习支持可以激发学生的学习兴趣和主动性。学生可以根据自己的兴趣和职业发展需求，选择适合自己的语言技能课程，而不是一刀切地学习综合英语课程。这样，课程设置更加贴近学生的实际需求，有助于提高学生的学习积极性和学术成绩。

最后，大数据的应用也可以鼓励学校提供更多开放式教育资源。通过在线课程和教学视频等资源的开放，学生可以更加方便地获取学习材料，从而提高了课程的可及性和灵活性。

综上所述，大数据时代为大学英语课程设置提供了更多的灵感和可能性。它使高校能够更好地满足学生的需求，提高教育的针对性和效率，使大学英语课程更具实用性，为学生未来的职业和学术发展提供有力的支持。这种基于大数据的课程设置思路有助于推动英语教育更好地适应时代发展的需要。

二、对教学资源的启示

大数据时代对教学资源提出了一系列新的要求。在大学英语教育领域，教材和教学资源的现代性、发展性以及有效性显得尤为重要。

大数据推动了大学英语教材的数字化和多样化发展。从纸质教材到电子材料、数字化学习平台，教材形式不断更新，为学生提供多元化的学习方式。然而，大数据时代下，大学英语的教学资源仍然存在一些问题，有些电子材料仅是纸质教材的电子版，缺乏创新性和现代性，而有些教材过于强调应试导向，更注重"读"而忽视了其他语言技能的培养。这对教材编写者提出了更高的要求，需要结合大数据分析，根据学生的需求和趋势来更新和优化教材内容，使其更适应大数据时代的教育需求。

大数据时代的网络和数字化教学平台为教师提供了丰富的教学资源，包括网络备课中心、外语教学网站等。这些资源的丰富性和便捷性为教学提供了极大便利。然而，教师需要充分利用这些资源，并结合传统教材进行整合和优化。这意味着教师不应受制于教材，而应将网络资源与传统教材相结合，从多个角度、多个渠道教授英语，以更好地培养学生的语言技能。

最重要的是，大数据时代强调学生的自主学习和互动性。教师可以将课程内容与数字化学习资源相结合，鼓励学生进行线上学习、互动讨论和答疑。这不仅能增强学生的学习主动性，还能提供更多的学习机会，使学生更灵活地掌握英语技能。

三、对教学方法的启示

教学方法是在教育过程中教师和学生共同采用的方式和途径，旨在实现教学目标和完成教学任务，包括教师的教学方法、学生的学习方法以及二者之间的协调与统一。教学方法应具备针对性、多样性和灵活性等特点，根据不同的教学内容、学生的知识水平、学习需求及个性化的学习方式，灵活采用教学方法，以便在教师的引导下，激发学生的积极性和主动性，实现有效的教育。

然而，目前的大学英语课堂上，普遍存在教师主导、学生被动的现象。课堂上缺乏充分的互动和讨论，教师虽然使用多媒体课件，但内容和形式千篇一律，缺乏创新和个性。尽管互联网技术迅速发展，网络教学资源丰富，但教师利用这些资源的意识和能力仍然不足，导致他们未能充分开发和利用这些资源。

因此，大学英语教育亟须教学方法的变革。这一变革需要教师积极倡导研究性教学，不仅对自己的教学方法和活动进行反思和研究，还需要深入了解学生的学习方式和活动。教师不仅是知识的传递者，更应成为学习的引导者和学习兴趣的激发者。在教学过程中，学生应被视为学习的主体，他们的学习应该是主动的、有内在动力的，而不是被动地接受知识。因此，教师的职责应当更多地提供一个开放性的教学环境和交流平台，强调启发式教学和探究发现式教学，鼓励学生积极探索和自主学习。这将有助于实现"以教师为中心"到"以学生为中心"的教学模式的转变，使教育更加有效和有益。

大数据时代为教育领域提供了更多的教学方法创新和个性化教育的机会。教育者可以充分利用大数据分析来调整教学方法，使其更加贴近学生的需求和学习方式，以提高教育质量和学生的学术成绩。这种基于大数据的教学方法启示提高了教育的灵活性和效率，能更好地满足学生在大数据时代的学习需求。

四、对教学对象的启示

在信息化时代，学好英语变得尤为重要，这不仅是国家、社会和个人发展需求的驱动，还因为大学生逐渐认识到了英语在全球交流中的重要地位。尽管许多学生怀有积极的英语学习愿望，但传统的应试观念仍然在影响他们。因此，教师有必要明确向学生传达学好英语的真正目的，即掌握一门世界通用的交流工具，而不仅是为了通过考试。学英语的过程应该被看作是模仿、学习英语国家的人如何使用这一工具的过程。

大学英语教育的核心目标是培养学生的英语应用能力，这意味着学生应该能够在学习、生活和工作中有效地使用英语。为了实现这一目标，教师应该鼓励学生将语言学习与语言运用相结合。通过多听、多说、多写的方式，学生可以在一定的语言积累基础上提高英语应用能力。教师在教学中应该注重教学活动的设计，创设合适的语境，充分利用多媒体和网络资源，以激发学生的兴趣，并鼓励他们积极参与教学过程。这种教学方法有助于学生实现学用合一，摆脱传统课堂学习和实际运用分离的低效学习模式，从而提高教育的有效性。

大数据时代也催生了学习方式的巨大变革，教师需要优化教学方法，以便引导学生充分利用网络工具获取相关信息，培养学生的大数据思维意识和信息处理能力，引导他们改变学习方式，实现自主学习。这种教育方式有助于学生更好地适应信息化社会的要求，培养自主学习的能力，更好地利用大数据资源。

最后，教师应该理解学生的多样性和个性化需求，不必强求每名学生成为全能的英语学习者。学生可以根据自己的兴趣、能力和未来职业规划选择适合的语言技能发展路径。这种个性化的学习方式有助于满足学生的不同需求，使他们更有动力地学习英语，提高学习效率。

总之，在大数据时代，高校应该注重培养学生的实际应用能力，教师应采用创新的教学方法，以满足学生的个性化学习需求，提高英语教育质量和效果。这种教育模式有助于学生更好地适应现代社会的发展需求。

五、对教师的启示

教育的核心在于教师队伍的质量，高质量的教师是提高教学质量的重要保障。虽然近年来大学英语教师的学历和职称层次有所提升，但仍然存在许多问题，如专业水平、教学能力、教学创新和现代教育技术的应用等方面需要进一步加强。特别是在大数据时代，对大学英语教师提出了新的要求和挑战，因此，大学英语教师需要积极适应这些变化，不断提升自身的综合素质。

首先，大学英语教师应不断学习更新学科专业知识，并积极钻研教材和教法。教师应该灵活运用多种教学方法，培养教学创新意识，以提高专业水平和教学能力。此外，教师还应提高信息应用技能，将前沿的信息技术充分融入课堂教学，甚至创新教学模式，以满足学生的个性化学习需求，引导他们朝着主动学习、自主学习的方向发展。

其次，教师需要更好地了解学生的实际语言水平、认知特点和兴趣爱好，以便精心设计课堂，因材施教。教师与教师之间可以加强交流沟通，观摩、学习同行的优质课堂设计方法，建设同行教学和学术交流平台，相互促进，共同提高。此外，高校应该积极推动外语教学信息化环境建设，为教师提供网络信息技术培训，鼓励他们创新教学方式，利用信息技术提高教学水平，以适应互联网时代的教学和学习方式的变革。

最后，高校应该为教师提供更多参与学术会议和培训的机会，以帮助他们与同行交流、分享和学习，获取更多的教学和科研灵感，提高业务能力。综上所述，大学英语教师在大数据时代需要不断提高自身素质，积极适应新的教育要求，以提高教学质量，更好地培养学生的英语应用能力。

六、对教学评估的启示

传统的教学评估主要通过学生的期末考试成绩，该评估方式难以全面反映学生的英语应用能力和综合素质。在大数据时代，教学评估需要有所改进和创新，以更好地适应教育的新需求。

首先，教学评估应该更加多样化和综合化。除了传统的考试成绩，还应该考查学生的听、说、读、写、译等多方面能力，以及他们在课堂上的参与度、作业完成情况、课堂互动情况等因素。这可以通过引入项目作业、口语考试、小组讨论、课堂表现评价等方式来实现，以更全面地评估学生的英语综合能力。

其次，教学评估应该更加个性化。大数据有助于高校和教师更好地了解每名学生的学习情况和需求，因此，评估可以有针对性地根据学生的个性化需求来进行。这可以通过定制化的评估方式和反馈机制来实现，以便更好地满足每名学生的学习需求，帮助他们提高英语应用能力。

最后，教学评估还应该更加及时和动态化。大数据技术有助于高校和教师实时监测学生的学习情况，及时发现问题并采取措施加以改进。这可以通过在线教育平台、学习分析工具等技术来实现，以确保教学评估能够及时反馈给学生和教师，促进教学过程的动态调整和改进。

总之，大数据为大学英语教育改革提供了丰富的启示，有助于高校更好地满足学生的需求，提高教育质量，培养具备综合能力的学生。通过充分利用大数据分析，教育体系可以更加灵活、高效地适应现代社会的需求。

第三章　大数据与大学英语教育

第一节　大学英语教育的问题分析

大学英语教育的现状一直备受关注，其在培养学生语言能力、跨文化交流和综合素养方面具有重要作用。然而，对于当前的英语教育来说，存在一系列问题和挑战，这些问题包括英语教育的定位、教学内容和方法、教学条件及学生素质等多个方面。本节将对这些问题进行分析和探讨，以期能够更好地说明大学英语教育的现实情况，为未来的大学英语教育改革和提升提供有益的参考和建议。

一、英语教育定位存在问题

（一）英语课程设置不合理

在大学英语教育中，英语课程的设置问题是一个较为突出的现实挑战。

1.过多的课程要求

一些高校英语课程设置过多，要求学生修读大量的英语课程，这导致学生在英语以外领域的学习和兴趣发展受到了限制。学生会感到沉重的学业负担，而且很难专注于其他学科。

2.缺乏针对性

有些高校英语课程的设置缺乏针对性，没有考虑到学生的兴趣和职业方向。大部分学生可能只需具备一定的英语交流能力，而不必在某些领域进行过多、过深的学习。因此，过于广泛的课程设置会浪费学生的时间和精力。

3.教学目标不明确

英语课程的设置应该明确反映学校的英语教育目标。如果学校的目标是提高学生的口语交流能力，那么课程设置应侧重口语技能的培养。如果学校的目标是培养学生的专业英语能力，那么课程应该侧重于专业领域的英语学习。

4. 缺乏灵活性

一些高校的英语课程设置过于刻板，缺乏灵活性。这意味着学生无法根据自己的兴趣和需求来选择适合的课程，这对于个性化学习和提高学习动力是不利的。

5. 脱离实际应用

某些英语课程过于理论化，缺乏实际应用的内容。学生学习英语的主要目的之一是能够在职场和生活中有效地运用英语，但如果课程内容脱离了实际应用，学生会感到失去了学习的兴趣和动力。

因此，英语课程设置不合理的问题需要高校认真审视，根据学校的定位和学生的需求进行合理调整，以确保英语教育能够更好地满足学生的需求并提高其英语水平。学校应重新审视英语课程的结构，确保它与学生的学业和职业目标相匹配。高校可以考虑减少必修英语课程的数量，将更多的选择权交给学生，让他们能够根据自己的兴趣和需求选择适合的课程。每门英语课程都应明确教学目标，以确保学生知道他们可以从课程中获得什么。这些目标应该与学生的实际需求和职业方向相关联，使学生能够更好地理解为什么要学习这门课程。高校可以为学生提供更多的个性化选择，如专业英语课程、口语培训、跨文化交际等。这样，学生可以根据自己的兴趣和职业需求来选择适合的课程，增强他们的学习动力。

（二）实用性不强，与社会需求脱节

部分高校的英语教育在实际应用性方面与社会需求脱节。这个问题的根本原因在于传统的英语教育过于侧重语法和词汇的学习而忽略了实际的交际技能和在现实场景中的应用。这导致学生在学习过程中感到"学的没用"和"用的没学"。

首先，英语课程内容的不切实际是问题的主要原因之一。通常而言，课堂上的教育局限于传授语法规则和大量词汇，却忽视了培养口语和听力技能。学生能够背诵许多单词，却难以在实际生活中进行流畅的口语交流或理解他人的口头表达。这使得英语学习脱离了实际应用的需要，与社会需求脱节。

其次，英语教育缺乏实际应用场景。学生在课堂内学到的知识通常无法与现实生活中的英语使用者进行交流。教室内的语言教育与实际生活中的语言需求之间存在断层。这意味着学生能够在课堂上回答教师提出的问题，但在不同的情境和地点，他们不知道如何开始或继续交流，因为他们缺乏实际的语境经验。

最后，英语教育与不同职业领域的需求脱节也是一个重要问题。不同行业和职业需要不同领域的英语技能，但许多教育机构未能提供与这些需求相匹配的培训。这使得学生在进入特定职业领域时会感到不适应，因为他们未能获得必要的实际应用技能。

为了解决这些问题，高校应该采取一系列措施。第一，他们需要重新审视课程内容，确保课程更加注重实际生活和工作场景，特别是口语和听力技能的培养。第二，提供更多的实际应用机会，如语言交流项目、实践活动和语言角，以帮助学生将学习的知识应用于实际情境中。第三，为不同职业领域开设专门的英语课程，以满足各行各业的英语需求，从而提高学生的实际应用技能。第四，培训教师，使他们能够更好地教授实际应用英语，并采用交际法和任务型教学方法，以确保学生能够自信地运用英语进行交流和沟通。

通过这些改进，英语教育可以更好地满足学生和社会的实际需求，增强英语的实用性，使学生更自信地运用英语在各种情境中进行交流与沟通。这有助于缩小学习与应用之间的差距，提高英语教育质量和效果。

二、教学内容和方法待优化

（一）内容过于理论性，缺乏个性化

目前的大学英语教育通常过度注重语法和词汇知识。学生会花大量时间学习语法规则和背诵单词，但这种理论性的学习往往无法直接转化为实际的口语交流和书面交际能力。因此，学生在学术测试中表现出色，但在实际生活中无法有效地运用英语。

高校通常采用一种标准化的课程，忽视了学生的个性和兴趣。每名学生的学习风格和兴趣都不同，但教材和教学方法却通常是一成不变的。这导致一些学生感到枯燥乏味，而另一些则感到挫败，因为他们的需求没有得到满足。

为了解决这个问题，教师可以为学生制订个性化的学习计划，根据学生的语言水平、学习目标和兴趣，为他们定制适合的教材和教学方法。这有助于提高学生的学习动力和成就感。

教师应该利用多种多样的教材和资源，包括多媒体、互动应用程序和实际语境中的素材，以使教学内容更具吸引力和实用性。同时要培养学生的自主学习能力，鼓励他们积极参与课外阅读、听力练习和交流活动，以扩展他们的英语知识和提升应用能力。

总之，英语教育应该更加注重学生的实际需求和个性化学习，而不仅是传授理论性的知识。通过提供更灵活、实际和个性化的教学方法和内容，学生将在实际生活中有效运用英语。这将有助于更好地实现英语教育目标，即培养具备流

利、自信和实际应用能力的英语使用者。

（二）教师缺乏创新观念

教师缺乏创新观念是英语教育中的一个显著问题，增强教师的创新意识对于提高教育质量和学生学习兴趣至关重要。一些教师过于依赖传统的教学方法，如讲授和课本教学，而不愿意尝试新的教育技术和教学方法。这种保守的教学模式会导致课堂教学单调乏味，学生缺乏互动和参与感，从而削弱了英语学习的吸引力。一些教师习惯于按照传统的教学计划进行教学，而没有足够的时间或动力去尝试新的教育方法。他们缺乏反思和不断改进自己教学方式的意识，这意味着他们难以适应不断变化的学生需求和教育趋势。

技术的发展也为创新提供了机会，但是一些教师仍然不熟悉或不愿意使用新的教育技术。虽然在线学习资源、教育应用程序和互动多媒体等工具可以丰富教学内容，但这些工具的潜力未能得到充分发挥。缺乏创新观念使教师难以充分利用这些技术来提高课堂的互动性和吸引力。

最重要的是，学生的学习方式和需求不断变化，而一成不变的教学方法无法满足这些变化。这导致学生感到不满，认为教育内容和方法与他们的实际需求不符，从而降低了他们的学习兴趣和积极性。

为了解决这一问题，英语教育机构应采取一系列措施。第一，提供定期的教师培训和专业发展机会，有助于教师了解最新的教育趋势和教学方法。第二，鼓励教师尝试新的教育方法和工具，并分享成功的创新经验，以促进教育改进。第三，引入多样化的教学方法，如小组讨论、项目学习和互动活动，以提高课堂的活力和学生的参与度。第四，提供支持和资源，有助于教师更好地利用教育技术和多媒体资源来丰富教学内容和增强互动性。

（三）教学方法单一

单一教学方法的广泛使用会导致学生失去学习动力，特别是在英语教育中。许多教师依赖传统的"书本式"教学法，主要关注对理论概念的讲解而忽略了更具实际性和互动性的任务式教学和案例分析等多样教学手段。这种单一教学方法会对学生产生不利影响，从而削弱他们的学习兴趣和积极性。

当教学主要围绕枯燥的概念和抽象的知识展开时，学生会难以将这些内容与实际生活或职业需求联系起来。这会导致他们对学习失去兴趣，因为他们无法看到学习英语的实际价值和应用。并且，每名学生都有自己独特的学习方式和兴趣，有些人喜欢通过实际任务来学习，而有些人则倾向于通过案例研究来理解概念。如果只使用一种教学方法，就无法满足这些多样化需求，这会导致学生的学习效果不佳。

为了解决这个问题，教师有必要将更多的多样性和个性化元素融入英语教育中。

1. 多样化教学方法

教师应该探索不同的教学方法，包括任务式教学、案例分析、角色扮演、实践项目等。这样可以增加课堂的多样性，使学生从不同角度和方式来理解和运用英语。

2. 个性化学习

教师应考虑学生的学习需求和兴趣，为他们提供个性化的学习体验。这可以通过教学方式的灵活性和选修课程的设置来实现，使学生能够选择符合自己兴趣的学习路径。

3. 引入互动和实践

教师应在教学过程中引入更多的互动和实践活动，鼓励学生积极参与，将所学知识应用于实际情境中。这有助于提高学习的实用性和吸引力。

4. 结合线上和线下教学

教师应利用在线资源和技术，为学生提供更多的学习机会，如在线课程、虚拟实验室和学习应用程序。这可以增强学生的参与度和互动性。

三、教学条件有待改善

（一）教室硬件设备不足

教室硬件设备的不足包括缺乏现代化的教学设备，如投影仪、电子白板、计算机及网络连接。这对于英语教育来说尤为重要，因为英语学习需要多媒体和互联网资源的支持。如果教室中缺乏足够的设备，教师将难以进行多样化教学，学生也无法获得足够的实践和互动体验。此外，不足的硬件设备会导致学生的学习受到限制，无法充分利用现代技术和教育资源。

（二）教学资源利用率低

教学资源的利用率低涉及教材、课程设计和教育技术的问题。一些教材过时或不适应学生的需求，导致学习效果不佳。课程设计不够灵活，无法满足不同学生的学习需求。此外，教育技术的使用不够普及或高效，导致学生无法充分利用在线学习资源和工具来提高英语水平。这些问题都会导致英语教育的效果低下，学生的学习动力减弱。

（三）师资力量有待加强

教师的素质对于英语教育至关重要。如果师资力量不足或不够专业，将影响教学质量。一些学校由于预算有限或招聘困难而无法聘请足够数量和质量的英语教师。同时，教师培训和专业发展的机会也不足，导致教师无法掌握最新的英语教育趋势和方法。师资力量不足不仅会影响教学质量，还会降低学生的学习动力，因为教师的教育水平和教育方法直接影响学生的学习体验。

为了改善这些问题，高校可以采取以下措施。

1. 提升硬件设备

高校可以投资现代化的教室设备，包括投影仪、电子白板、计算机实验室和高速互联网连接，以支持多媒体教学和在线学习资源的使用。

2. 更新教材和课程设计

高校可以审查并更新教材，确保其与学生需求和现代英语教育趋势相符。同时，灵活的课程设计可以满足不同学生的需求，提高教学效果。

3. 提供师资培训

高校可以提供定期的师资培训，使教师了解最新的教育技术和英语教育方法。这有助于提高教师的教育水平和专业能力。

4. 充分利用在线资源

高校可以积极推动在线学习资源的使用，为学生提供更多的学习机会。这包括在线课程、教育应用程序和电子图书馆资源等。

总之，改善教学条件对于提高英语教育质量和学生的学习动力至关重要。通过提升硬件设备、更新教材和课程设计、提供师资培训以及充分利用在线资源，可以改善教育环境，促进英语教育的发展。这将有助于提高学生的学习兴趣和积极性以及他们的英语水平。

四、学生素质存在问题

（一）英语基础差异大

高校学生来自五湖四海，英语基础水平参差不齐。学生的英语基础差异不仅体现在不同地区之间，也包括城市与农村、沿海地区与内陆地区之间。这种差异性给英语教学带来了巨大的困难。

从教师的角度看，备课本身就是一个挑战。因为学生的英语水平参差不齐，教师在备课时面临艰难选择。一方面，课程要够难，以满足英语基础较好的学生的需求，但这会导致英语基础薄弱的学生听不懂；另一方面，课程也不能太简单，否则，英语水平高的学生会觉得学习没有挑战性。这使教师的教学准备具有复杂性。

从学生的角度来看，英语水平的差异也带来了学习动机的不同。英语水平较高的学生希望教师全英语授课，进度较快，而英语水平较低的学生更希望教师在课堂上使用一些汉语，以帮助他们理解课程内容。如果课程进度过快，学生跟不上，他们会对英语课失去兴趣。此外，大学生学习英语的动机也存在差异，许多学生的学习目标不够明确，主要是为了通过考试获得文凭。这导致许多学生只在考试前用功，平时得过且过，这种应试教育使他们对英语学习持被动态度。

为了解决这个问题，高校需要制定更灵活的教学策略，以满足不同水平和需求的学生，同时激发学生更积极地学习英语的动力，使他们对英语学习产生更大的兴趣，更投入地学习。这需要更深入的改革和更深层次的思考，以提高英语教育的质量和效果。

（二）学习积极性不高

尽管英语是一门必修课，但对于非英语专业的大学生来说，他们缺乏足够的动力去学习这门课程。这一现象的根本原因在于学习思维的不同和从高中到大学的教育模式的转变。

从学习思维的角度来看，部分大学生尚未适应大学阶段的学习方式。在高中，英语教育通常采用任务型教学模式，教师会关注英语知识的重点和难点，布置课后学习任务，并强调学生的学习任务。但在大学，教学模式更加提纲式，教师的讲解较为广泛而浅显，而课后的刷题和做作业则不再被视为必须完成的任务。这种转变需要学生有更高的自主性和自律性，一些学生还未适应这种新的学习环境。

大学生拥有更多的自由支配时间，但如果不善加利用，就会导致学业的滞后和学习积极性的降低。学生更容易受到社交活动、娱乐和其他兴趣爱好的影响，以致忽视英语学习的重要性。

为了提高大学生的英语学习积极性，高校可以采取以下措施。

首先，教师可以通过生动有趣的教学方法和课程内容，激发学生对英语的兴趣。创造一个积极的学习氛围，使学生认识到英语对他们未来的职业和学术发展非常重要。

其次，帮助学生制订明确的学习目标和计划，使他们能够更有针对性地学习英语，认识到学习的意义和目的。

再次，培养学生的自主学习能力，鼓励他们主动寻找学习资源，参加语言角、英语俱乐部等课外活动，积极参与英语学习。

最后，学校可以提供学习支持服务，如语言学习中心、辅导课程和在线资源，以帮助学生提高英语学习效果。

解决大学生英语学习积极性不高的问题需要多方面的努力，只有综合考虑这些因素，才能更好地提高大学生学习英语的积极性，使他们更主动、更高效地学习这门重要的语言。

第二节　大学英语教育的信息化要求

当今世界，社会形态正经历着快速的演变和发展。信息资本的重要性日益凸显，它直接影响人们在社会中的地位和生存能力。这促使人们积极获取必要的信息资本以维持自身的生存和发展。英语，作为一门国际通用语言，已经成为获取信息资本不可或缺的工具之一，英语能力也被视为人们必备的素质之一。因此，越来越多的人通过各种途径和手段积极学习英语，以满足不断增长的信息需求。为了迎合学生对英语学习的不同需求，许多共享和开放的网络资源平台应运而生，如慕课、微课、翻转课堂等教学模式逐渐崭露头角。在校学生和其他英语学习者不再受限于传统的课堂和教材，而是通过多样化的方式来学习英语。因此，英语教育正逐步朝个性化和随时随地的方向转变，信息化正在悄然改变英语教育的面貌。这一趋势将为学习者提供更多灵活的学习机会，使英语教育更加适应现代社会的需求。

一、教育信息化的提出

我国在 20 世纪 90 年代末首次提出了"教育信息化"的概念。这一时期主要是信息技术引入教育领域的初期探索，包括计算机教室的建设和基础设施的搭建。这个阶段的主要任务是意识到信息技术对教育的作用，并开始试验和尝试。

2000 年，教育部发布了《教育部关于在中小学普及信息技术教育的通知》（教基〔2000〕33 号），这体现了对教育信息化的高度重视。随后，一系列政策文件和计划相继出台。

《国家中长期教育改革和发展规划纲要（2010—2020年）》，明确将教育信息化视为实现教育现代化的重要途径，随后出台了一系列支持政策。国家大力支持校园网络工程建设，推动各级各类学校建立校园网络环境，构建覆盖全国的教育网络体系和资源共享环境，探索网上教学新模式，推动电子学习、开放课程建设，满足学习需求个性化。

教育部于2012年3月发布了《教育信息化十年发展规划（2011—2020年）》，该规划指出了2011—2020年全国教育信息化的建设方向。该规划指出了信息技术对教育的革命性影响，指出了构建教育信息化体系的重要性，并明确提出了将教育与技术相结合，推动信息技术与外语教育相融合。此外，该规划还强调，除了认识到教育信息化对外语教育的作用，还应注重教育信息化对外语教育的引导和革新，使其成为主流教育的一部分。

这些政策文件和行动计划共同为推动中国的英语教育信息化提供了坚实的指导和支持，旨在促进英语教育与信息技术的深度融合，以满足现代社会对英语学习的需求。这不仅提高了学习者的英语水平，还为个性化、随时随地的学习提供了更多机会和便利。英语教育的信息化革命正在不断发展，为未来的教育提供了崭新的路径。

在大数据时代，高质量的教育资源和开放的在线学习环境正悄然兴起，这使得大学英语教育对信息化的需求不断增强，从而使传统的大学英语教学发生显著变革。

二、信息技术与教育信息化

（一）信息技术

信息技术在大学英语教育中起着越来越重要的作用，它不仅改变了教学方式，也提供了更多的教育资源和个性化学习机会。

信息技术（Information Technology，IT）是在信息处理和传输领域应用的一系列技术和工具的总称。信息技术包括计算机科学、电子工程、通信技术、网络技术及数据管理等。其主要目的是处理、存储、传输和管理信息，以满足各种信息处理需求。

信息技术包括以下不同的子领域：

计算机科学：包括计算机硬件和软件的开发、维护和管理，以及计算机编程和算法设计等。

通信技术：涉及信息的传输和交流，包括电话、互联网、局域网、广域网、移动通信等。

网络技术：管理和维护计算机网络，确保信息能够在不同设备之间进行有效的传输。

数据管理：包括数据库管理系统的使用和数据分析，以便存储和检索大量信息。

软件开发：开发应用程序和系统软件，以满足各种计算和信息处理的需求。

信息安全：确保信息的机密性、完整性和可用性，以防止未经授权的访问和数据泄露。

信息技术在现代社会的各个领域都起着重要作用，在个人生活、商业、政府和科学研究等方面都有广泛的应用。它推动了社会的数字化转型，提高了信息的处理效率，改善了人们的生活质量，并促进了创新和发展。

（二）信息技术教育与教育信息化

信息技术教育和教育信息化是现代教育中非常重要的概念，它们涉及如何将信息技术应用于教育领域，提高教育质量和效率。

1. 信息技术教育

信息技术教育是指教育机构和教育者将信息技术作为一门学科或教育内容，传授给学生的过程。它旨在培养学生的信息技能，包括计算机操作、软件应用、互联网使用、数据处理、编程等。信息技术教育的目标是使学生具备运用信息技术解决问题、获取信息和沟通的能力。

信息技术教育的关键点体现在以下几个方面：

信息技术教育关注培养学生在信息技术方面的应用能力。这包括强调学生对信息技术工具和资源的熟练应用，让他们能够有效地使用计算机、互联网和相关软件来解决实际问题。在信息技术教育中，学生不仅学会了如何使用技术工具，还学会了如何充分利用这些工具来获取、处理和传递信息。

信息技术教育还注重培养学生的计算思维和问题解决能力。通过学习编程和解决复杂的计算问题，学生能够形成创造性思维，学会分析和解决各种难题。这种思维方式不仅应用于计算机科学领域，还可以在各个学科和职业中发挥作用。

信息技术教育也强调提供实际的技术培训和实践机会。学生需要亲自动手，通过实际操作来掌握技术技能。这包括编程项目、实验室课程、技术工作坊等，以确保学生不仅在理论上了解信息技术，还能够将其应用于实际情境。

最后，信息技术教育的课程范围包括计算机科学、信息技术管理、编程等。

这些课程为学生深入了解信息技术提供了机会，使他们更好地应对现代社会中与信息技术相关的挑战和机遇。

2. 教育信息化

教育信息化是指在教育过程中广泛应用信息技术，以提高教育质量和效率。它包括使用计算机、互联网、教育软件和在线资源来支持教学和学习活动。教育信息化的目标是实现教育的交互性、个性化和全球化，以更好地满足学生的需求。

教育信息化强调教育过程中信息技术的整合和应用。它不仅是简单地使用计算机和互联网，而是将信息技术有机地融入教学和学习活动中。这包括将计算机、互联网、教育软件等技术工具融入教育课程，以提升教学效率和质量。通过整合信息技术，教学可以更加灵活和多样化，满足不同学生的需求。

借助教育技术工具，教育信息化可以为学生提供个性化的学习机会。每名学生都有自己的学习节奏和需求，教育技术可以根据学生的水平和兴趣为他们有针对性地安排学习内容和教学方法。这有助于学生更好地理解和吸收知识，提高学习效果。

促进在线学习、远程教育和虚拟学习环境的发展是教育信息化的核心目标之一。通过互联网和教育平台，学生可以随时随地参与教育活动，无须受制于地理位置。这种灵活性使教育变得更加普及和包容，在特殊情境下尤为重要。

最后，教育信息化借助数据分析和学习管理系统来改进教育。通过收集和分析学生的学习数据，教师可以更好地了解学生的学习进展和需求，从而调整教学策略和提供个性化支持。学习管理系统有助于高校更有效地管理课程、学生信息和教育资源，提高教育的管理效率。

总之，信息技术教育和教育信息化都是教育现代化的重要组成部分。它们有助于提高学生的信息技能，丰富教师的教学方法，提高教育质量，使教育更加灵活和个性化。

三、大学英语教学信息化的目标

（一）激发学生的问题意识

人类天生具有求知欲和好奇心，这是我们能够自主思考和学习的基础。这种态度体现在我们积极地探索和解决问题、不断创新和超越自己的行为上。在教育中，培养学生的学习兴趣和自主学习能力非常重要。最有效的学习方式之一是启发式学习，其中教师的主要任务是引导学生发现问题，并帮助他们找到解决问题的方法。这种教学方法使学生更加积极地参与思维活动，培养了多元化思维方式。

在大学英语教育中，特别是在信息技术时代，激发学生的问题意识至关重要。教师可以以问题为切入点，将解决问题作为主要的学习活动。这可以通过引导学生发现与现实生活紧密相关的问题来实现。教师也需要密切关注学术前沿问题，与学生一同探讨，从而激发学生的学术兴趣和研究潜力。

此外，教师应该创造一个自由的学习环境，鼓励学生自由表达自己的观点和思考方式。教师与学生之间的互动和对话应该围绕问题展开，通过交流、分析和评价，培养学生问题意识和解决问题能力。这种方法不仅有助于学生独立思考，还促使他们形成判断事实真伪的能力，从而塑造了自我发展的特质，并提高了综合素质。

总之，激发学生的问题意识是现代教育的重要目标之一。通过问题导向的教学方法，教师可以引导学生主动思考、积极探索，培养他们的批判性思维和解决问题的能力，以适应信息时代的变化。

（二）转变学生学习的方式

学习方式是指个体在学习过程中选择和采用的特定方法、策略或行为方式。它包括个体在学习任务中的思考、行动和应对方式，以及他们处理信息和获取知识的方式。

信息时代，高校教学方法通常多样化，注重满足学生的个性化需求，这将极大地影响学生的学习方式，高校教学应以学生的学习能力为出发点，以满足学生的学习需求为目标，以培养适应社会发展需要的应用型人才为导向。具体来说，需要考虑以下四点。

1.倡导自主探究式学习

这意味着教育应该鼓励学生在学习中展现自主性和主动性。教师的主要职责是引导学生接受挑战，摒弃传统的背诵式学习方式，鼓励他们真正理解学习内容，并成为学习的主导者。这种方法鼓励学生更加灵活地应对不同的学习方式，从创造和研究中学习。

2.推动团队合作式学习

单独学习虽然有其价值，但团队合作也很重要。高校应鼓励学生学会与同学和教师合作，只有这样，他们才能更全面地理解知识和掌握技能。

3.实施应用情境式教学

这种方法关注学生在特定情境中的学习体验，通过使用新兴技术和教育工具，为学生创造真实的学习场景。学生将被激发积极性，认知能力有所增强。

4.重视在线学习与移动学习

随着互联网技术的迅速发展，学生可以利用丰富的在线资源进行学习。这种方式打破了时空的限制，学生能够跨越多个领域，与教师、同学和专家互动，从而提高英语语言能力。

（三）促进学生的深度学习

深度学习是指学生在理解基础上，能够对新知识进行批判性思考，将其与已有知识相融合，构建新旧知识的关联，并具备将已学知识迁移到新情境，独立解决问题的能力。采用深度学习策略的学生能够更好地整合和迁移知识，这有助于他们取得出色的成绩。

在当前教育环境下，高校应该积极营造促进深度学习的课堂氛围。这意味着课堂不仅是学习知识的地方，更是学生内化并深度理解知识的场所。教师的角色应转变为与学生互动的引导者，鼓励他们积极思考和讨论。创造真实的、批判性的学习环境至关重要。此外，教育机构需要关注解决问题和探究学习的情境机制，使学生逐步将知识吸收和内化，培养他们的理性思维和创新思维。

（四）强调学生的主体作用

强调学生的主体作用的核心是将学生视为学习的主体，鼓励他们在学习过程中扮演积极主动的角色，主动参与、主动思考、主动解决问题，从而成为自己学习的主人。

在高校英语教育中，强调学生的主体作用需注意以下关键点。

1.自主学习和自我管理

学生被鼓励自主选择学习内容和学习策略。他们应该学会设定学习目标，规划学习进程，并制订自己的学习计划。这有助于培养学生的自主学习和自我管理能力。

2.积极参与课堂互动

学生被鼓励在课堂上积极提问、回答问题、参与讨论。他们不再是被动的知识接受者，而是能够与教师和同学共同探索知识的合作者。

3.问题解决和批判性思维

学生应该被鼓励在学习过程中提出问题，探索解决方案，并进行批判性思考。他们不仅是知识的接受者，还是知识的发现者和探索者。

4.学习动机和兴趣

学生的学习兴趣和动机是非常重要的。教师应该努力激发学生的兴趣，让他们对学习产生兴趣和动力。

5.自我评价和反思

学生被鼓励定期对自己的学习状况进行评价和反思，了解自己的学习进展，发现问题并制订改进计划。

6.个性化学习

学生的学习方式和节奏因人而异。教师应该满足学生的个性化学习需求，为他们提供适合的学习资源和机会。

强调学生的主体作用有助于培养学生的自主学习和解决问题能力，使他们更好地适应信息技术教育的要求。这种学习方式不仅有助于学生积累知识，还有助于培养他们的综合素养，包括批判性思维、沟通能力、团队协作等，从而为未来的职业和社会生活做充分准备。同时，教师在这一过程中扮演引导者和支持者的角色，帮助学生发挥主体作用，引导他们走向自主学习。

（五）培养学生的核心素养

核心素养是一个人在未来的个人发展和社会生活中所需的重要品质和能力。

未来的个人成长和社会生活的需求是难以被准确预测的。在受教育阶段，人们唯一可以选择的是培养自己的必备品质和重要能力，以适应未来的不确定性。知识以几何级数的速度增长，而能力也在不断分化和多样化。高校教育不可能覆盖所有知识和能力的领域，因此，更重要的是培养学生具备学习和适应新知识的能力。社会生活变得越来越复杂，价值观念也呈多元化。高校教育难以面对所有社会问题，因此，需要培养学生的综合素养，使他们能够在多样化的社会环境中生存和成功。

鉴于以上挑战，高校教育应专注于培养学生必备的品质和重要能力。这些品质和能力包括批判性思维、沟通技巧、问题解决能力、团队协作和创新能力等。这些核心素养将有助于学生在不断变化的社会中取得成功。

"核心素养"可以理解为"重要能力"。这个概念最初在欧盟国家出现，旨在应对全球化经济的挑战。它的目标是培养学生的创新能力，并旨在重新定义教育，超越传统强调阅读和计算等基本技能的范畴，以便提高学生的综合运用能力。

我国教育部于2014年颁布了《教育部关于全面深化课程改革 落实立德树

人根本任务的意见》（教基二〔2014〕4号），其中提到了"核心素养"的概念。这一概念要求英语教育中应该融入社会主义核心价值观的内容，使学生更好地了解中华文化。在语言教育中，核心素养主要包括以下三个方面。

1. 语言能力

这是语言教育的基石。语言能力包括听、说、读、写四个方面。

听力技能包括对不同口音、语速和语调的敏感度。通过听取不同类型的语音材料，学生能够提高对语言的听力理解能力，从而更好地参与实际对话和理解说话者的意图。

口语表达能力使学生能够流利、准确地使用语言进行交流，包括清晰的发音、流畅的语言表达、适当的语调和节奏等方面。学生通过参与口语练习和交流，可以提高口头表达能力，顺利地与他人交流。

阅读理解能力是学生理解书面材料的能力，包括对文章、故事、报纸、杂志等各种文本的理解能力。学生需要能够识别关键信息，理解作者的意图，分析文本结构，并提取重要观点。

写作能力是学生能够有效地书写和表达思想的能力，包括正确的语法、拼写和标点符号使用，以及组织思维并撰写清晰、连贯的文章。学生通过写作练习和反馈，可以提高写作技巧，从而更好地表达自己的想法和观点。

这些语言能力相互关联，共同构成了学生在语言教育中需要掌握的技能。通过综合培养这些能力，学生可以更好地应对各种语言交际情境，不仅能够有效地与他人交流，还能够理解和参与文化与社会活动。因此，语言教育重视培养这些语言能力，有助于学生在多元化的语言环境中成功地运用所学的语言。

2. 文化品格

在语言教育中，学生还应培养文化品格，这包括对目标语言文化的理解和尊重。学生需要通过学习目标语言文化的历史、背景、价值观念、习惯和传统，更深入地理解文化的内涵。这包括对文化中的社会结构、宗教、文学、艺术和娱乐等方面的了解。通过文化理解，学生可以更好地把握语言的含义和文化的意义。

学生需要尊重不同文化的多样性，理解文化差异并表现出包容性。这有助于他们更好地与来自不同文化背景的人交往，避免文化冲突，并建立积极的跨文化关系。学生应积极参与文化活动，与目标语言社区互动，拓展文化体验。这包括参与文化节庆、阅读文学作品、观赏艺术表演及与本土人士互动。通过这些经验，学生可以更深入地了解和体验目标语言文化。学生应培养对文化差异的敏感性，了解在不同文化中的行为、礼仪和社交规范。这有助于他们更好地适应和融入不同文化的社交场合。

3. 思维品质

语言教育也应强调学生的思维品质，这包括批判性思维、创造性思维、解决问题的能力等。学生应该能够分析和评估信息，提出有见解的观点，解决复杂的语言难题，并在不同语境中运用所学的知识和技能。

这些核心素养相互交织，共同构成了一个综合性的语言学习体验。语言能力是基础，文化品格则增强了学生的跨文化交际能力，而思维品质使他们能够更深刻地理解和应用所学的语言知识。这些素养的培养使学生不仅能够流利地使用语言，还能够理解语言代表的深层次的文化和思维特点。

四、大数据与大学英语教育的信息化

大数据与大学英语教学信息化之间存在紧密的联系，这种联系为英语教育带来了许多潜在的好处。

首先，教学中产生了大量的教育数据，包括学生的学习过程数据和考试成绩数据等。这些数据为英语教学信息化提供了丰富的内容和素材，有助于教师更好地理解学生的学习需求和表现。

其次，高校教师应用大数据技术可以对教育数据进行多维度的分析和挖掘，发现隐藏在数据中的有关学生个性化学习需求和学术难点的信息。这有助于优化英语教学信息化体系，更好地满足学生的需求，提供个性化的学习体验。

再次，大数据可以用于构建个性化的在线学习资源平台，为学生提供定制化的学习计划、任务、练习题库等。这样的个性化学习资源有助于学生更好地掌握英语知识和技能，提高学习效率。

最后，应用大数据技术还可以建立动态的学习状况监测和反馈机制，及时诊断学生的学习效果和难点。这为教师和学生提供了宝贵的信息，使他们能够及时采取干预措施，改进教学策略。

最重要的是，大数据分析可以揭示教学的规律和模式，为英语教学信息化的设计理念和运行模式提供指导。这有助于教师更好地理解教学过程，并进行改进和优化。

总之，大数据为英语教学信息化提供了实时的数据支持，实现了个性化和精准化教育，促进了教学模式的革新与优化。它还为教学管理、课程设置、师资支持等各环节的决策提供了可靠的依据，对提高英语教育质量起到了积极作用。

第三节 大数据驱动下大学英语教学的 优势分析

大数据在大学英语教学中有独到的优势，这些优势不仅能提高教学质量，还能为学生和教师创造更丰富的学习和教育体验。从提高教学效率到激发学习兴趣，再到提升学生能力和优化教育决策管理，大数据驱动下的英语教学日益成为现代教育的重要组成部分。

一、提高教学效率

（一）支持精准分层教学

大数据分析为高校和教师提供了强大的工具，以更好地理解学生的学术水平和需求。通过收集和分析大量学生数据，如考试成绩、作业提交情况、参与度等，高校可以获取全面的学生学术信息，而这是传统方法无法实现的。这种全面的数据视角使教师能够更准确地判断学生的弱点和长处，洞察他们的学习习惯和偏好，进而更好地满足他们的学术需求。

基于学生的学术数据，教师可以将学生分为不同的学习层次。这种精准分层教学的好处是显而易见的，因为不同学生具有不同的学习速度和学科理解能力。通过将学生分类为高、中、低水平或根据特定的学科需求分组，教师可以根据每组的特点制定相应的教学策略。例如，对于高水平的学生，可以提供更高难度的学习材料和挑战性的任务，而对于低水平的学生，则给予更多的支持和辅导。这种个性化的教学方法有助于确保每名学生都能在适合自己水平的教育环境中学习，提高了学习效率和质量。

在传统的课堂教学中，教师通常需要满足不同学生的需求，这会导致某些学生感到无法跟上，而其他学生则感到缺乏挑战。通过大数据支持的分层教学，教师可以更精确地定位每名学生的需求，并为他们量身定制课程。这不仅提高了教学效率，还有助于学生更好地理解和吸收教材，提高学习成绩。

（二）提供个性化学习建议

大数据分析可以为每名学生提供个性化的学习建议。这意味着学生不再依赖通用的教学计划，而是根据自己的学术水平、学科兴趣和学习风格，获得定制的学习建议。通过分析学生的学术数据，教师可以了解每名学生的优势和弱点，以及他们在不同学科领域的表现。这为教师提供了宝贵的建议，可以用来选择适合学生的课程、教材或学习资源。例如，如果一名学生在阅读理解方面表现出色，但需要提高写作技能，可以建议该学生参加写作课程或使用特定的写作教材。这种个性化建议有助于学生更有针对性地选择学习材料，节省时间和精力，同时提高学术表现。

提供个性化学习建议有助于增强学生的学习体验，优化学生学习动机。当学生发现自己正在接受针对他们需求的教育时，他们会积极投入学习，轻松实现学术目标。这种学习动机的改变有助于学生更积极地参与学习过程，更自觉地寻找适合自己的学习路径。

（三）智能诊断与即时反馈

通过监测学生的学术数据，如作业完成情况、在线测试成绩和参与度，运用大数据技术可以识别学生遇到的学习障碍。例如，运用大数据技术可以检测到学生在某个特定主题或技能方面表现不佳，或者在时间管理方面有问题。这种智能诊断可以及早发现学习问题并解决问题，以提高学生的学习成绩。

教师可以通过分析学生的学习数据来识别学习障碍，如理解困难的概念或技能。这可以通过监测学生的学术进展和表现来实现，教师可以检测到学生在特定主题或技能方面遇到了困难。例如，如果学生多次未能理解重要概念或完成相关作业，大数据系统可以发出警报，指出潜在的学习难题。这种诊断帮助教师更好地了解学生的需求，以提供针对性的支持。一旦识别出学生的问题，教师可以采取积极的措施，如提供额外的教学材料、个别辅导或建议改进学习策略。这种即时反馈有助于学生及时解决问题，避免学习落后，并增强了他们的学习信心。

二、激发学习兴趣

（一）内容个性化推送

内容个性化推送基于学生的学术数据和兴趣爱好，运用大数据技术可以为每名学生提供定制的学习内容。这意味着学生将接收到与他们个人兴趣相关的学习材料和主题，而不是通用的教材。例如，如果一名学生对英语文学感兴趣，大数据系统可以向他推荐与文学相关的文章、小说或课程，以满足他的学术好奇心。这种个性化推送使学习变得更具吸引力，因为学生可以在自己感兴趣的领域深入学习，而不仅是遵循标准教学计划。

大数据系统可以追踪学生的学术表现和学习偏好，以识别他们最喜欢的主题或学科领域。随着时间的推移，大数据系统可以根据这些发现不断调整内容推送，确保学生始终有兴趣的学习材料可供选择。这种动态的个性化推送有助于学生保持学习动力和兴趣，防止产生学习的枯燥感。学生可以根据自己的兴趣和目标，自由选择想要探索的学科和主题。这种自主选择的学习路径鼓励学生积极参与学习，因为学生可以更自由地决定自己的学术方向。同时，这有助于激发学生的学术好奇心，因为学生可以根据自己的兴趣进行深入研究。

（二）打造沉浸式学习环境

沉浸式学习（Immersive Learning）是一种教育和培训方法，旨在通过深度参与和沉浸式体验来提高学习效果。该学习方式使学生能够全身心地投入学习任务中，通常通过模拟或模仿真实情境来实现。

大数据分析可以根据学生的学术数据和学科兴趣，为他们提供沉浸式学习体验所需的教材和资源。例如，学生可以通过虚拟现实技术参与英语文化体验，探索虚拟英语文学世界，或与其他学生合作解决英语语言难题。这种沉浸式学习环境使学生能更深入地了解英语语言和文化，增强了学习兴趣。

大数据系统可以追踪学生的学习活动，如在线讨论、作业提交和课堂参与，以了解他们的学术表现。如果大数据系统发现学生的参与度下降或学术进展缓慢，可以发出警报并提供针对性的支持。这有助于学生保持学术动力和学习状态。

沉浸式学习环境还可以促进合作学习和互动。学生可以与同学共同参与虚拟项目、组织在线讨论或协作解决问题。大数据分析可以为教师提供关于学生参与合作的数据，以评估他们的团队合作能力和学术社交技能。这种互动和合作促进了学生之间的知识分享和学习交流，拓展了学习的深度和广度。

（三）自主选择学习路径

大数据在大学英语教学中的应用还有助于学生自主选择学习路径，从而激发他们的学习兴趣。通过监测学生的学术数据和兴趣，系统可以为每名学生推荐不同的学科领域和主题。学生可以根据自己的兴趣和目标，自主选择想要探索的学科和主题。这种自主选择的学习路径使学生积极投入学习，因为他们可以学习自己感兴趣的内容，而不是被迫学习不感兴趣的主题。系统可以为学生提供学术数据和成绩，使他们能够清晰地了解自己的学术表现。这些数据有助于学生识别自己的学习盲区和弱点，以便有针对性地调整学习策略。学生可以根据自己的数据分析结果，自主调整下一步的学习路径，包括选择更具挑战性的课程或主题，或者加强练习以提高特定技能。

自主选择学习路径可以提高学生的自主学习和学术决策能力。学生不仅可以自由选择学习的主题，还可以根据自己的学术需求和兴趣进行学术规划。他们可以制订学习计划，设定学术目标，并不断调整自己的学习路径以达成这些目标。这种学术自主性有助于培养学生的独立思考和学术领导能力，为他们未来的学术和职业发展奠定坚实的基础。

三、优化决策管理

（一）提供评估依据

大数据分析可以为教育决策和管理提供数据支持，以更好地评估教育质量和学生表现。

首先，大数据分析可以收集和分析学生的学术数据，包括考试成绩、作业完成情况、参与度等。通过对这些数据的全面分析，高校可以获得对教育质量和学生表现的详细洞察。这些数据作为评估依据，用于确定课程的有效性、教材的适用性及教师的教学效果。例如，如果某门课程的学生表现普遍较差，高校可以使用大数据分析的结果来考虑是否需要进行课程改进或调整。

其次，提供评估依据有助于高校更好地制定战略决策。通过大数据分析，高校可以了解学生的整体学术水平，发现潜在的问题领域，制定有针对性的政策和计划。例如，如果大数据分析显示学生在英语听力方面的成绩一直低于平均水平，高校可以采取措施，如提供额外的听力训练资源或调整教学方法，以提高学生的听力技能。

最后，提供评估依据还有助于高校满足监管和评估要求。大数据分析可以提供关于教育质量和学生表现的客观数据，这些数据可以用于向监管机构和社会展示高校的表现。通过提供有数据支持的评估依据，高校可以轻松获得监管机构和社会的认可，从而维护和提高教育质量。

（二）模式预测指导规划

大数据分析可以用于模式预测，以指导高校或教育机构的规划和决策。

通过分析以往学生数据和学术水平趋势可以预测未来的学生表现和需求。例如，通过研究以往的学生数据，大数据系统可以发现某些学生在特定学科或课程中的成功模式和挑战点。这种数据分析可以用来预测未来学生在相似学科或课程中可能遇到的问题，以便提前采取措施来支持他们。该模式预测有助于高校更好地规划课程、进行资源分配和制定教学策略。

大数据分析还可以预测学生的学术兴趣和职业发展方向。通过分析学生的学术数据和兴趣爱好，大数据系统可以识别学生可能感兴趣的学科领域和职业路径。这种预测有助于学生和高校更好地规划学术生涯和职业发展路线。例如，大数据系统可以推荐学生参加特定课程或活动，以培养他们的兴趣和技能，从而更好地迎接未来的学术和职业挑战。

最后，模式预测还可以用于规划教育资源和课程安排。通过分析学生的选课模式和需求趋势，学校可以更好地规划教师和教室资源，以满足学生的学术需求。例如，如果大数据分析表明某个特定课程在未来会有更多的学生选修，高校可以考虑增加教师和教室资源，以确保足够的席位供应。这种规划有助于提高学校的教育效率和资源利用率。

四、促进教师发展

（一）掌握每名学生的学习情况

大数据分析在教师发展方面发挥了重要作用，通过帮助教师更好地了解每名学生的学习情况，可以提高教学质量和开展个性化教育。

首先，大数据分析可以为教师提供每名学生的学术数据和学习历史。教师可以轻松地查看学生的考试成绩、作业提交情况、参与度等信息。这有助于教师更全面地了解学生的学术水平、学科兴趣和学习习惯。教师可以利用这些数据为每名学生量身定制教学策略，提供针对性的支持和指导。

其次，掌握每名学生的学习情况有助于教师识别学生的学术需求和困难点。通过分析学生的学术数据，教师可以发现哪些学生在特定主题或技能方面表现出色，哪些学生需要额外的帮助。这使教师能够根据学生的个体需求调整教学计划，提供针对性的教育支持，以激发每名学生的发展潜力。

最后，掌握每名学生的学习情况有助于建立更紧密的师生关系。教师轻松地与学生建立联系，了解他们的学术和个人需求。这种关系有助于学生更自信地向教师寻求帮助和建议，提高学习动力和积极性。同时，教师还可以更好地提供学术和职业建议，根据每名学生的学术表现和兴趣指导他们的学术和职业发展。

（二）合理调配教学资源

大数据分析有助于教育机构和高校合理调配教学资源，以提高教学效果和资源利用率。

运用大数据分析可以确定资源分配的优先级。高校可以根据学生的学术需求和学术进展，确定哪些学生需要更多的支持和资源。这种个性化的资源分配有助于提高学生的学术成绩和满意度。例如，如果数据分析显示某些学生在特定学科或技能方面表现不佳，高校可以提供额外的辅导和支持资源，以帮助他们克服困难。

通过大数据分析，高校可以追踪教室的使用情况、教材的分发情况以及教师的工作负荷。这有助于高校更好地管理资源，避免资源浪费和过度分配。例如，如果数据分析显示某个教室在某些时间段没有被充分利用，高校可以考虑重新安排课程计划，以更好地利用教室资源。

（三）提高英语教师的工作效率

在大数据驱动下，英语教师可以通过各种方式提高工作效率，从而更好地应对教学任务。大数据技术可以用于自动化评估学生的作业和考试。这意味着教师不必手动批改大量作业和试卷，从而节省了工作时间。自动化评估还可以提供即时的反馈，帮助学生更快地了解自己的表现，同时减轻了教师的工作负担。

教师可以利用大数据驱动下的智能教学辅助工具来提高工作效率。这些工具可以为教师提供教学建议、资源推荐和学生表现分析，从而使教学过程更加高效和有针对性。大数据系统有助于教师更好地跟踪学生的出勤情况、学术表现和参与度。这有助于教师更早地发现学生的问题，及时提供支持和指导，从而减少学生问题的积累和缩短处理时间。

通过大数据分析学生数据，教师可以更好地规划课程和教学策略。这包括选择适当的教材、活动和评估方法，以满足学生的学术需求。这种数据支持下的教学计划有助于教师提前准备好课程内容，提高教学流畅性。

第四章 大数据驱动下的大学英语教学设计

第一节 大数据在课程设计中的角色

在传统教育中，课程设计往往基于教育者的经验和直觉，而如今，大数据技术的崛起为课程设计带来了前所未有的机会和挑战。大数据在教育中的应用已经成为必然趋势，它为高校提供了丰富的学生数据和教学洞察，为课程设计注入了新的活力和智慧。

一、课程设计概述

（一）课程设计的定义

课程设计是一项复杂的教育工程，旨在规划、更新和实施课程。它包括需求分析、教学环境评估、教学目标设定、教学大纲设计、教材开发及课程评价。不同阶段之间存在紧密的互动和联系，每一个阶段的决策都会影响后续阶段的进行。总体而言，课程设计被看作一系列活动的综合，包括教学规划、设计、实施、评估和不断改进，构成了一个完整的系统工程。

在课程设计中，首先需要明确学生的需求和学习目标，然后制定总体大纲和具体教学大纲，选择并组织教学内容，设计教学活动，选择、改编或开发教材，以及规划教学评估方法。课程设计也是一种行动，教师需要实际进入课堂，观察教学活动，并确保课程设计的目标在实际教学中得以贯彻和实现。

另外，课程设计还涉及测试和评价。通过对学生的学习成果进行评估，教师可以了解他们是否实现了预定的学习目标，以及哪些方面需要改进。这些评估结果有助于课程的不断优化和提升。

最后，课程设计还涉及教学管理，包括资源的有效利用、与社会的联系、解决资源限制带来的挑战以及行政决策对课堂教学的影响等。课程设计不是一次性的工作，而是一个不断循环的过程，需要改进和完善，以确保教学质量的提升。总之，课程设计是一个多阶段、多环节的过程，旨在确保教育目标的实现和学生的成功学习。

（二）课程设计的主要模式

课程设计的主要模式在教育领域具有重要意义，不同的模式适用于不同的教育目标和需求。以下是一些常见的课程设计模式。

1.目标模式

目标模式，也称为泰勒线性模式，得名于教育学家拉尔夫·W.泰勒（Ralph W. Tyler），他在20世纪50年代提出了这一模式。该模式强调课程设计的逻辑流程和顺序，其核心思想是确保教育活动与明确的教育目标相一致。以下是该模式的四个主要步骤。

（1）确定教育目标。教育者首先需要明确学校或课程的教育目标。这些目标应该是清晰、具体、可衡量的，它们提供了教育活动的方向和目标。总体目标是教育体系的指导原则，而教育目标是在总体目标的基础上制定的具体目标。

（2）选择教育经历。一旦明确了教育目标，下一步是选择适当的教育经验，以帮助学生达成这些目标。这包括选择教材、教学内容、教学方法和学习活动。选择的教育经验应该与教育目标相匹配，以确保学生能够获得所需的知识和技能。

（3）组织教育经历。在选择了教育经验后，教育者需要设计课程结构和教学计划，以确保教育经验可以有序地传递给学生。这包括确定教学大纲、安排教学活动的顺序和时间，以及规划整个课程的进度。

（4）评价结果。最后一个步骤是建立评价机制，以确定学生是否达成了设定的教育目标。评估可以通过考试、测验、作业、项目评估等方式进行。评估结果用于判断课程的有效性，并为课程的改进提供反馈。这个步骤也有助于教育者调整教育目标。

泰勒线性模式在课程设计中强调了教育目标的导向性，确保课程的设计和实施与明确的教育目标相一致。通过遵循这个模式，教育者可以制订更加清晰、有组织和有效的课程计划，提高教育质量并确保学生的学习成果。该模式在课程设计领域产生深远影响，为后续课程设计模式的发展提供了坚实的基础。

2.过程模式

课程设计的过程模式最早由英国课程论专家劳伦斯·斯坦豪斯提出。该模式强调课程的开发过程，注重教育的质量和教育者的专业发展。

课程设计的过程模式产生于对传统目标模式的批判性反思。传统目标模式强调课程的最终目标和预定的学习结果，通常采用行为主义的方法。然而，斯坦豪斯认为该模式忽视了教育过程中的重要因素，如学生的需求、教师的角色和互动。该模式的理论基础根植于结构主义哲学和认知心理学。该模式认为知识的形式和学科的基本结构反映了文化和知识的内在价值。因此，课程内容应该在这些内在价值的基础上选择，强调基本概念、原则和方法，而不只是表面的目标和结果。

过程模式将课程开发分为以下三个关键阶段。

（1）规划。在这一阶段，教育者需要仔细考虑课程的目标、内容和结构。而不只是列出目标，还要思考如何将课程内容与学科的内在结构相结合，以提供有意义的学习体验。

（2）实际体验。在这个阶段，教育者将课程计划付诸实践，与学生进行互动和教学。这强调了教师与学生之间的互动和合作，以及学生的主动参与和思考能力的培养。

（3）验证。验证阶段涉及评估课程的效果，以确保它达成了预期的教育目标。这有助于不断改进课程，使其更符合学生和社会的需求。

过程模式强调教师不只是课程的传授者，还是课程的研制者和开发者。教师被鼓励将教学与教育研究相结合，反思自己的教育实践，不断改进教学方法。这使教师成为教育领域的积极参与者，而不只是执行者。

过程模式的优点包括强调教育过程的质量、学生的主动参与、教师的专业发展及课程的灵活性。然而，它也面临一些挑战，如难以确定被学生普遍接受的知识结构和形式，以及在某些情况下会导致教学缺乏规范性的问题。

总的来说，课程设计的过程模式强调了教育的本质是一个动态的、互动的过程，教师和学生的主体性，以及教育者在课程开发中的积极作用。它提供了一个有益的框架，这个框架可用于设计和实施更具深度和意义的教育课程。

3.情景模式

情景模式，又称为环境模式、情境模式或文化分析模式，代表人物是英国课程专家斯基尔贝克。该课程设计模式强调通过社会学家的文化分析方法，对社会文化结构进行分析，并将课程设计与特定社会文化结构相结合。它以学校为单位，通过全面分析和预估学校的情景来进行课程设计。情景模式综合了目标模式和过程模式的优点，强调课程开发应该根据不同高校的情况，以高校为单位进行，是一种以实际情况为基础的课程开发理论。

情景模式的起源可以追溯到斯基尔贝克等教育专家的研究和理论构建。该模式的形成是对传统课程设计方法的一种反思，传统方法通常忽视了学校内部和外部的文化和社会环境对课程的影响。

情景模式的理论基础是社会学和文化分析。该模式认为每个教育单位都有其独特的文化和社会环境，包括特定的关系网络、目标、价值观念、行为准则、程序和岗位职责。因此，课程设计应该以学校的具体情境和条件为基础，考虑学校内外的各种因素。

情景模式的课程设计主要包括以下五个关键环节。

（1）分析情景。这一环节涉及对学校环境的全面分析，包括对外部和内部因素的考察。目的是全面了解课程目标的来源。

（2）拟定目标。根据对情景的分析，确定课程的目标。这些目标不只是行为目标，还包括教育活动方向的喜好、价值观念和判断等。

（3）设计教学方案。这一环节包括选择学习材料、安排教学活动、选择教师和学生参与，以及选择适当的教学方法和工具等。

（4）阐述和实施方案。在实施课程之前，需要对可能出现的问题进行预计、确认和阐述。这包括经验、反思和研究分析。

（5）检查与评测。在课程实施过程中，需要对课堂活动的进展进行评估，对各种评定和参与者的表现进行记录和评价。

情景模式的基本假设是：学校本位课程开发是促进学校真正改变的最有效方法。它强调课程设计需要结合学校的特定环境和文化因素，以实现针对性教育。然而，有人认为情景模式会导致课程设计缺乏明确的蓝图，需要在知识、社会和学生兴趣之间进行权衡。

总的来说，情景模式强调了课程设计与学校的文化和社会环境相关联，是一种有助于更好地满足学生需求的课程设计方法。然而，它也需要谨慎考虑如何平衡不同因素，以确保课程的质量和有效性。

4.实践模式

课程设计的实践模式是一种教育理论方法，旨在将课程开发与实际教育实践紧密结合，以满足学生的实际需求。这一模式的代表人物是美国课程理论专家和生物学家约瑟夫·施瓦布。

该模式认为课程由四个要素构成，即教师、学生、教材和环境。这四个要素之间持续相互作用，共同塑造了课程的内涵。该模式强调课程的终极目的是激发学生的实践兴趣。这意味着课程应该与学生的日常生活和实际需求紧密联系，使学生将所学知识和技能应用于实际情境中。

在实践模式中，教师和学生被视为课程的主体和创造者。他们与课程内容和环境共同构成了课程审议的第一手信息来源。教师不只是知识的传授者，还是课程的主要设计者，而学生有权对学习方式和内容提出疑问和要求解答。

实践模式强调课程开发的过程与结果、目标与手段的连续统一。这一理念反映了实用主义哲学教育思想的影响，认为课程设计应该紧密关注实际的学习过程，而不只是抽象的结果。实践模式倡导通过集体审议来解决课程问题，建议在学校层面成立包括校长、社区代表、教师、学生、教材专家、课程专家、心理学家和社会学家等的课程集体。这种集体参与有助于形成一个学校共同体，促进教育者之间的合作和互动。

实践模式要求将课程探究、课程编制和课程评价相结合，并将结合的基础置于特定的实践情境中。它主张将决策的基础放在学校层面，建立"自下而上"的课程决策模式，以更好地满足学生和教师的需求。

总的来说，实践模式强调课程设计应该紧密关注学生的实际需求和兴趣，将课程与实际教育实践相结合。教师和学生在这个模式中扮演各自的角色，他们共同参与课程的设计和实施，以确保课程更具实际应用性和适应性。该模式强调了教育的本质是为学生提供实际的知识和技能，以便他们能够学以致用。

通过对以上四种课程开发模式的描述，我们可以看到它们各自具有不同的社会背景和理论假设，并拥有独特的特点。目标模式注重设定教育目标的预设性和具体化。过程模式注重课程开发过程本身对学生的教育价值。情景模式则以实际的教学环境为基础，进行课程的设计和发展。而实践模式则强调教师、学生、教材和环境这四个要素之间不断相互作用，共同构建课程的内涵。尽管这些课程开发模式有各自的特点，但从它们的发展趋势来看，它们整体上都朝着更加人本化、民主化和情境化的方向发展。特别是过程模式、情景模式和实践模式，它们为校本课程开发理念提供了重要的思想基础、理论依据和可行性论证。这些模式的演变反映了教育领域对于更加灵活、学生中心以及与实际情境更贴近的教育方法的不懈追求。因此，教育者和课程开发者在设计和实施课程时可以参考不同模式的优点，以更好地满足学生的需求，提高教育质量和实际效果。

二、大数据在课程设计中的价值

大数据在课程设计中具有极其重要的价值，体现在以下六个方面。

（一）分析学生需求

大数据分析有助于高校深入了解学生的需求。通过收集和分析学生的学习数据，包括学习进度、成绩、兴趣和学习方式等，课程设计者能够准确地定位学生的知识结构和能力水平。这有助于设计更符合学生需求的课程，确保学生能够获得最大的学习效益。

（二）提高教学质量

大数据分析可以挖掘学生的在线学习行为数据，识别学生的学习痛点和难点。课程设计者可以根据这些数据优化教学内容和方式，提供更具针对性的教育资源和支持，从而提高教学质量。这有助于提高学生的学术成绩和满意度。

（三）提高教学效率

大数据的应用可以实现个性化教学。通过分析学习结果，教育机构可以根据学生的需求和表现，提供定制化的学习路径和材料。此外，大数据还能够准确预测学生的学习进度，帮助教师实时调整教学计划，提高教学效率。

（四）评估课程效果

大数据收集学生在课程各个阶段的评价和学习数据，有助于评估课程活动设计和教学效果。课程设计者可以根据这些数据对课程进行改进，确保课程能够达成预期的学习目标，并提高学生的满意度。

（五）持续优化课程

借助大数据的积累，课程设计可以实现持续反馈与优化迭代。通过不断分析学生的学习数据和课程评价，教师可以对课程实施改进和更新，以保证与时俱进，满足不断变化的学生需求和教育趋势。

（六）支持教学决策

大数据还有助于教师从宏观层面更好地认识学生。教师可以借助大数据分析的结果，更明智地制定教学决策，包括调整课程内容、时间表和教学方法，以更好地满足学生的需求。

总之，大数据为课程设计提供了全新的支持，使课程设计更加科学、系统、精准和动态。通过大数据分析，教育机构能够更好地满足学生的需求、提高教学质量与效果，实现个性化教育，不断优化课程，以提升教育领域的质量和效益。

三、基于大数据的大学英语课程设计原则

为了更好地适应学生的需求和提高教学效果，基于大数据的大学英语课程设计需要遵循以下原则。

（一）以生为本

以生为本强调了将学生置于课程设计的核心位置，以确保课程满足他们的需求和兴趣。

在设计课程之前，课程设计者首先需要收集和分析学生的学习数据，了解他们的学习特点、知识结构和能力水平。这有助于教师更好地理解学生，为他们量身定制课程内容和进度安排。

每名学生都是独特的，拥有不同的学习速度和风格。因此，课程应该采用个性化和分层教学策略，以满足不同学生的需求，确保每名学生都能取得进步。课程设计中应该关注学生的学习体验，创造积极的语言学习环境。这包括提供有趣的教材、互动性强的课堂活动以及让学生积极参与的机会。

以生为本原则的目标是使课程更加贴近学生的实际需求，提高他们的学习动力和兴趣。通过深入了解学生，教师可以更好地指导和支持他们的学习，帮助他们实现语言学习的目标。这一原则是大数据支持下课程设计的关键，因为大数据提供了收集和分析学生数据的手段，从而更好地理解学生，为他们提供更优质的教育体验。

（二）灵活性

灵活性原则的核心思想是根据学生的学习效果和需求进行动态调整，以创造更适应学生的教育环境。

首先，灵活性原则要求基于学生的学习效果实时数据来指导教学。通过监测学生的学习进展，教师可以及时了解哪些教学方法和内容对学生更有效。例如，如果某种教学方法未能达到预期的学习效果，教师可以迅速调整，采用更适合学生的方法，以提高教学效果。这种实时的反馈机制有助于确保教学过程的灵活性，以满足学生的学习需求。

其次，灵活性原则鼓励教师制订不拘一格的教学计划。这意味着课程设计应该具有弹性，允许根据学生的反馈和学习进展进行调整。教师应该在课堂中灵活应对，根据学生的需求调整教学步骤和内容。这种不拘一格的教学计划有助于教师更好地满足学生的学习需求，确保教学过程具有针对性和实效性。

最后，灵活性原则倡导课程资源的模块化。这意味着课程内容可以被分成不同的模块，学生根据自己的学习情况和兴趣选择适合他们的学习路径。例如，一门大学英语课程包含多种学习资源和活动选项，学生可以自主选择哪些内容他们感兴趣，哪些内容需要额外练习。这种模块化的设计有助于个性化学习，使每名学生都能够按照自己的节奏和需求进行学习。

综上所述，灵活性原则在大学英语课程设计中的应用强调动态性和个性化。它要求教师根据学生的实际情况和反馈进行灵活调整课程，以确保教学内容和方法能够更好地满足学生的需求，提高教学效果。大数据的应用在这一原则中发挥了重要作用，因为它为收集和分析学生数据提供了工具，帮助教师更好地了解学生的学习情况，并根据数据进行灵活调整，实现更有效的课程设计。

（三）情境性

情境性原则强调将学习置于真实和有意义的语言情境中，以提高学生的参与感、语言意识和交际能力。

课程内容和教学活动应该反映实际生活中的语言使用场景，使学生将所学的语言技能应用于实际情境中。例如，通过模拟真实的社交场合、工作环境或日常生活情景，学生可以更好地理解和运用所学的英语知识，增强学习的实际性和可操作性。学习环境应该具有一种学生可以全身心投入的氛围，使他们能够沉浸在英语学习中。为了实现这一目标，课程设计者可以采用多种方法，如提供英语角、语言实验室、英语沙龙等资源，以便学生能够不断接触和使用英语，培养语言意识和语感。

最后，课程应该包括各种语言交际任务，如小组讨论、角色扮演、实际情景模拟等，以培养学生的语言交际能力。通过参与这些任务，学生将有机会与他人合作、表达自己的观点、解决问题，并在真实情境中运用所学的语言技能。这有助于提高学生的口语表达能力、听力理解能力和互动能力。

情境性原则强调将学习嵌入有趣和实际的情境中，以提高学生的学习积极性和成就感。通过在课程中设计真实情境、创建沉浸式语言环境和注重交际性任务，可以有效培养学生的语言能力和交际技巧，使他们更好地学以致用。这一原则与大数据的应用相结合，可以更好地了解学生在不同情境下的表现，从而满足他们的学习需求。

（四）开放性

开放性原则鼓励共享、合作、创新和国际化，以提高教育的质量和可及性。这一原则与大数据的应用相辅相成，有助于高校更好地管理和分享教育资源，满足不同学生的需求，促进教育的发展和创新。通过开放性的教育模式，学生和教师可以更灵活地参与学习和教学。

学校应该积极分享教学材料、课程设计、教学方法等资源，使所有学生和教师都可访问这些资源。这种共享可以通过开设开放式课程、建立在线资源库、合作开发教材等方式实现，从而丰富课程内容，提供多样化的学习资源。同时，高校要放开教与学的边界，教师不再是传统意义上的知识传授者，而是学习的指导者和促进者。这意味着教师应该鼓励学生积极参与课程设计和教学过程，倡导学生主动探索和学习，培养他们的自主学习能力。教师可以提供指导、反馈和支持，帮助学生在学习过程中实现个性化目标。

高校可以将课堂转移到网络平台，打破时间和空间的限制。这意味着课程可以在线进行，学生可以在任何时间、任何地点访问课程内容，并与教师和同学互动。这种开放性的教学方式具有更大的灵活性，使学生能够根据自己的时间表和学习习惯学习，有助于满足不同学生的需求。

大学英语教学应该具有国际化视野，积极吸收世界优秀课程理念。这意味着课程设计应该关注国际化趋势，引入国际化元素，使学生能够更好地适应国际化的学习和工作环境。高校可以与国际伙伴合作，开设国际化课程，促进国际交流与合作，提高学生的国际竞争力。

第二节　基于大数据的教学内容优化

在大学英语教学领域，存在一系列传统课程内容方面的问题，这些问题包括内容陈旧、缺乏实用性和趣味性等。这些问题对学生的学习体验和教育效果都产生了不利影响。然而，随着大数据技术的广泛应用，不仅教学手段、教学模式发生了变化，大学英语教学内容也需要改变，本节将探讨大学英语教学内容优化的必要性，以及如何通过大数据分析精确识别和优化教学内容。

一、教学内容优化的必要性

（一）大学英语教学内容存在的问题

1. 内容相对陈旧

许多大学英语教学内容过于陈旧，跟不上时代的发展和变化。这些教材中的例子、对话和主题不再反映当今社会和文化的现实情况。学生感到难以与这些内容建立联系，从而降低了学习的积极性和兴趣。

2. 知识面广而不精

传统的大学英语教学内容通常试图涵盖广泛的主题和语法知识点，以满足不同学生的需求。然而，这种广度导致学习深度不足，学生不能深入学习特定主题或语法知识点。这会影响他们提高语言能力，因为精深的理解和应用通常比广泛的浅层次了解更重要。

3.实用性不强

一些大学英语教学内容过于理论化，难以与实际生活和职业需求建立联系。学生需要运用所学的英语知识应对现实中的情境，如工作、社交互动和旅行。因此，教材应该更加注重实际应用，如商务英语、学术英语、跨文化交际等。

4.缺乏趣味性

大学英语内容通常以传统的方式呈现，缺乏趣味性和创新性。这使英语学习变得乏味，学生难以保持兴趣。通过引入更具吸引力的教材、多媒体资源和互动学习方法，可以提高学生的学习动力和参与度。

（二）大数据支持下教学内容优化的重要意义

大数据支持下教学内容优化的重要意义如下。

1.提高学生学习效率

大数据有助于教师根据学生的学习特征和需求，定制化教学内容。这意味着可以为不同水平、兴趣和学科领域的学生提供适应性更强的教材和资源，从而提高他们的学习效果和满意度。

2.开展个性化教育

大数据分析可以揭示学生的潜在学习规则和模式。这有助于教师更好地了解学生的学习需求，包括性别、学科偏好、学习速度等，从而有针对性地提供个性化教育，满足学生的独特需求。

3.不断提高教学质量和学生满意度

通过不断监测和分析教学数据，高校可以跟踪教学改进措施的效果，这有助于教师及时发现问题并进行调整，以不断提高教学质量和学生满意度。

总之，大数据为教学内容优化提供了一个全面系统的视角，使教学质量能够在一个持续优化的循环中提升，这对提高教学效果具有很重要的意义。

二、大数据对优化教学内容的作用

（一）识别难点知识点

通过分析学生的学习成绩和互动数据，教师可以识别出哪些知识点对于学生来说更具挑战性。这可以通过观察学生的低分、错误率和频繁的重复尝试来确定。一旦识别出这些难点知识点，教师可以采取措施，如提供额外的教学资源、深入解释这些难点、知识点或提供个性化的辅导，以帮助学生克服困难。

（二）定制化教学内容

大数据分析还可以揭示不同学生群体的学习优势和劣势。这可以基于学生成绩、学科偏好、学习速度等因素来进行分析。根据这些分析，教师可以为不同学生定制教学内容，包括课程难易程度的调整、特定知识点的重点强调等，以满足不同学生的需求。

（三）评估教学资源质量

大数据分析可以用于评估现有教学资源的质量和完整度。通过监测学生的资源访问情况，教师可以了解哪些教材和教学资源受欢迎，哪些不受欢迎。这有助于高校决定是否需要增强高质量资源和补充不足资源，以提高学生的学习体验。

（四）设计个性化学习材料

基于学生的学习行为分析，可以揭示出个性化的学习规律。例如，某些学生更喜欢通过视频学习，而另一些学生则更喜欢通过文本学习。根据这些规律，教师可以设计个性化的在线教程和习题练习，以满足不同学生的学习偏好，提高他们的参与度和学习效果。

（五）评估课程设置和教学大纲

教师可以通过综合分析互动、成绩和行为数据来评估课程设置和教学大纲的合理性。这有助于确定哪些内容需要改进或优化，以更好地满足学生的需求。通过这种方式，教师可以提供更贴近学生实际需求的教育体验。

（六）不断迭代和完善

通过监测教学效果的长期变化动态，教师可以进行教学设计的迭代和完善。这包括根据数据分析结果调整教材、教学方法和课程设置，以确保学生的学习体验持续地提高。

大数据分析为教育提供了更多的工具和见解，可以支持更精准、个性化和科学化的教学内容优化，以满足不同学习者的需求，提高他们的学习效果和满意度。这对于现代教育体系的发展至关重要。

三、基于大数据的教学内容优化策略

（一）优化知识点结构与难易顺序

1.根据学习难易程度调整知识体系结构

通过大数据分析学生的学习表现，教师可以了解哪些知识点被多数学生认为是难点，哪些知识点是相对容易掌握的。基于这些数据，教师可以优化课程内容的结构，将难点知识点放在合适的位置。例如，将难点知识点放在学习的前半部分，以便学生在学习过程中重点关注这些内容。

2.合理设置难度递增顺序

大数据分析还可以揭示学生的学习难度递增曲线。根据这个曲线，教师可以调整课程的难度递增顺序，以更好地满足学生的学习需求。这意味着在学生掌握基础知识后，教师逐渐引入更复杂的概念和技能，使学生的学习过程更连贯和高效。

3.深入调研结构关系与依赖性

大数据分析可以用于深入了解知识点之间的内在联系和依赖性。有些知识点是其他知识点的基础，因此需要在学习的早期介绍。通过分析数据，教师可以确定这些依赖关系，以便更好地组织和呈现教学内容。

4.规划个性化学习路径

大数据分析还可以用于个性化学习路径的设计。不同学生在不同知识点上有不同的难易程度和学习速度。因此，教师可以根据学生的学习数据为他们创建个性化的学习路径，以确保每名学生按照自己的节奏学习。

最后，使用大数据来监测学生的学习进展，及时调整知识点的结构和顺序。如果学生在某个知识点上遇到了困难，教师可以立即提供额外的支持和资源，以帮助他们克服困难。

（二）引导学习重点与难点

首先，为引导学习重点与难点，教师可以精心编排教学内容。这意味着将重点知识点和难点突出展现，确保它们在课程中得到充分的关注。这可以通过突出这些知识点的重要性、实际应用和与其他概念的联系来实现。例如，在大学英语课程中，语法知识通常被视为难点之一。通过强调语法知识在写作和口语表达中的重要作用，学生更容易理解其重要性，并愿意投入学习。

其次，通过拓展学习资源来引导学习重点与难点。这包括提供额外的学习材料、教育视频、互动练习和在线讨论等。这些资源有助于学生更深入地理解关键知识点，并提供多样化的学习方式，以满足不同学生的学习需求。例如，在大学英语课程中，可以提供在线语法练习和交互式写作工具，有助于学生更好地掌握语法规则并将其应用于写作。

最后，教师还应加强对难点知识点的解释和示例。通过清晰而简洁的解释及实际示例，学生更容易理解和应用这些知识点。例如，在英语语法教学中，教师可以提供详细的语法规则解释，并展示实际句子中如何应用这些规则。这种实用性的方法有助于学生更好地理解难点，更容易掌握知识。

（三）增强大学英语教学内容的时效性

为了确保教学内容的时效性，教育机构可以将课程划分为时效性学习单元。这些单元可以是对特定主题或领域的深入研究，如科技、社会、文化等。每个学习单元包括最新的信息和趋势，以确保学生学到的内容与现实世界相一致。例如，一个学习单元可以关注当今社交媒体对英语语言和交流的影响，包括新词汇、缩写词和网络用语的使用。这确保学生学到的内容与当下的英语语境相一致。

时效性教学内容应该与社会热点和变化同步。教师可以通过大数据生成的词云，不断关注新闻、研究和事件，以了解社会正在发生的重要变化和趋势。这样，他们可以及时将这些信息纳入教学内容，使学生能够理解和讨论最新的问题。在大学英语课程中，教师应该积极跟踪英语语言学习和文化领域的最新发展。例如，如果英语中出现了新的流行词汇、短语或变化，教师可以及时将这些内容引入课堂，以便学生了解和适应这些新的语言表达方式。此外，教师可以关注文化、文学和媒体领域的英语表达，以确保学生能够理解和融入当前的英语文化环境。

在大学英语课程中，教师还可以按课程特征设计不同主题内容，以满足不同学生的兴趣和需求。例如，英语写作课程可以包括不同主题的写作任务，如社会问题评论、科技趋势分析、文化评论等。这样，学生可以根据自己的兴趣选择特定主题进行学习和写作，使他们更有动力参与课程。

选定的教学内容要定期更新视频与案例，这包括最新的新闻报道、文学作品、学术文章和英语学习资源。例如，一门英语阅读和讨论课程可以定期引入新的文章和新闻报道，以反映当前的社会和文化事件，提供讨论的话题并激发学生的兴趣。

（四）增强教学内容的趣味性与参与性

1. 结合多媒体与互动元素增强内容吸引力

利用大数据分析学生感兴趣的多媒体与互动元素，教师在课堂中引入图像、音频和视频素材，以丰富教材内容。这不仅有助于学生更好地理解课程内容，还能激发他们的兴趣。例如，使用英语电影片段或流行歌曲的歌词来练习听力和口语技能。

教师可以使用在线教育平台或教育应用程序，让学生参与互动性的学习。教师可以创建在线投票、问答、小组讨论和在线测验等活动，促进学生的积极参与和互动。

2.设计游戏化学习与任务导向学习提升参与度

教师可以在教学中引入游戏化元素，如成就系统、竞赛和奖励机制，以鼓励学生积极参与。大数据可以用于设计和改进教育游戏和互动学习应用。通过分析学生在游戏中的表现和反馈数据，开发者可以不断优化游戏体验，使学习变得更加有趣。例如，设置英语单词闯关游戏，学生在完成任务后可以获得奖励或积分，以激发他们的学习兴趣。

教师可以设计实际任务，要求学生运用所学的英语知识来解决实际问题。这包括模拟商务会议、角色扮演、项目管理等，以帮助学生将理论知识应用于实际情境。

3.丰富案例与实践练习转化为生动的学习经历

教师可以引入真实生活案例或故事，让学生更好地理解课程内容的实际应用。例如，教师在讨论全球化对企业的影响时，可以引入国际企业案例。

教师可以鼓励学生参与口语对话、写作练习、角色扮演等实践性活动。为了增强趣味性，教师可以模拟英语情景，如餐厅点餐、旅行预订等，让学生在实际情境中练习英语交流技能。

通过以上方法，大学英语教学更具趣味性与参与性，可以提高学生的学习积极性和兴趣，使他们更好地掌握英语知识和技能，同时培养他们的创造力和解决问题的能力。这些方法也有助于将英语学习变成一种有趣的学习经历，激发学生的学习动力。

（五）增强教学内容的实用性

增强教学内容的实用性确保学生不仅能够掌握语言知识，还能够将其应用于职场和实际生活中。

首先，为了增强课程的实用性，可以加强职场环节的设计，关联实际工作任务。这包括引入职场模拟，其中学生被要求扮演不同职业角色，完成相关任务和项目。通过这种方式，学生可以在模拟环境中练习实际的职业技能，如商务会议的英语沟通、项目管理和团队协作。这种模拟使学生更好地理解实际工作场景中的英语应用，为未来的职业生涯做好准备。

其次，课程可以引导学习成果输出为有实质产出的实践。这可以通过项目导向学习来实现，其中学生被要求合作解决实际问题、完成任务或创建作品。这些项目包括市场调研、商业计划、社交媒体营销等实际案例，要求学生运用所学的英语知识来解决这些问题。此外，评估不仅关注学生的语言技能，还关注他们的实际产出，如报告、演示文稿、网站设计等。这样的评估方式使学生认识到他们的工作与实际产出紧密相关，增加了学习的实际价值，同时提高了他们的学术动力。

最后，多媒体制作成果与展示可以充实学习实践的触点。通过使用多媒体工具，如视频制作、演示文稿、博客写作等，学生可以将学习成果以多样化的方式呈现出来。这不仅有助于提高学生的技术技能，还能增强他们的学习兴趣，因为他们可以选择适合自己兴趣和能力的媒体进行创作。此外，教师组织学生展示他们的多媒体制作成果，与其他同学分享学习经验，建立学生之间的互动和合作精神。

综上所述，这些策略从知识本身和学习组织两个层面着手，协同优化教学内容。大数据在这一过程中可以发挥重要作用，通过分析学生数据和教学数据，教师可以更好地了解学生的需求，优化课程内容和方法，确保教育内容与实际职场和生活需求相匹配。这种个性化和数据驱动的方法有助于提高教学的实际价值，使学生更好地应对未来的挑战。

第三节 个性化学习路径的构建与优化

个性化学习摒弃了传统的"一刀切"的教育方法，更注重考虑学生的个体差异，以提高他们的学习成绩和满意度。大数据技术在个性化学习路径的构建与优化中起重要作用。通过大数据的分析和应用，教师可以更好地理解学生的学术表现、学习进程和知识需求。本节将深入探讨个性化学习路径的构建与优化，重点关注如何利用大数据来识别学生的强项和瓶颈，提供定制化的学习内容和资源，以及跟踪学生的进展并及时调整教学策略。

一、个性化学习的概念解析

在深入研究个性化学习的内涵之前，我们首先了解一下与个性化学习相关的相近概念，以更清晰地理解它们之间的区别和联系。

（一）个性化学习相关概念

1.个别化学习

个别化学习的核心特点是学习者根据学习内容自行决定学习的进度和方式。

在这种模式下，学生会接触相同的学习资源和内容，但他们可以按照自己的节奏学习，不受其他学生的进度限制。该学习模式适用于各种教育环境，比如传统课堂、在线课程和自主学习中。

个别化学习的优势在于它允许学生更好地适应自己的学习需求和学习速度。每名学生都有自己的学习风格和节奏，因此个别化学习有助于他们更好地发挥自己的潜力。例如，在一门在线课程中，学生可以根据自己的理解程度和学习兴趣选择是否深入研究某个主题，而不受统一的课程进度表的束缚。

然而，个别化学习也需要学生具备一定的自主学习和管理能力，因为他们需要自己安排学习进度，确保按计划完成学习任务。此外，教师在个别化学习环境中通常需要提供额外的支持和资源，以确保学生能够有效地学习和达成学习目标。

2. 差异化学习

差异化学习是指教师根据学生的学习需求、兴趣和学习方式，调整教学过程和方法，以满足不同学生的学习需求。该教学方法强调个性化，以确保每名学生都能够在他们自己的水平上获得最大的学习效益。

学生之间存在各种学习差异，包括学习速度、学习风格、兴趣等。因此，在差异化学习中，教师首先要认识到这些差异，并接受它们。基于对学生的了解，教师会采用特定的教学策略，以满足他们的需求。这包括不同的教材、教学方法或评估方式。差异化教学鼓励教师提供多样化的学习活动，以满足不同学生的学习风格。这包括小组讨论、实验、项目工作等多种形式的学习活动。教师需要密切关注每名学生的学习进展，并及时调整教学策略。这需要定期的评估和反馈。差异化教学的最终目标是确保每名学生都能够发挥他们的最大潜力，获得最佳的学习成果。

3. 自适应学习

自适应学习是一种教育技术，利用算法和数据分析来监测、评估和理解学生的学习进展。基于这些信息，大数据系统会自动调整学习内容、难度级别和学习资源，以满足每名学生的学习需求和水平。该方法旨在提供高度个性化的学习经验，最大限度地提高学生的学习成果。

自适应学习的重点在于利用技术自动化来调整学习内容，以确保它与每名学生的能力和需求相匹配。该教学方法旨在提供学生所需的挑战性，并确保他们在学习过程中保持积极性和动力。

一个典型的自适应学习平台会根据学生的学习表现自动调整以下内容：

（1）学习材料的难度和复杂性。

（2）练习题目的类型和数量。

（3）学习进度和课程安排。

（4）提供反馈和建议的方式。

例如，如果一名学生在特定主题上表现出高水平的理解，系统会提供更高级别的材料和更具挑战性的问题。相反，如果学生在某个主题上遇到困难，系统会降低难度并提供额外的解释和练习机会。这样，学生可以根据自己的学习速度和理解程度来推动学习计划，提高学习效果。

自适应学习技术在教育中的应用正在不断扩展，为学生提供更个性化、有效的学习经验，同时减轻了教师的教学负担。该方法在提高学生的学术成绩、保持学习动力和提高自主学习能力方面具有潜力。

4. 定制化学习

定制化学习旨在为每名学生提供独特的学习经验，以满足他们的特定需求、兴趣和学习目标。该方法涉及对学习内容、评估方式和学习资源的深度个性化，以确保学生能够获得最适合他们的教育体验。

学生可以选择他们感兴趣的学科领域，然后根据自己的学术目标和职业愿望来确定学习路径。例如，一名学生对英语文学感兴趣，而另一名学生更倾向于英语写作或口语表达。学生可以在学习过程中选择不同的评估方式，如项目作业、口头报告或考试，以便根据自己的学习风格和强项进行评估。学生可以根据自己的学术水平和兴趣选择不同的学习资源，包括教材、在线课程、学习社区等。

定制化学习强调学生的主动参与和选择权，使他们能够更好地分享自己的学习经验。该方法有助于增强学生的学术动机和学习满意度，并促使他们积极实现学习目标。

（二）个性化学习的内涵分析

从前面对相关概念的介绍可以明显看出，个别化学习、差异化学习、定制化学习与个性化学习在内涵上有相似之处，它们都强调根据学生的个体需求和能力进行定制教育。但是，这些概念之间仍然存在显著区别。而自适应学习作为一种深度学习技术，借助大数据和人工智能在教育领域提供自动化的个性化学习体验。

个别化学习是指学生根据自己的学习步调和速度进行学习，强调学习的时间调整。学生会在相同的学习资源下以不同的速度前进，以满足个人需求。差异化学习是根据学生的不同学习方式和需求来调整教学策略和方法，着重考虑学习方式的差异性，强调学习的方式调整。定制化学习强调为学生提供独特的学习经验，通常包括学习目标、评估方式和资源的个性化。个性化学习则是更全面的概念，不仅涵盖学习时间和方式的个性化，还包括学习内容、评估方式和学习资源的全方位个性化。它以学生的需求为中心，旨在提供完全定制的学习体验。自适应学习则是在大数据和人工智能支持下的个性化学习的一种变体。它利用技术自动化来调整学习内容，以满足学生的需求。该方法依赖于数据分析和算法，以实时适应学习者的特征，提供个性化的学习体验。

因此，个性化学习在内涵上要大于个别化学习和差异化学习，它关注学习时间、方式、内容、评估和推送等各个方面，全面考虑学生的个体差异，使学习真正以学生为中心，提供自主、按需和反馈的学习服务。

二、个性化学习的理论支撑

个性化学习是建立在多种教育理论和研究基础之上的教育方法，旨在适应每位学习者的独特需求和学习方式。以下是支持个性化学习的主要理论基础。

（一）建构主义理论

建构主义理论强调学习者不只是信息的被动接收者，而是积极参与、建构知识和经验的创造者。这一理论的核心概念为个性化学习提供了重要的指导原则。

首先，该理论强调学习者的主动性。学习者被视为知识的建构者，他们通过积极参与学习活动，主动探索学习材料，建立自己的知识体系。在个性化学习中，这意味着学习者应该能够自主选择学习内容和学习方式，以适应其独特的学习需求和兴趣。

其次，该理论强调学习的社会性。学习者通常通过与教育者、同学和其他学习资源互动来建构知识。在个性化学习中，社交互动和协作变得至关重要。学习者之间的合作项目和知识共享可以丰富他们的学习经验，促进深度理解和知识建构。

再次，该理论考虑了个体差异。每个学习者都具有独特的学习背景、兴趣和学习需求。在个性化学习中，必须考虑这些个体差异，为学习者提供定制的学习资源和支持，以满足他们的特定需求。

最后，该理论强调深度学习。学习者通过积极思考、探索和解决问题来建立深刻的理解。在个性化学习中，学习者有机会自主选择学习材料，进行深入思考和知识建构，从而实现更深层次的学习。

（二）自我决定理论

（1）自我决定理论认为学习者需要具有自主性。这意味着学习者有权自主选择学习的内容、方式和目标，而不只是被动地接受外部的指导。在个性化学习中，学习者有权根据自己的兴趣和需求来定制学习路径，从而提高他们的学习动机和投入度。

（2）自我决定理论强调学习者的能力。学习者要相信自己有能力完成学习任务，并获得成功。因此，在个性化学习中，该理论强调为学习者提供适当的挑战和支持，以确保他们能够逐渐发展自己的学习能力，并取得成功。

（3）自我决定理论关注学习者的关联性。学习者需要感到他们的学习活动与个人目标和价值观相关联。在个性化学习中，该理论强调学习的实际应用和与学习者兴趣相关的内容，以增强他们的学习动机和参与度。

（4）自我决定理论认为学习者在获得支持和反馈方面具有内在需求。在个性化学习中，该理论强调提供及时的反馈和支持，以帮助学习者监测他们的进展，调整学习策略，并获得积极的学习经验。

（三）大脑科学研究

大脑科学研究表明，个体差异在学习中起重要作用。不同学习者的大脑结构和功能存在差异，因此，个性化学习应该根据学习者的认知和学术特点来调整教育方法。

大脑科学研究揭示了大脑的可塑性，即大脑具有适应和改变的能力。这意味着学习过程可以改变大脑的结构和功能。因此，通过个性化学习，教师可以根据学生的需求和特点来调整教育方法，以更好地满足他们的学习需求。

研究发现不同学习者的大脑结构存在差异。一些人在某些认知领域具有更高的天赋，而另一些人在其他领域表现更出色。这些差异会影响他们对不同学科的学习方式和速度。因此，个性化学习应该根据学生的大脑特点来设计，教师最大限度地发挥他们的潜力。

大脑科学研究还揭示了学习过程中的神经机制。了解这些机制有助于教师更好地理解学生的学习过程，并为他们提供更有效的教育方法。例如，通过脑波监测和神经影像技术，可以追踪学生的大脑活动，从而更好地理解他们的学习过程，并根据需要进行调整。

（四）教育技术和教育数据分析

现代教育技术和大数据分析提供了实施个性化学习的工具和资源。教育技术可以用于提供个性化的学习材料和反馈，而数据分析可以用于监测学生的进展并根据数据调整学习计划。

上述理论基础提供了个性化学习的指导原则和框架，帮助教师和教育技术专家设计和实施更符合学生需求的教育方法。个性化学习旨在提高学习效果、促进深层次的学习，以及增强学生的积极性和自主性。

三、个性化学习的技术支持

个性化学习得以实现的关键在于技术的支持，近年来，人工智能和大数据作为个性化学习的关键技术之一，得到了广泛的关注和应用。

（一）机器学习与深度学习

机器学习和深度学习是个性化学习的底层关键技术。机器学习利用大数据分析来推导规则和流程，从而解释和预测数据，这为个性化学习提供了强大的分析工具。深度学习则利用多层神经网络结构来进行数据的输入和输出，逐渐学习并提高性能。这两项技术的结合使个性化学习能够更好地满足学习者的需求，根据其学习历程调整学习计划，提供更具针对性的教育内容。

（二）语音识别与情感计算技术

面向个体服务时，大数据系统采集的数据包括声音、表情、运动、心理等生物特征信息。语音识别和情感计算技术被用于处理和分析这些数据，以解析学习者的个性化言行特征。这为个性化学习提供了基础的数据支持，可以应用在语音搜索、语音阅读、情感分析等场景中，从而更好地满足学习者的需求。

（三）自然语言处理技术

自然语言处理技术用于分析、理解和生成人类自然语言，实现了自然的人机对话交互。在个性化学习中，该技术主要用于处理文本内容，包括语法分析、文本相似度计算、观点抽取等。该技术与中英文写作批改、外语翻译评阅、论坛互动内容观点挖掘、互动文本情感识别等相结合，有助于学习者更好地理解和产生内容，同时对学习者生成的内容进行评阅和计算。

（四）自适应学习技术

自适应学习技术是个性化学习的重要组成部分。通过监测学习者的学习行为和数据，该技术可以动态调整课程内容，以适应和提高学习者的表现。该技术已经广泛应用于新型网络学习平台，如 Smart Sparrow、Acrobatiq 等。它可以分析学习者的特征，智能推送学习内容和测评，为学习者提供个性化的学习路径推荐和学习结果预测，有助于学习者进行个性化学习。

四、个性化学习路径的构建与优化

（一）评估学生的先备知识

先备知识（Prerequisite Knowledge），也被称为预备知识或先决条件知识，是指学习者在学习新知识或技能之前应该具备的基本知识、概念、技能或理解。这些先备知识通常是构建新学习的基础，有助于学生更好地理解和掌握新的学科或主题。在教育和学习中，了解学生的先备知识水平是非常重要的，因为它有助于教师确定教学内容的起点，并根据学生的知识水平进行个性化教学。如果学生的先备知识不足，教师需要提供额外的支持和资源，以帮助他们缩小知识差距。

1. 利用预测试等方式评估学生的先备知识状态

个性化学习的第一步是了解学生的当前知识水平。这可以通过预测试、调查问卷、小测验或基础知识考试等方式来实现。这些评估工具有助于教师识别学生已经掌握的知识和他们需要加强的领域。例如，一名数学教师可以使用预测试来评估学生在代数方面的知识水平，以确定哪些概念他们已经了解，哪些概念需要深入教学。

2. 收集学生的学习数据

除了初步的知识评估，个性化学习还需要实时地收集学生的学习数据。这可以通过在线学习平台、应用程序或学习管理系统来实现。学习数据包括学生的学习进展、作业成绩、在线互动情况等。这些数据可以用于跟踪学生的学术表现和学习行为，以便更好地了解他们的需求和趋势。

3. 利用学习分析方法判断学生的知识结构

大数据学习分析是一种关键的技术，有助于教师分析学生的知识结构和学习路径。通过分析学生的学习数据，教师可以识别学生在哪些知识领域表现出色，哪些知识领域需要更多帮助。例如，学习分析可以显示某学生在几何学方面表现不佳，但在代数方面表现良好。这些信息有助于教师更有针对性地为学生提供支持。

4. 不同学生的先备知识都有个体差异

个性化学习要考虑每名学生的独特性。因此，评估先备知识时需要考虑到不同学生之间的个体差异。有些学生已经具备了高水平的知识，而有些学生需要从更基础的知识点开始。因此，评估工具和方法需要具有灵活性，以适应不同学生的需求。

（二）提供适度挑战的学习内容

提供适度挑战的学习内容需要在考虑学生的先备知识和学习需求的基础上进行精心设计。该教学方法有助于学生更有效地学习，增强他们的自信心，提高学习动力，从而取得更好的学术成绩。

1.建立在已有知识的基础上

学习内容应该建立在学生已经掌握的知识和技能的基础上。这意味着教师需要了解学生的先备知识，确保新的学习内容与他们已经学到的内容相关联。这种关联性有助于学生更容易理解和吸收新知识。

2.适度超前但可达的难度

学习内容的难度应该适度超越学生当前的水平，但仍然是可以达到的。这种超前的挑战可以激发学生的好奇心和动力，让他们有信心克服困难。然而，内容不应该过于困难，否则会让学生感到沮丧或无法应对。

3.递进性难度

学习内容的难度应该具有递进性，逐渐增加。这种渐进性有助于学生逐步提高他们的技能水平，建立自信心，并适应更高难度的任务。同时，这可以确保学生不会感到突然的挫败。

4.激发兴趣和成就感

学习内容应该能够激发学生的兴趣，使他们在学习过程中感受到进步并产生成就感。这可以通过将学习内容与学生的兴趣和个人目标相关联来实现。当学生发现他们的学习与关心的事情相关时，就会更有学习动力。

（三）实时反馈和调整学习路径

实时反馈和调整学习路径是个性化学习的核心原则之一。它确保学生可以根据自己的学习需求和进展来定制学习路径，提高学习效果和成就感。通过大数据技术的支持，个性化学习可以更好地适应学生的个体差异，对他们进行针对性教育。

1.利用大数据技术收集学生的学习数据

个性化学习的第一步是收集学生的学习数据。这包括学生在学习过程中的表现、答题情况、学习进度、时间分配等信息。这些数据可以通过学习管理系统、在线测验、学习应用程序等工具来收集。

2.分析学习效果

收集的学习数据需要经过分析，以评估学生的学习效果。这包括检查学生的成绩、进步情况，以及他们在特定主题或领域的理解程度。通过数据分析，可以确定哪些方面需要进一步关注和改进。

3.及时调整学习内容

如果数据分析表明学生在特定主题或领域遇到了困难或未能达到预期目标，那么教师可以及时调整学习内容。这包括提供额外的练习、补充学习材料或调整教学方法，以更好地满足学生的需求。

4.避免生硬重复

个性化学习的关键之一是避免生硬地重复教学。如果学生已经掌握了某些内容，他们不需要再次学习相同的材料。因此，及时的数据反馈有助于确定哪些内容需要进一步强化，哪些内容可以省略。

5.补充学习资料和练习

根据学生的需求，教师可以提供额外的学习资料和练习，有助于学生更好地理解和掌握知识。这些资料包括视频教程、在线课程、阅读材料等，以满足学生的不同学习风格和偏好。

（四）鼓励学生主动选择学习方式

通过提供多样化的选择机会，教师帮助学生了解自己的学习方式，尊重他们的选择并提供适当的引导，可以增强他们的学习自主性，从而提高学习效果。

1.提供选择学习方式的机会

个性化学习环境应该为学生提供多样化的学习方式。这包括不同的学习资源，如阅读材料、视频课程、在线练习等，以及不同的学习活动，如小组讨论、项目任务、个人研究等。学生可以根据自己的学习风格和偏好来选择适合他们的方式。

2.鼓励学生自我评估

学生需要了解自己的学习方式和习惯。教师可以鼓励学生进行自我评估，帮助他们了解哪种学习方式最适合他们的学习目标和需求。这可以通过问卷调查、反思日志、学习风格测试等方式来实现。

3.尊重学生的选择

一旦学生选择了特定的学习方式，教师应该尊重他们的选择。这意味着教师不应强迫学生采用特定的学习方式，而是要支持他们的决策，并提供所需的资源和指导。学生在自己选择的学习方式下会更有动力，因为他们对学习有控制权。

4.适当引导和建议

尽管要尊重学生的选择，但教师仍然可以提供建议和指导。如果学生的选择不太适合他们的学习目标，教师可以提供反馈和建议，帮助他们做出更明智的决策。这种引导应该是建设性的，旨在帮助学生更好地理解他们的学习需求和目标。

教师应该密切关注学生选择的学习方式，以确保他们不会选择过于消极或敷衍的方式。如果学生表现出明显的学习困难或拖延倾向，教师应该及时介入，提供支持和指导，以帮助他们克服困难。

第四节　大数据支持下的教材与课程改进

大学英语教材与课程不只是知识的载体，更是知识的时效性体现。大数据技术为教材和课程建设提供了全新的视角，大数据的洞察力有助于高校构建符合知识发展趋势的教材与课程体系，确保学生获得最新的知识和技能。本节将对大数据支持下的大学英语教材和课程展开研究，探讨其优化的可能性与策略。

一、教材的作用

大学英语教材的作用是多方面的，它在大学英语教育中起着至关重要的作用，对学习者、教师、教学内容、教学方式及课堂教学模式等多个因素产生积极影响，直接关系学生的学习模式和学习效果。

（一）提供学习资源

教材作为学习的主要资源之一，为学生提供了系统化的英语学习内容。它包含语音、词汇、语法、阅读、写作等多方面的知识，为学生提供了学习材料。

（二）实现教学目标

大学英语教材根据教学大纲和学习目标编写，确保学生在课程结束时能够达到特定的语言能力水平。教材的内容和结构与教学目标相匹配，有助于学生逐步实现这些目标。

（三）提供多样化的教学活动

教材中通常包含各种不同类型的练习和活动，如听力理解、口语表达、写作练习、阅读理解等。这些活动有助于学生在多种语言技能方面进行练习和提高。

（四）引导学习过程

教材通常有明确的章节结构和课时安排，有助于教师和学生组织学习过程。

它提供了一个逻辑的学习框架，有助于学生按照有序的步骤学习英语。

（五）丰富文化和背景知识

专业的大学英语教材不仅教授语言知识，还提供了相关的文化和社会背景信息。这有助于学生更好地理解英语的应用领域，促使他们成为更具全球视野的人。

（六）个性化教学支持

现代大学英语教材越来越注重个性化学习，通过不同的模块、练习和任务，能够满足不同学生的学习需求。教材提供了不同难度和话题的内容，以帮助学生自主选择学习路径。

（七）反馈和评估

教材通常包含练习、答案、示范答案或评估标准，可用于学生自我评估和教师的评估。这有助于学生了解自己的学习进展，并帮助教师了解哪些方面需要提供额外的支持和指导。

总之，大学英语教材不只是一本书，更是英语教育中的核心资源，对于教学质量和学生的学习效果产生深远影响。通过适当选择和设计教材，可以更好地满足学生的学习需求，提高英语教育质量，促使学生在英语学习过程中取得良好的成绩。

二、大数据支持下教材和课程建设的新理念

（一）教材建设

1. 教材建设要从实际需求出发，注重知识的时效性

教材建设的新理念强调从实际需求出发，注重知识的时效性，而大数据技术在这方面发挥重要作用。

教材的编写应该始终以实际需求为基础。大数据技术能够提供大规模、多维度的数据，从而帮助教育决策者了解社会、行业和市场的实际需求。这些数据包括就业市场的趋势、技术创新的发展、社会问题的变化等。通过分析这些数据，教材编写者可以更好地了解学生未来所需的知识和技能，从而满足社会对教育的期望。

知识的时效性在今天的知识社会中至关重要。随着科学、技术和社会的不断进步，过时的知识会失去价值。大数据技术有助于教育机构不断跟踪和评估教材的时效性。通过分析最新的数据，可以确定哪些知识点已经过时，哪些知识点仍

然具有价值。这有助于教材内容的及时更新，确保学生学到的是最新、最有用的知识。

大数据技术还可以用于跟进新知识和理论。通过监测科研文献、专业网站和社交媒体上的热门话题，教师了解新的学术观点和理论。这些新知识迅速被整合到教材中，以保持教材的前瞻性和实用性。这有助于培养学生的批判性思维和适应能力，他们将学会不断适应和吸收新知识。

2.教材建设要考虑学生的认知发展特点和学习需求

在大学英语教学中，教材建设必须始终以学生为中心，因为学生的英语水平和学术需求差异很大。首先，要考虑学生的认知发展特点。大学生具有不同的学术背景和英语水平，因此，教材的设计应根据这些差异进行个性化调整。例如，初级英语课程更关注基础语法和词汇的教学，而高级课程则涵盖更复杂的语言技能和学术写作。

为了更好地满足不同学生的需求，教师可以利用大数据分析来更精确地了解学生的英语水平和学习情况。通过收集和分析学生的英语考试成绩、口语表现、写作质量等数据，教师可以深入了解他们在不同语言技能方面的表现和进展情况。这些数据为个性化教育提供了基础，使教材编写者能够为每名学生量身定制教材，提供适合他们水平的材料和练习。

此外，学生的反馈意见对于改进英语教材同样至关重要。大数据分析也可以用于收集学生对教材的反馈，包括他们对课程内容的理解、学习体验和建议。这些反馈反映了学生的需求和期望，可以用于不断改进教材。例如，如果学生普遍反映某个语法概念难以理解，教材编写者可以调整相关内容的解释和练习，以提高学生的学习体验。

（二）课程建设

1.构建符合知识发展的新课程体系

构建符合知识发展的新课程体系需要从社会对人才的新要求出发。大数据技术可以用于广泛的社会调研，通过分析招聘市场、行业趋势、企业需求等数据，了解当前社会对不同领域的人才的需求。这种数据驱动的方法有助于教育机构更好地理解社会需求，为学生提供更符合实际职场需求的课程。

根据这些社会调研结果，高校可以设置适应需求的新课程。例如，如果数据表明某一领域的就业机会激增，那么可以考虑开设该领域的相关课程，以培养满足市场需求的人才。这样，课程体系将更贴近社会实际，有助于学生轻松就业并为社会做出贡献。

另外，为了确保课程体系的时效性，应依据学科发展趋势和新知识的产生及时调整课程设置。大数据分析可以用于跟踪学科领域的最新研究和发展。通过监测学术文献、研究项目、专业协会活动等数据，教师可以了解新知识、新理论，以及学科的前沿动态。这有助于及时调整课程内容，确保课程反映最新的进展和实践。

2.设计注重能力培养的课程内容

利用大数据技术进行评估现有课程对能力培养的效果至关重要。教师可以收集和分析学生的学习数据，包括考试成绩、项目成果、课堂参与等数据。这些数据可以用于评估课程的效果，了解学生在不同能力方面的表现，如分析能力、解决问题的能力、沟通能力等。通过分析这些数据，高校可以确定哪些课程在能力培养方面效果较好，哪些课程需要改进。对于表现不佳的课程，教师可以通过重新设计课程内容、教学方法或评估方式来提高其能力培养效果。这种数据驱动的改进方法有助于不断提高课程质量，确保学生能够充分发展各种重要能力。

另外，增加针对学习力、创新力等综合能力培养的课程内容也是必要的。大数据分析有助于高校更好地了解社会对综合能力的需求。通过分析招聘市场的需求、行业趋势及成功人士的特征等数据，可以确定哪些综合能力对于学生的职业发展和个人成长至关重要。然后，高校根据这些需求设计并增加相关课程，以培养学生的学习力、创新力、领导力等综合能力。

三、大数据支持下的教材与课程的优化策略

（一）精简旧有课程内容

精简旧有课程内容是提高大学英语教学效率和学生学习体验的重要举措。首先，利用大数据分析学生的知识结构。教师可以收集学生的学习数据，包括考试成绩、课堂参与、作业提交等数据。通过分析这些数据，教师可以了解学生在不同知识点上的表现和掌握程度。同时，教师可以利用大数据技术识别知识点之间的重叠程度。例如，在大学英语教学中，语法知识点在不同课程中重复出现，而且某些知识点在不同学年的课程中有相似之处。

然后，基于这些分析结果，教师可以剔除陈旧低效的课程内容，移除那些被学生熟练掌握的重复知识点，从而减轻学生的学习负担和提高学习效率。同时，可以保留那些被认为核心和重要的知识点，确保学生掌握了重要概念和技能。另外，合并相似的课程模块也是一种有效的精简方式。如果不同课程模块中包含类

似的知识点，可以考虑将它们合并为一个更综合的模块，从而简化课程结构，减少重复教学，提高教学效率。

最后，针对复杂的知识内容，可以提取并简化它们，减轻学生的记忆负担。大数据分析有助于教育者确定哪些知识点对于学生的实际需求最为重要，然后将其提取出来，并提供清晰的解释和示例，使学生更好地理解和应用。

（二）增加应用性案例

首先，为了增强知识的适用性，可以积极收集真实生动的应用案例。这些案例可以来自实际职场、社会问题、科技创新等多个领域。通过大数据技术，教师可以收集并分析各种案例，以确保它们与当前社会和行业的实际需求紧密相关。这些案例将丰富课程内容，有助于学生更好地理解如何将英语应用于实际情境。

其次，从大数据中挖掘典型案例是提供启发和说服力的一种方式。大数据分析有助于教师确定哪些案例在学生学习过程中具有高度的教育价值。这些案例可以涵盖各种主题，从全球化和科技趋势到社会问题和文化交流。这些典型案例可以用来激发学生的兴趣，启发他们思考和讨论，从而提高课程的吸引力和教学效果。

再次，设计情景化案例教学是培养学生解决问题能力的有效途径。学生置身于具体的情境中，可以更好地应用所学的英语知识和技能来解决实际问题。这种情景化教学方法有助于培养学生的分析能力、创新思维和解决问题的能力。大数据分析有助于教师设计与学科领域相关的情景化案例，使学生能够更好地理解并应用英语。

最后，鼓励学生收集生活中的应用案例也很重要。学生可以通过观察和参与社会活动来积累自己的案例库。这种主动性的学习方法有助于学生更深入地理解英语在实际生活中的应用，培养他们的观察力和批判性思维。同时，学生可以与教育机构分享他们的案例，促进知识的共享和互动。

通过以上方法，大学英语教学有助于学生更好地应用英语知识和技能。这种案例教学的方法有助于提高学生的学习动力，培养他们的综合能力，更好地满足职业和社会需求。这也符合大数据支持下的现代教育理念，强调实际应用和问题解决能力的培养。

（三）丰富多样的教学资源

首先，互联网上存在大量英语学习资源，包括在线课程、教育平台、教育视频、博客、电子书籍等。教师可以通过大数据分析和评估，筛选和整合这些资源，以确保它们符合教学目标和学生需求。这种方法可以为学生提供更广泛的学习资源，帮助他们更灵活地学习英语。

其次，开发沉浸式的虚拟仿真教学系统是提供丰富教学体验的一种途径。借助虚拟现实和增强现实技术，教育机构可以创建虚拟教室、语言学习游戏、模拟沉浸式语言环境等，使学生能够更深入地体验英语学习。这种虚拟仿真教学系统有助于增强学生的参与度和学习动力，使他们更容易学习英语。

再次，构建知识图谱、微课、问答等资源库有助于学生的自主学习。知识图谱有助于学生更好地了解知识的结构和关联，微课可以提供短小精悍的教学内容，问答资源可以帮助学生解决疑问和深化理解。这些资源库可以通过大数据分析来持续更新和改进，以适应学生的学习需求。

最后，高校要鼓励教师开发适合本课程的资源。教师通常具有丰富的教育经验和专业知识，可以根据自己的教学需求开发教学资源。高校可以提供支持和培训，帮助教师更好地创造和分享教育资源。这种教师参与的资源开发有助于个性化教育，满足特定课程和学生的需求。

（四）引入前沿新概念新知识

引入前沿新概念和新知识可以确保大学英语的教育内容与时俱进。

首先，为了引入前沿新概念和新知识，教师需要关注前沿领域的新进展。大数据技术可以用于跟踪学科领域的最新研究和发展。通过分析学术文献、研究项目、专业协会活动等数据，教师可以了解新知识点和新概念。这些数据驱动的方法有助于识别和捕捉前沿知识。

其次，要及时补充正在形成的新知识点。一些新知识正在形成，尚未被传统教材涵盖。通过分析学术和行业资讯，教师可以识别这些正在发展的新知识点，并及时将其引入教材中。这有助于学生了解最新的研究和实践，培养他们的终身学习能力。

再次，对教学内容进行动态更新。大数据分析有助于教师监测课程内容的时效性。通过收集和分析学生的反馈、教学成果等数据，可以了解课程的有效性和内容的实际应用情况。如果某些内容已经过时或不再符合实际需求，教师可以及时对课程进行调整和更新，确保知识的前沿性。

最后，在课程中加入导读性材料，介绍新概念和前沿知识的背景和重要性，可以激发学生的兴趣，使他们更好地理解和应用新知识。这些导读性内容包括最新的研究发现、行业趋势、实际案例等，以提供一个全面的学习背景。

四、大数据支撑下教材与课程的持续优化

（一）建立基于大数据的教材效果评估体系

基于大数据的教材效果评估体系可以利用大数据技术来监测、分析和评估教材与课程的实际效果，从而做出有针对性的改进。

1. 数据收集和整合

建立教材效果评估体系需要收集各种数据来源，包括学生的学习成绩、课堂参与情况、教材使用情况、学生反馈和评估问卷等。利用大数据技术，将这些信息整合到一个统一的数据库中，以便更好地分析和比较不同数据源之间的关联性。

2. 制定评估指标和标准

定义教材和课程的评估指标和标准是至关重要的。这些指标包括学生的学业成绩提升、知识掌握情况、学习满意度、课堂参与度等。根据大数据分析的结果，确定哪些指标最能反映教材和课程的实际效果，并为其设定合理的评估标准。

3. 持续监测和反馈

建立一个持续监测机制，以便及时获取教材和课程的效果反馈。利用大数据技术，自动生成定期的报告和数据可视化，供教育者和决策者参考，以便做出改进决策。

根据数据分析的结果，采取相应的改进措施。这包括更新教材内容、改进教学方法、提供额外的学习资源等。

改进之后，再次监测和评估教材和课程的效果，确保改进措施取得预期的效果。

4. 共享经验

学校可以共享教材和课程的评估数据和经验，与其他机构合作，以推动教材与课程的全行业持续优化。还可以与教育科研机构合作，将大数据分析的成果应用于更广泛的教育研究和政策制定。

建立基于大数据的教材效果评估体系有助于教师更好地了解教材与课程的实际效果，为教育质量的提高提供有力支持。这种数据驱动的评估方法有助于个性化教育，提高教材与课程的适应性，从而更好地满足学生的需求和社会的用人需求。

（二）形成教材编写、课程设置的持续迭代机制

形成教材编写和课程设置的持续迭代机制是为了确保教育内容始终与学生和

社会的需求相一致，以提高教育质量和适应性。

在教育领域，持续迭代机制是一种重要的方法，以确保教材和课程的不断优化和适应性。这个机制的核心是数据驱动的反馈循环。高校需要建立一个健全的数据收集系统，以汇集学生的学习成绩、参与情况、教材使用数据以及学生反馈等多维信息。这些数据源可以通过在线教育平台、学生管理系统和问卷调查等多种方式获取，然后集成到一个中央数据库中。一旦数据收集系统建立起来，就可以定义用于评估教材和课程效果的评估指标和标准。这些指标包括学生的学业表现、知识掌握水平、学习满意度等。通过大数据分析，可以确定哪些指标最能反映教育内容的实际效果，并为每个指标设定合理的评估标准。定期评估和改进是持续迭代机制的核心步骤之一。在高校中，通常会设定固定的评估周期，例如，每学期或每年进行一次教材和课程的评估。这时，大数据分析的结果发挥了重要作用。通过深入分析数据，可以识别出教材和课程的优点和改进点。这种分析包括学生成绩的趋势分析、学生行为模式的挖掘及不同学群之间的比较等。

在整个迭代过程中，教师和学生的参与至关重要。教师应被鼓励积极参与教材编写和课程设置的反馈过程，因为他们拥有宝贵的教学经验和观察力。学生的反馈和建议同样重要，因为他们是教育的最终受益者之一。大数据技术有助于收集学生的学习体验、满意度和需求数据，以指导教材与课程的改进。不仅如此，持续迭代机制也需要关注社会的反馈和需求。高校需要密切关注社会对教育的新需求和趋势，如职业市场的变化、技术发展和社会问题的演变。大数据分析有助于识别社会反馈，从而指导教育内容的调整，以更好地满足未来的需求。

总的来说，构建教材编写和课程设置的持续迭代机制是为了确保教育内容不断优化和适应变化莫测的教育需求。这一机制依赖于数据驱动的反馈循环，包括数据收集与整合、评估指标与标准的设定、定期评估与改进、教师与学生的反馈参与，以及关注社会反馈与需求。这一连贯的过程有助于提高教育质量和适应性，确保学生获得优质的教育体验。

第五章 大数据驱动下的
大学英语教学创新

第一节 基于大数据的英语移动学习模式

英语移动学习模式是当今教育领域中备受关注的创新方法之一，其结合了移动技英语教育，为学生提供了更加便捷、灵活、个性化的学习体验。随着大数据技术的不断发展，英语移动学习模式也得以进一步升级和优化。大数据的应用使教师能够更好地理解学生的学习需求、行为和趋势，从而更精确地指导和更个性化地支持学生。本节将基于大数据的英语移动学习模式，如何利用数据驱动的方法来改善英语学习过程，提高学生的英语语言技能，并为教师提供更有效的教学工具。

一、移动学习概述

（一）移动学习的概念与特点

移动学习（Mobile Learning，M-learning）是一种基于移动技术的教育和培训方法，它允许学生在不受时间和地点限制的情况下获取知识和技能。移动学习利用移动设备（如智能手机、平板电脑、笔记本电脑等）和移动应用程序来实现学习过程。它具有以下特点。

1.灵活性和便携性

移动学习允许学生随时随地访问教育资源，无须依赖于传统的课堂环境。这种便携性使学生可以根据自己的时间表和需求自由安排学习。

2.多媒体和互动性

移动学习可以结合文本、图像、音频和视频等多种媒体，以提供更丰富的学习体验。互动元素，如测验、游戏和社交互动，也可以集成到移动学习应用中，以增强学习效果。

3.个性化学习

移动学习应用程序通常根据学生的兴趣、进度和需求提供个性化的内容和建议。这有助于更好地满足每个学生的独特需求。

4.实时反馈

通过移动学习平台，教师可以提供即时反馈和评估，帮助学生了解他们的进展并改进学习方法。

5.跨平台支持

移动学习应用程序通常具有跨平台兼容性，可以在不同类型的移动设备上运行，从而确保覆盖广泛的学习受众。

6.学习资源的数字化

课程材料、教科书和其他学习资源可以以数字形式存储在移动设备上，便于学习者随时随地访问它们。

尽管移动学习有许多潜在优势，但同时面临一些挑战，如技术依赖性、内容质量的保障、隐私和安全问题等。然而，随着移动技术的不断发展和改进，移动学习已经成为教育领域的重要趋势之一，对提高学习的可及性和灵活性产生积极影响。

（二）移动学习的理论基础

移动学习作为一种创新的教育模式，自提出以来便受到了广泛的关注，得到了迅猛的发展。其实际应用的基础与诸多学习理论有着密不可分的关系。以下理论为移动学习的应用和发展提供了坚实的基础。

1.非正式学习理论

非正式学习理论强调学习并不仅限于传统的学校或培训环境，而是一个不断的、多样性的过程，与个体的日常生活紧密相连。这一理论认为，学习者在各种非正式的情境中获取知识和技能，这些情境包括家庭、社交圈子、工作场所、社会活动等。学习的过程常常是自主的，学习者根据自己的兴趣和需求选择学习内容和方法。这种个性化和自主性的学习使每个学习者都能够根据自己的情况和目标来设计自己的学习路径。

社交互动在非正式学习中也起重要作用。学习者通过与他人分享和讨论观点、经验和知识，获得新的见解和理解。这种社交互动有助于扩展学习者的视野，促进知识的共享和传递。此外，非正式学习通常与解决问题或完成任务相关联。

学习者在面临具体挑战或需求时积极寻找相关信息和技能，这种问题导向的学习有助于知识的实际运用。

非正式学习的来源包括日常经验、媒体、互联网、社交媒体、导师、同事和朋友等。这意味着学习者可以从不同的渠道获取知识，丰富了他们的学习体验。最重要的是，非正式学习强调学习的情境化，即学习与特定情境和环境密切相关。这种情境化的学习使知识更易于被应用于实际生活，增强了学习的实用性。

2.建构主义学习理论

建构主义学习理论强调学习过程中学习者的积极参与和知识的主动建构。在这一理论中，学习被视为一个主动的、以个体为中心的过程，学习者通过与外部世界互动，构建自己的知识体系。首先，建构主义理论认为学习是积极主动的，学习者不只是被动地接受信息，而是积极地参与思考、探索和实践，从而建构新的知识。这种主动性有助于学习者更深入地理解和掌握所学内容。学习者通过与他人分享和讨论观点、经验和想法，从中获得新的见解和知识。这种社交互动方式不仅丰富了学习的内容，还促进了思维的发展。教育者在移动学习中可以鼓励学习者通过社交媒体、在线协作工具和讨论论坛等方式参与互动，以促进知识的共建和分享。根据这一理论，学习者不只是被动地接受知识，而是根据自己已有的知识和经验，通过与新信息的互动，构建新的理解和知识结构。这种个性化的知识建构过程使每个学习者的学习路径都是独特的，因为它受到个体的背景和经历的影响。建构主义学习理论还强调学习的情境化，即学习与特定情境和环境密切相关。这意味着学习者需要处于富有挑战性和启发性的情境中，以激发他们的思维和学习动力。在移动学习中，教育者可以利用虚拟现实、情境化的教育应用程序和模拟环境等工具，创造具有挑战性的学习情境，帮助学习者更好地理解和应用所学知识。

在移动学习中，建构主义学习理论可以为教育者提供指导，帮助他们设计能够激发学习者积极参与和知识建构的教育应用程序和课程。建构主义学习理论的原则有助于提高学习者的参与度，使他们更好地应对复杂的知识和问题。

3.情境认知理论

情境认知理论认为，学习不是孤立发生的，而是与学习者所处的情境和环境密切相关的。情境包括物理环境、社会环境、文化背景以及任务和问题的特定情境。学习者通过与这些情境互动，获取新知识和理解。在情境认知理论中，认知过程被视为与情境之间的相互作用。学习者的思维、记忆和问题解决能力受到他们所处情境的影响。这意味着相同的知识在不同情境下会得到不同的理解和运用。

情境认知理论强调学习的情境化性质，即学习的应用性和实际性。学习者在实际情境中获得的知识更容易应用于类似的情境中，因为他们已经在实际环境中进行了练习和应用。

在移动学习中，情境认知理论的原则可以被应用于设计教育应用程序和课程。教育者可以利用移动技术创造多样化的情境，提供与实际情境相关的学习体验。此外，社交互动工具和协作平台可以促进学习者之间的知识共建和分享，增强学习的实际应用性。

（三）移动学习在大学英语教育中的可行性和必要性

1. 可行性

大学英语移动学习在当前环境下显然具备极高的可行性。

首先，考虑到高校学生智能手机的普及率以及校园无线网络的逐步完善，大部分大学生已经具备了移动学习所需的基本硬件和网络条件。这使得他们能够随时随地使用手机等移动终端进行英语学习，而不受时间和地点的限制。

其次，根据相关调查数据，大学生对于利用移动终端学习英语持积极态度，他们认为这种多元化的学习方式能够提高学习效率。这表明学生已经具备了对移动学习的认知基础，并期望教育机构能够充分利用这一工具。此外，大学生在英语学习中的需求也呈多元化趋势，他们使用移动终端进行单词查找、文本翻译、听力练习等各种学习活动。这种多样性的需求表明，移动学习可以满足不同学生的学习需求。

最后，大学生普遍使用的英语类手机应用软件和社交媒体平台，如有道词典、英语趣配音等，已经成为英语学习的有力工具。这些工具为学生提供了便捷的学习资源和互动机会，以及更加灵活和个性化的学习方式。同时，学生对新型学习方式的接受度较高，这表明他们已经习惯了利用移动终端进行学习，希望更好地融入移动学习的模式中。

总之，基于高校学生广泛的智能手机普及率、积极的认知态度、多元化的学习需求以及对新型学习方式的接受度，大学英语移动学习具备了显著的可行性。利用移动终端，尤其是智能手机进行英语学习，已成为大学生英语学习的重要方式之一，有望进一步推动英语教育的创新和提高学生的学习体验。

2. 必要性

《大学英语教学指南》一书中明确提出，现代教育需要主动适应新时代大学生的学习方式和特点，尤其要关注移动学习理论的最新发展。然而，目前大学英语教学的信息化程度较低，教学改革进展缓慢，学生和教师常常陷入机械重复的知识点和技能训练中，效率低下。引发这一现象的原因包括课时有限、班级庞大、学生水平差异明显等客观限制，也包括教师陈旧的教学理念和方法等主观限制。这些情况与英语教育的初衷和社会需求严重脱节。融入移动学习为传统教学提供了一种新机会。移动学习在语言教学方面具有明显优势，可以改变传统课堂的教学方式，使之更加灵活和适应学生的需求。

第一，移动学习能增加语言输入的机会，利用学生的碎片时间。传统的大学英语教学受制于有限的课时和教室环境，而移动学习允许学生随时随地访问各种英语学习资源，包括文章、视频、音频等。这意味着学生可以在课堂之外接触更多英语内容，增加语言输入的机会。这种不受时间和地点限制的学习方式，更符合现代学生碎片化和离散性的认知特点，有效提高了学习效率和质量。移动学习有助于整合学生的零碎学习时间，充分利用他们的空闲时间。现代学生生活节奏快，有许多零散的时间，比如等待朋友、坐公交车等。这些时间若不好好利用就可能被浪费，但通过移动学习，学生可以随时拿出手机或其他移动设备，进行英语学习，使碎片化的时间得到了充分利用。这种学习方式为学生提供了更多学习的机会，加强了他们学习英语的投入度。

第二，移动学习可以创造丰富多样的学习情境，通过多媒体内容、虚拟实验和模拟环境等方式，提供更具挑战性和启发性的学习体验。这有助于激发学生的学习兴趣和积极性，促进他们对知识的深入理解。此外，移动学习也可以通过在线社交平台、讨论论坛和协作工具，促进学生之间的交互和合作，使学习变得更具互动性和社交性。

第三，移动学习能培养学生自主学习意识和全方位技能。移动学习鼓励学生自主选择学习内容、制订学习计划、管理学习进度。这有助于培养学生的自主学习意识和能力，使他们能够更好地掌握自己的学习过程。此外，移动学习也可以提供多样化的学习资源和活动，包括课外阅读、听力练习、口语训练等，帮助学生实现正式学习和非正式学习一体化，促进学生综合能力的提升。

第四，移动学习适应数字时代要求，培养学生终身学习的能力。移动学习不仅满足了学生当前的学习需求，还培养了学生的学习能力。在数字时代，知识更新迅速，学生需要不断适应新知识和技能的需求，终身学习已经成为必备的素养。通过移动学习，学生可以培养主动获取知识、批判性思考和解决问题的能力，为终身学习奠定了基础。

二、基于大数据的英语移动学习模式架构

（一）数据采集

数据采集的目标是通过收集和分析大量学习数据，为学生和教师提供更精细化和个性化的学习支持和评估。数据采集可以从多个来源进行，包括学生自身、教学平台、移动应用、在线教材等。

（1）学生通过移动学习平台学习会产生大量数据，比如学习时间、访问频率、课程进度、作业完成情况等。这些数据可以用于评估学生的学习习惯和进展。

（2）学生会提供反馈，如课程满意度、难度评价、建议等。这些数据有助于教师改进教学内容和方法。

（3）教材和课程内容的使用情况、点击率、互动情况等数据也是重要的。这有助于教师了解哪些内容更受欢迎，哪些内容需要改进。

（4）学生之间的互动，如讨论、协作和分享学习资源等数据，也可以被收集和分析。这有助于建立学习社区和促进合作学习。

（二）数据处理

数据处理的目标是使数据更易于理解和利用，以便教师可以根据学生的需要做出更智能的教学决策，学生可以更好地了解自己的学习情况，并采取相应的行动。

首先，采集的数据可能包含错误、不完整或不一致的信息。数据清洗的任务是识别和纠正这些问题，以确保数据的准确性和一致性。对数据进行预处理，包括数据归一化、标准化和缺失值处理，以使数据适合进一步的分析和挖掘。利用机器学习、数据挖掘和统计分析技术从数据中提取有价值的信息和模式。例如，可以通过聚类分析识别学生的不同学习群体，通过关联规则挖掘来发现学习行为之间的关联性。

其次，将学习数据可视化为图表、图形和统计图，如柱状图、折线图、散点图等，以便教师和学生能够直观地理解数据。例如，展示学生的学习进度随时间变化的趋势，或者生成定期或按需的数据报告，以便向教师、学生和教育决策者提供有关学习进展和结果的详细信息。

（三）数据分析

数据分析在基于大数据的英语移动学习模式中发挥重要作用，这些作用相互交织，共同推动教育的发展和学习的优化。

1. 数据分析有助于改进和优化学习过程

通过深入分析学生的学习行为和表现，教育机构和教师能够更全面地了解学生的需求和挑战。这样，他们可以及时发现潜在的问题和瓶颈，进而调整课程内容、教学方法和学习资源，以更好地满足学生的需求，提高教学质量和效果。数据分析实质上充当了教育改革的引领者，通过不断改进教育策略，使学习更具吸引力。

2. 数据分析有助于发现学习机会

通过详细的学习数据分析，高校能够识别学生的强项和兴趣，为他们提供更多相关的学习机会。这种个性化学习方法使学生更容易取得成功，因为他们专注于自己感兴趣和擅长的领域。数据分析不仅帮助学生发现潜力，也为高校提供了更灵活的课程设计和资源分配机会。

3. 数据分析能够创造新的学习价值

通过深入挖掘学习数据，高校和软件开发者可以开发出个性化的学习应用程序、提供智能推荐学习资源、推动合作学习机会等创新性方法。这些举措不仅能够满足学生的多样化学习需求，还为学习体验增加了新的维度，创造了更多学习机会和更大的学习价值。

4. 数据分析具有督导和问题预警的功能

数据分析可以监测学生的学习进展，并提供早期问题的预警。这意味着在问题扩大之前，高校和教师可以采取及时的措施解决学生可能遇到的困难。通过持续的数据监测，教育体系能够更加智能地管理学生的学习过程，提供更及时的支持，确保学生在学习道路上顺利前进。

（四）数据应用

移动学习的大数据生态链不仅包括单个学习环节或平台，还涵盖多个参与者，包括教师、学生、学习平台及整个学习过程。这一链条的建立需要进行大数据应用的基础工作，包括建立数据标准、开发应用平台等。

移动学习平台的不断成熟和应用的不断深入推动了大数据在移动学习中的应用。这个生态链的形成将催生一系列数据标准，并形成多种整合型技术路线。这意味着原始数据能够无缝地流通到终端应用，将移动学习模式的大数据应用推向新的高度和层次。

在这个生态链中，数据应用的关键点如下。

第一，确立一套统一的数据标准，以便不同环节和平台之间能够共享和交换数据。这有助于提高数据的可操作性和一致性。

第二，开发适用于移动学习的大数据应用平台，以支持数据的收集、存储、分析和可视化呈现。这些平台应该具备强大的计算能力和数据处理能力。

第三，建立多种整合型技术路线，以确保数据从不同来源汇聚到一个统一的数据仓库，并能够供各种应用和用户使用。这需要数据整合和ETL（抽取、转换、加载）技术的支持。

第四，将数据应用于教育决策、个性化学习、学生支持和教学改进等方面。这包括开发智能推荐系统、数据驱动的教学方法和学习资源，以及提供实时的学生反馈和报告。

总的来说，大数据应用在移动学习模式中不只是一项技术工作，它构建了一条生态链，将教育的各个环节和参与者紧密相连，促进了数据的流动和应用，从而为移动学习提供了更加智能、个性化和高效的学习体验。这将不断推动移动学习模式的发展和进步。

三、基于大数据的英语移动学习模式构建方法

（一）以大数据技术建设移动学习平台

以大数据技术建设移动学习平台标志着高校教育进入了一个全新的时代。这种平台的建设不仅只关注功能和工具的提供，更重要的是将大数据技术与教学过程深度融合，以实现更高效、更个性化的教育体验。

通过收集和分析学生在平台上的各种行为数据，如点击、答题、讨论等，教师可以获得详细的学习洞察。这种全面可量化不仅有助于了解学生的学习行为，还有助于监测学习进度，发现问题并及时采取干预措施，提高教学效果。平台可以记录学生的学习路径、时间管理、兴趣点和学习问题。这为教师提供了有力的工具，使他们能够更好地了解学生的学术表现和学习需求。这种全过程行为记录有助于个性化教学，教师可以根据学生的行为历史制订更精准的学习计划。在大数据平台，高校和教师可以轻松地访问学生的学习数据，将其可视化为图表、报告和仪表盘，以便更好地监测学生的学习进展。同时，平台还可以自动化地提供学习建议、智能推荐学习资源和个性化课程，从而提升学生的学习效率。

大数据技术建设的移动学习平台不仅只是教育工具的升级，还依赖于互联网大数据的支持。通过分析大规模的互联网数据，平台可以获取更多样化的教育资源，丰富课程内容，提供更丰富的学习体验。当然，这一专业平台不是靠一己之力就能搭建的，它需要跨学科的合作，包括数据分析师、数据工程师、教育专家

等多个领域的专业人才。

（二）以大数据思维开发移动学习资源

在开发移动学习资源时，开发者需要深入了解移动学习过程中的基本规律，包括学习者的行为模式、偏好和学习路径。通过大数据分析，可以识别学生在移动学习环境中的典型行为和学习路径，从而为资源开发提供有力的依据。

移动学习资源应该简洁明了，易于理解和使用。大数据分析有助于开发者确定哪些内容对学生来说最为关键，以便有针对性地开发资源。资源的实用性和有效性是成功的关键，需要避免冗长、难以理解的内容。移动学习资源应该具备互动性，能够激发学生的兴趣和参与度。大数据分析可以揭示学生更喜欢哪种类型的互动，如测验、讨论、问题解决等，以便开发相应的互动元素。

移动学习资源应该具备高度的关联性，有助于学生更好地理解和掌握知识。大数据分析可以识别知识点之间的关联性，从而有助于构建关联性强的学习资源。但是，考虑到移动学习的零散特性，各资源应该具备独立性，学生可以随时随地访问并进行学习。大数据分析有助于开发者确定如何将知识点划分为小块，以便学生在碎片化的时间中进行有效学习。

综上所述，以大数据思维开发移动学习资源有助于高校和平台开发者更好地理解学生的需求和行为，从而创造出更符合学习规律、个性化需求和学习环境的资源。这种数据驱动的资源开发方法将为移动学习模式的发展提供更多可能性和机会。

（三）以大数据驱动构建移动学习环境

随着 5G 时代的来临，移动学习变得更加便捷和高效。大数据技术的应用使得在线学习平台能够追踪和记录学生的学习行为，包括学习进度、参与度和答题情况等。这些数据有助于构建以结果为导向的学习环境，更好地满足学生的需求。

以大数据驱动的移动学习环境构建着眼于数据的重要性。通过对教育过程数据的收集和分析，高校能够建立量化的标准，衡量学生的学术表现和进展。这一量化体系有助于高校更好地了解学生的学习需求，为个性化教育提供支持，以及持续提高教学质量。

传统教育往往受制于数据更新不及时和不准确的情况，而大数据技术的应用能够实现实时的教育数据收集和分析。这意味着高校能够更及时地了解学生的学习情况，采取干预措施，确保学生取得更好的学习效果。

　　总之，基于大数据的英语移动学习模式是通过大数据学习分析技术对学习平台、学习环境和学习对象进行构建和建设的教育创新方法。这一模式在高校教育中具有显著的应用价值。它创造了全新的课堂教育形式和学习环境，通过动态学习分析和教学评价，实现了教学的重组和流程优化。这不仅为学生提供了更灵活、个性化的学习方式，还为教师提供了更好的教学支持和反馈工具。通过将高校课堂教学与移动学习相互融合协同，这一模式可以显著提高教学质量，使学生的学习成绩和学习体验发生积极的改变。

第二节　基于大数据的翻转课堂模式

　　翻转课堂模式将传统的教学方式颠覆，鼓励学生在课堂内外更深入地参与学习。在这种模式下，学生通常会在课前通过在线学习材料自主学习，然后在课堂上与教师和同学一起进行讨论、互动和应用。这一创新教学方法的成功之处在于利用技术工具提供更多的学习资源和互动机会。

　　大数据技术的崛起为翻转课堂模式提供了新的机会和挑战。通过大数据的收集、分析和应用，教师能够更好地理解学生在自主学习阶段的表现，识别他们的学习需求，并在课堂中提供针对性的教学。本节将深入探讨基于大数据的翻转课堂模式，探讨如何借助数据驱动方法优化学习体验，提高教育质量。

一、翻转课堂的含义与构成

（一）翻转课堂的含义

　　翻转课堂是一种教育方法，它的起源可以追溯到 20 世纪末至 21 世纪初。它的核心概念是将传统的教学模式颠倒过来，使学生在课堂上参与更多的互动和实践活动，而将课程内容的传授和理解阶段转移到课堂外完成。下面将详细阐述翻转课堂的起源、含义及其影响。

　　翻转课堂的起源可以追溯到美国科罗拉多州的一位高中化学教师乔纳森·伯格曼（Jonathan Bergmann）和亚伦·萨姆斯（Aaron Sams）。他们在 2007 年开始尝试翻转课堂的方法，当时他们将自己录制的教学视频上传到互联网上，供学生在家中观看。然后，学生在课堂上进行实际的讨论、问题解答和实验活动。这一方法在提高学生参与度、个性化学习和教育效果方面取得了显著成功，逐渐引起了广泛关注。

翻转课堂的含义在于将传统的教育模式倒置。传统上，教师在课堂上传授新知识，而学生在家中完成作业。而在翻转课堂上，学生首先在家中通过阅读材料或观看教学视频来自学或预习课程内容，然后在课堂上与教师和同学互动，进行讨论、解答问题、展示项目或进行实验。这样的安排使学生在课堂上更多地参与主动学习，而不只是被动地接受知识。同时，教师可以更好地根据学生的需求和进度进行个性化指导，帮助他们解决难题和理解概念。

翻转课堂的实施需要借助技术工具，如在线视频、学习管理系统和在线讨论平台。这些工具使教育更加灵活，适应了不同类型的学习者。此外，翻转课堂也促进了合作学习和问题解决能力的培养，因为学生在课堂上经常需要与同学合作解决问题。

（二）翻转课堂的构成

翻转课堂通常将教学过程划分为课前、课中和课后三个关键阶段。

1. 课前阶段

课前阶段是翻转课堂教育中的首要环节，它为学生提供了一个独立自主学习的机会，以便更好地准备迎接课堂互动和深入学习的挑战。在这个关键阶段，教师和学生都扮演着积极的角色，共同促进教育的成功。

教师在课前精心准备教学资源，包括教学视频、阅读材料和其他相关内容。这些资源不仅介绍了课程的基本概念和知识，还提供了对课程主题的深入讲解。教师的明确指导和解释为学生提供了学习的方向和框架，使他们能够理解要点和重要概念。

在这个阶段，教师要明确学生需要完成的任务和学习目标。这种明确性有助于学生集中精力，知道他们在学习过程中应该关注的核心内容。学生了解到，他们的自主学习活动与后续的课堂互动和实践活动密切相关，这激发了他们的学习主动性和参与度。

最后，学生在课前自由安排学习时间，以适应自己的学习风格和节奏。这种自主性鼓励学生发展自主学习的技能，培养了他们的学习自觉性和管理能力。学生可以根据自己的需求，反复阅读材料或观看视频，以确保他们充分理解课程内容。

课前阶段是翻转课堂教育的基石，为学生提供了准备和自主学习的机会。教师的教学资源和明确的指导使学生能够有序地预习课程内容，而学生的自主性则为他们培养了更深层次的学习技能，为课中和课后的教育活动奠定了坚实基础。

这个阶段的成功实践可以在提高学生的学术表现和学习体验方面发挥重要作用。

2. 课中阶段

课中阶段是翻转课堂的核心，它为学生提供了一个互动和实践的平台，以巩固和应用他们在课前学到的知识。在这个关键的教育环节中，学生和教师都扮演着重要角色，共同推动学习的深化和个性化。

在这一阶段，通过小组讨论、问题解答、实验、案例分析等活动，学生有机会运用他们的知识思考复杂问题，并从多个角度探讨相关主题。这种主动参与有助于加深对课程内容的理解，提高学习效率。教师可以根据学生的需求和进展来调整教学方法，确保每名学生都能够跟上课程进度。解答学生的疑问、帮助他们克服难点以及提供即时的反馈，都有助于学生更好地理解和应用知识。

此外，课中阶段也鼓励学生与同学合作，共同解决问题和完成任务。合作学习培养了团队合作、沟通和协作技能，这些技能对学生未来的职业生涯和社交交往至关重要。通过与同学合作，学生可以从不同的观点和经验中获益，拓宽他们的思维。

课中阶段是翻转课堂教育的重要组成部分，它强调学生的主动参与、个性化指导和合作学习。这个阶段的成功实施有助于提高学生的学术能力、问题解决能力和综合素质，使他们更好地应对现实世界的复杂挑战。通过互动和实践，学生不仅理解知识，还能将其应用到实际情境中，提高了学习的实效性和可持续性。

3. 课后阶段

课后阶段有助于学生巩固知识、应用所学，并获得反馈以不断提高学术表现。在这个阶段，教师和学生都可以采取一系列行动来支持和促进学习的进展。

首先，学生可以利用课后时间来复习和巩固知识。他们可以回顾之前学习的内容，重新阅读材料或观看教学视频，以加强记忆和理解。这种反复学习的过程有助于学生巩固知识，确保它们不会被遗忘。

其次，教师可以分配作业或任务，要求学生应用他们在课中学到的知识。这些作业包括问题解答、实验报告、小组项目等形式。通过完成这些任务，学生有机会将理论知识转化为实际操作，深化对课程内容的理解，并培养解决问题的能力。

最后，教师在课后也可以对学生的学习成果进行评估。这可以通过测验、作业评分或项目评估来实现。评估不仅有助于教师了解学生的学术表现，还可以为学生提供反馈和建议，帮助他们改进学习策略和技能。

课后阶段的重要性在于它强调学习的持续性和可测量性。学生通过复习来巩固知识，通过完成作业和项目来应用知识，通过评估来检验学术表现。这个过程有助于培养学生的自学能力、批判性思维和问题解决能力。同时，教师的反馈和评估也可以引导学生朝着更高的学术标准努力，取得更好的学习效果。因此，课后阶段在整个翻转课堂教育中起至关重要的作用。

二、翻转课堂的优势

翻转课堂教学模式代表了一种以学生先自主学习，再进行教学的方法，它强调自主性、互动性和个性化，有助于提高教学和学习质量。这一教育模式本质上也是一种教学形态的翻转，教学形态包括教学主体、教学资源、教学载体和教学过程等方面，而翻转课堂的特点主要在于信息技术的应用，从而导致教学形态的多种变化。翻转课堂的优势可以总结为以下四个方面。

（一）教学主体的优势

1.翻转课堂鼓励多元性的教学主体，打破了传统的单一教师主导模式

在翻转课堂模式下，不仅有教师和学生两个主体，还有家长、学校、社会和国家等多方参与。学生在课下进行自主学习，不再完全依赖于教师的指导，而是由更多主体共同参与，形成了一个多元主体的教学环境。这种多元性使得教学更加丰富和多样化。

2.教学主体在翻转课堂中的角色是动态变化的

教师不再仅只是知识的传授者，而是更像学习的促进者和指导者。这种动态性是根据不同的教学时空和情境而变化的，使得教育过程更加灵活且具有较强的适应性。例如，教师需要制作教学视频，与传统课堂教学方式相比，翻转课堂模式显然具有明显的动态性。

3.翻转课堂注重教学主体之间的协商和合作

学生不再以教师作为唯一的知识来源，而是能够通过多方面的渠道获取知识。多主体之间的知识体系逐渐形成，促进了教学主体权威性的消解，实现了主体之间的民主和平等。这种协商性体现在教学过程中的各个方面，包括互动、知识分享、教学方式的选择以及课堂上下游各方的协商。因此，翻转课堂为教学主体的协同合作提供了机会和平台。

（二）教学资源的优势

1.翻转课堂聚合多种教学资源

传统的课堂教学往往依赖于有限的教材和教具，而翻转课堂则通过信息技术

将各种类型的教学资源集成在一起，包括文本、图形、图像、动画、声音和视频等。这种集成性使得教学更加多样化，教师和学生可以根据需要选择不同类型的资源来支持教学和学习。

2.翻转课堂的教学资源具有全面性

这种全面性体现在资源的数量众多、质量优化及内容的全面性和动态更新。学生和教师都可以访问大量的资源，从而丰富了课程内容，满足了不同学习需求。同时，教学资源的质量也得到了提高，可以确保学生获取到高质量的教育内容。资源内容的动态更新也使教学始终保持新鲜和具有吸引力。

3.翻转课堂注重资源的开放与共享

教学资源的共享包括教学前后的资源共享和学生之间的资源交流。教师可以在课前共享教学资源，为学生提供准备课程的机会，同时，学生也可以在课后共享他们的学习成果和资源，促进知识信息的传递和协作学习。这种共享性有助于满足不同教学主体的需求，促进教学过程中的合作和交流。

（三）教学载体的优势

1.翻转课堂采用微课作为主要的教学载体

相较于传统的教室教学，微课是一种短小而精练的教育资源，以生动的方式呈现知识点，能够吸引学生的兴趣。这种创新的教学载体打破了传统以语言和教材为主要教学工具的限制，使知识更生动、更容易理解，从而提升教学吸引力和效果。

2.翻转课堂模式具有高效性

由于采用了信息技术和微视频等教学载体，教学过程不再受时空的限制。学生可以自主选择学习的时间和地点，不再依赖于固定的课堂安排。这种高效性有助于学生自由合理地安排学习时间，提高学习效率，也为教师提供了灵活性，能够更好地满足不同学生的需求。

3.翻转课堂注重立体性的教学内容呈现

通过微视频等多媒体教学载体，翻转课堂能够以更生动的方式呈现教学内容，包括图片、音乐、故事等元素，使学习过程更加具有立体感。这种多媒体的教学方式有助于学生更好地理解和记忆知识，提高学习深度和质量。

（四）教学过程的优势

1.翻转课堂鼓励学生在学习过程中发挥自主性

学生有权选择学习材料、学习时间和学习地点，从而能够更好地适应自己的学习风格和需求。这种自主性激发了学生的主动性，使他们在学习中拥有更多的自主决策权，有助于提高学习动力和兴趣。

2.翻转课堂的教学过程具有灵活性

教师和学生可以根据不同的教学环境和情境选择适合的教学方式和方法。这种灵活性使教育更具针对性，能够更好地满足不同教学主体的需求，从而提高教学的适应性。

3.翻转课堂注重教学过程的把控

教师和学生都可以根据需要对教学进程进行把控，包括教学时间和进度。这种可控性有助于教育主体更好地管理和规划教学活动，确保教学目标的达成，提高教育的有效性和可管理性。

三、大数据与翻转课堂的融合理念

翻转课堂模式强调"将传授知识的学习环节移到课堂外，将解答疑问、深入交流的环节结合在课堂内"，大数据则为个性化教学提供了行为诊断支撑。两者在教学理念和手段上具有相互融合的潜力。

（一）个性化学习支持

大数据通过采集和分析学生的学习行为数据，可以了解每名学生的知识掌握程度、学习特点和学习进展情况。这种个性化的学习行为诊断为教师提供了宝贵的信息，教师可以根据每名学生的需求和水平提供定制化的学习计划和内容。

（二）翻转课堂的实施

在翻转课堂模式中，传授知识通常发生在课堂外，而深入交流和解答疑问则发生在课堂内。大数据的支持使得教师能够更好地了解学生在课堂外的学习情况，包括他们对预习材料的理解和掌握程度。

（三）线上预习和线下交流

大数据支持下，教师可以通过在线教育资源提供预习材料，学生可以在课前自主学习。然后，在课堂时间内，根据学生的个性化需求和学习数据结果，教师可以进行个别化的学习指导和小组活动，以促进深入交流和学习的有效融合。

（四）引导发散学习

大数据能分析学生的兴趣、爱好和学习特点，教师可以根据这些信息引导学生开展多种形式的学习体验，如项目学习或主题研究。这有助于激发学生的学习兴趣，提高他们的学习动力。

（五）共享资源和社区建设

利用开放领域的大数据平台，教育机构可以搭建共享资源库和社区，使师生之间形成学习网络合作社区。这可以促进资源共享、合作学习和互动交流，增强学习体验和学习效果。

（六）循环优化

大数据不仅用于诊断学生的学习需求，还可用于持续分析和优化教学设计和个性路径。教师可以根据学习行为数据，不断改进教学方法，以确保翻转课堂模式的灵活性和教育效益。

综上所述，大数据与翻转课堂的融合理念强调个性化学习的重要性，并利用大数据技术为教师提供有力的支持，使他们能够更好地满足学生的需求，提高教育质量，并促进学生的全面发展。这一融合理念代表教育领域的未来发展趋势，将数据科学与教育教学有效结合，为学生提供更好的学习体验和教育成果。

四、大学英语翻转课堂教学的构建策略

（一）基于大数据分析的翻转课堂教学设计流程

翻转课堂设计流程包括以下八个主要环节，每个环节都有助于教师有效地设计和实施翻转课堂模式。

1. 确定学生课外学习目标

首先，教师需要明确学生在课外自主学习阶段应该达成的学习目标。这有助于确定课内活动的方向和目标，确保学生在课堂内外的学习一体化。大数据可以用来收集和分析学生的学习历史、行为和趋势数据。这些数据可以提供深入洞察，帮助教师了解每名学生的学习风格、弱点和优势。通过大数据分析，教师可以识别学生在特定主题或技能领域的需求，从而更准确地确定他们的课外学习目标。基于大数据分析，教师可以为每名学生制定个性化的学习目标。这些目标涵盖知识掌握、技能发展和兴趣培养等方面，确保学生在课外学习阶段集中精力攻克个人学术挑战和兴趣点。

2. 选择翻转内容

根据学生的学习目标和要求，教师需要选择合适的学习内容。大数据分析可以揭示哪些学习内容或主题在过去的教学中难以理解或引起学生兴趣。通过分析学生的学习历史和表现，教师可以了解哪些内容需要更多关注，哪些内容可以以创新的方式呈现。这有助于教师选择更具吸引力和挑战性的翻转内容。基于大数

据的洞察，教师可以为不同的学生群体或个人推荐不同的翻转内容。这意味着某些学生需要弥补更多的基础知识，而其他学生则可以接触更高难度的内容。大数据有助于教师为每个学生提供最合适的学习体验。

3. 选择内容传递方式

确定了学习内容后，教师需要选择适合的内容传递方式，大数据分析可以提供有关学生技术设备和学习习惯的宝贵信息。通过监测学生的在线活动和学习偏好，教师可以了解学生在数字学习环境中的行为和需求。基于大数据的个性化洞察，教师可以为每名学生推荐最适合他们的内容传递方式。例如，如果学生更喜欢视频教程，而不是文字阅读，那么教师可以根据学生这些偏好提供定制化的学习资源。

4. 准备教学资源

教师为学生提供所需的学习资源，主要包括现有的教材、在线教育资源，或教师自己制作的课程材料。这些资源应该与选定的内容和传递方式相匹配。基于大数据分析，教师可以为学生提供个性化的教学资源推荐。这意味着不同学生可以获得针对他们个人需求和学习风格的资源，从而提高他们的学习效率和满意度。

5. 确定学生课内学习目标

在翻转课堂中，课内学习目标通常涉及更高阶的思维技能，教师需要明确在课堂内期望学生实现的学习目标。大数据分析有助于教师更好地了解学生在课外学习阶段所掌握的知识和技能水平。这些数据可以用来识别学生的强项和弱点，并确定在课堂内需要进一步强调的学习目标。基于大数据的信息，教师可以为每名学生制定个性化的课内学习目标。这些目标涵盖高阶思维技能，如分析、评价和创造，以确保学生在课堂内得到深度学习的机会。

6. 选择评价方式

教师需要选择合适的评价方式来测量学生的学习成果。大数据可以用于评估学生的学习进展和表现。通过收集和分析学生的课内学习数据，教师可以获得有关学生在高阶思维技能上的表现的见解。这有助于确定学生是否达成了预期的学习目标。教师可以为不同学生或学习小组选择个性化的评价方式。某些学生更适合项目作业，而其他学生在小组讨论中表现出色。通过个性化的评价方式，可以更好地满足学生的需求，确保他们在课堂内得到适当的反馈和评价。

7. 设计教学活动

基于学生的课内学习目标和所选的评价方式，教师需要设计具有导向性的教学活动。大数据可以为教师提供有关学生的学习偏好和学术表现的信息。通过分析学生的学习历史和行为数据，教师可以了解哪种类型的教学活动对学生更具吸引力和效果。这些数据可以用来指导教师设计更具导向性的教学活动，以满足学生的需求和提高他们的学术成绩。教师可以为不同学生或学习小组设计个性化的教学活动。一些学生更喜欢小组合作，而另一些学生更适合独立的问题解决任务。通过个性化的教学活动，可以更好地适应学生的学习风格，提高他们的参与度和学术成就。

8. 辅导学生

在课堂内，教师需要提供指导和支持，帮助学生克服学习难点，鼓励他们参与活动，并提供即时的反馈。此外，教师还应该对学生的学习成果进行总结和反馈，以推动知识的内化和深化。

大数据可以用来监测学生在课堂内的表现和互动情况。通过分析学生的参与度、问题解决能力和学术表现，教师可以了解哪些学生需要额外的辅导和支持。通过个性化辅导，教师可以确保每名学生都有机会充分理解和掌握学习内容。

总的来说，基于大数据的翻转课堂设计流程旨在帮助教师有效地规划和实施翻转课堂教学，以满足学生的个性化学习需求，促进更深层次的学习和思考。这一流程强调了课内外学习的协调，评价方式的选择，以及教师在教学过程中的指导和支持作用，以提高教育质量和学生的学习成果。

（二）开发英语教学资源

1. 支持信息化教学资源

信息化教学资源是为支持教育目标而设计的各种资源，尤其在信息技术和网络环境下发挥重要作用。其中，信息化教学资源在翻转课堂教学中占有主要地位，因为它们为教师和学生提供了必要的工具和材料，使翻转课堂教学成为可能。

翻转课堂教学理念强调在课堂内外的学习环节之间实现平衡和整合，而信息化教学资源正是实现这一目标的关键。这些资源如下。

教学视频：教师可以录制和分享教学视频，让学生在课外学习新知识。这些视频可以随时随地访问，使学生能够自主学习，而不受时间和地点的限制。

进阶练习：学生可以通过在线练习和测验来巩固他们在课外学习的内容。这些练习可以提供实时反馈，帮助学生检验自己的理解程度。

学习任务单：教师可以提供学习任务单，明确学生在课外需要完成的任务和目标。这有助于学生有组织地进行学习，并确保他们专注于课外学习目标。

知识地图：知识地图有助于学生了解知识之间的关联性和层次结构。它们可以为学生提供一条清晰的学习路线，帮助他们更好地理解课程内容。

学习管理系统：学习管理系统是管理和监测学生学习进度的工具。教师可以使用这些系统来监控学生的学术表现，提供反馈，并管理教学材料。

此外，教学辅助工具软件也是翻转课堂中不可或缺的资源。这些工具软件如下。

视频制作工具：教师可以使用视频制作工具来录制、编辑和发布教学视频。这些工具使教师能够创建高质量的教育内容，以满足学生的需求。

交流讨论工具：交流讨论工具有助于师生之间进行实时互动和讨论。学生可以在课外提出问题，教师积极回应，从而促进学生的深层次思考。

成果展示工具：学生可以使用成果展示工具来展示他们在课外学习的成果，如项目作品或报告。这些工具可以鼓励学生分享他们的学术成就。

协作探究工具：协作探究工具促进学生在小组内协作解决问题或完成任务。这有助于教师培养学生的团队合作和问题解决技能。

总之，信息化教学资源和教学辅助工具软件在支持翻转课堂教学中起到了至关重要的作用。它们为教育提供了更灵活、个性化和多样化的教学方式，有助于提高学生的学术成绩和学习体验。

2.遵循资源选择的基本原则

翻转课堂的成功实施确实需要精心选择和使用各种教学资源，并且在资源选择过程中应遵循以下基本原则，以确保教学的效果和质量。

（1）最优选择原则。在选择教学资源时，教师应根据特定的教学内容和教学目标，选择最适合的资源。这意味着不是所有资源都适用于所有情境，教师需要仔细考虑资源的质量、内容的相关性及学生的需求，以做出最佳选择。

（2）兼容性原则。教学资源应具有较强的兼容性，能够在不同的学习终端设备上顺畅运行。考虑到学生可能使用各种移动设备进行学习，教学资源应该适应不同平台和操作系统，以确保学生能够访问和使用这些资源。

（3）多媒体组合原则。资源的多媒体组合是关键，因为不同的学生通常喜欢不同类型的教材和学习方式。教师可以选择结合文字、图片、声音、视频、动画等多种媒体形式，以满足不同学生的学习风格和需求。这有助于提供多样性的学习体验。

（4）教学目标导向原则。资源的选择应始终以教学目标为导向。教师需要明确自己的教学目标，然后选择那些能够支持这些目标的最好资源。资源应该与课程内容和学习目标相匹配，以确保学生能够有效地达到预期的学术成果。

总的来说，资源选择是翻转课堂教学中的关键步骤，它需要综合考虑多种因素，以确保教学活动的成功实施。遵循上述原则有助于教师做出明智的资源选择，提高翻转课堂的教育质量和学生的学术成就。

（三）设计英语教学活动

设计翻转课堂的英语教学活动需要精心策划，确保课外和课内学习活动有机结合，以促进学生的深层次学习。

1.设计课外学习活动

在线学习：为了课外学习，提供在线教材和教学视频是关键。确保这些资源易于访问，可以通过各种设备（如计算机、平板电脑、手机）观看。同时，教师可以在视频中引入互动元素，如测验、问题和反思，以促使学生积极参与学习活动。

互动讨论：创建一个在线讨论平台，让学生在课外时间讨论和分享他们对学习内容的理解和看法。教师可以提出引导性问题，鼓励学生深入思考，并确保及时回应学生的问题和观点。这有助于学生在课堂内做好准备工作。

在线测评：在课外学习后，进行在线测评以评估学生的理解程度。这些测评可以是形成性的，旨在提供反馈和指导。学生可以获得他们的成绩和详细的分析，有助于他们了解自己的弱点和改进之处。

2.设计课内学习活动

个体学习活动：在课堂内，教师可以设计个体学习任务，要求学生应用他们在课外学到的知识。这包括解决问题、完成任务或进行实验。教师应提供支持和指导，但鼓励学生独立思考和解决问题。

小组学习活动：小组学习活动可以促进合作和互动。学生可以在小组内共同探讨和解决复杂问题，共享各自的理解和见解。教师可以充当指导者的角色，引导讨论并确保每名学生都有机会参与。

实践活动：通过实际实践和应用知识，学生可以深化他们的理解。这包括角色扮演、模拟情境、演示或创作项目。这些活动可以激发学生的创造性思维和批判性思考。

总之，翻转课堂的英语教学活动设计需要充分考虑学生的自主学习和合作学习，以及在课堂内外的衔接。教师应根据教学目标和学生需求，精心选择和设计各类学习活动，以提高学生的学术成绩和参与度。同时，教师在课内应充当引导者的角色，引导学生思考、讨论和应用所学知识。

第三节　大学英语多模态交互教学模式

多模态交互教学模式将多种教育媒体和技术有机融合，为学生提供了更丰富、更有趣、更有效的英语学习体验。这一模式强调通过视觉、听觉等多种方式与英语进行互动，有助于学生全面提升语言能力。与传统的课堂教学方法相比，多模态交互教学模式更能满足不同学生的学习风格和需求。随着技术的不断发展，大数据分析和智能化应用逐渐融入多模态交互教学中，为学生和教育者提供了更多的机会和工具，评估学生的进展，并持续改进教学方法。本节将探讨大学英语多模态交互教学模式，重点关注如何利用大数据和新兴技术来推动这一模式的发展。

一、多模态交互教学的内涵

20 世纪 90 年代，西方学者提出了多模态话语理论，该理论强调了语言学习的多样性和复杂性。根据这一理论，语言不仅是口头和书面文字的表达，更是一种社会符号系统，包括音乐、绘画等非语言符号，它们与语言符号之间相互影响，共同生成语言意义。这一理论的应用对英语教学产生了深远影响，尤其在大数据驱动的教育环境下，为创造更丰富、更具互动性的学习体验提供了有力支持。

多模态语言理论的核心概念之一是各种符号模态之间的相互作用。这意味着在英语教学中，我们可以将多种符号模态整合起来，包括音频、视频、图像和网络等。通过这些模态的有机融合，教育者可以创造出多样性的学习体验，有以下特点。

首先，多模态交互教学注重多感官刺激。通过音频、视频和图像等多种感官输入，学生可以更全面地体验英语语言和文化。例如，通过观看英语电影或听英语音乐，学生可以接触不同的口音和语言风格，有助于提高听力理解和发音技巧。

其次，多模态教学支持个性化学习。每名学生都有不同的学习风格和兴趣。在多模态教学中，学生可以选择适合自己的学习模态，从而提高学习动力和效果。例如，有些学生更喜欢通过视觉方式学习，可以借助图像和视频来理解词汇和语法，而有些学生更倾向于通过音频来提高听力技能。

再次，多模态教学注重互动性。学生与教育内容之间的积极互动是学习的关键。通过角色扮演、图片展示、在线讨论等多种互动方式，学生可以更深入地参与学习中，不仅学习了英语知识，还培养了表达和交流的能力。

从次，多模态交互教学综合培养学生的各项语言技能。除了传统的听、说、读、写技能，还包括视觉理解和触觉体验。通过多模态学习，学生可以更全面地掌握英语，同时增强了对英语文化的理解。

最后，多模态教学创造浸染式学习环境。在大数据支持下，教师可以利用网络多媒体技术创造出身临其境的英语学习情境，使学生沉浸在英语的世界中，真正感受到语言学习的乐趣。这种环境有助于激发学生的兴趣，提高学习动力。

总之，多模态交互教学在英语教学中为学生提供了更加丰富、多样化的学习体验。它充分利用多种符号模态，满足学生不同的学习需求和学习风格。在大数据的支持下，这一教育方法不断进化，能提高英语教育质量，培养出更具多样性和综合性的英语学习者。

二、大学英语多模态交互教学的基本原则

大学英语多模态交互教学是一种注重多感知通道、互动性和个性化的教学方法。在这一教学模式下，以下基本原则可以指导教师和学生实施，以提高教育质量和学习效果。

（一）客体适配原则

根据多模态交互教学的需求，教师应精心选择或制作符合教学目标的教材和材料。这些教材包括音频、视频、图像、文字等模态，应当与教学目标和学生水平相适应。

在课堂上，教师应善于运用多媒体工具，如幻灯片、视频播放器、在线资源等，以呈现多模态内容。这有助于激发学生的多感知感官，提高学习效果。

（二）主体适配原则

教师在多模态交互教学中应扮演引导者和组织者的角色，需要灵活地根据学生的需求和反馈进行调整。教师应关注学生的学习进展，积极参与多模态教学的设计和实施。

学生也需要积极参与多模态交互教学，主动调动自己的感官，积极参与课堂互动和讨论。学生应根据自己的学习风格和需求选择合适的感知通道，主动参与

多模态学习。

（三）阶段适配原则

教师应根据不同的学习阶段来设计多模态教学过程。在引导学生理解新知识的阶段，可以运用图像、视频等可视化工具。在训练技能和强化阶段，可以加强听、说、读、写等技能的练习。多模态交互教学应提供个性化的支持和反馈。不同学生在不同模态下表现出色，教师可以根据学生的表现和需求提供个性化的指导和建议。

（四）互动与合作原则

多模态交互教学应创建积极互动的课堂氛围，鼓励学生之间的互动和合作。通过小组讨论、角色扮演等活动，学生可以分享彼此的观点和经验，促进学习。学生应积极进行实践和应用所学知识，同时接受及时的反馈。这有助于巩固学习成果，促进更深入的理解。

综合考虑以上原则，大学英语多模态交互教学旨在创造丰富、互动、个性化的学习体验，提高学生的学习积极性和学术成绩。这有助于教师和学生更好地应对多模态教学环境中的挑战，实现预期的教育目标。

三、大学英语多模态交互教学的构建策略

大数据时代的来临为大学英语多模态交互教学提供了独特的机遇。无论你身在何处，都能克服时间和空间的限制，充分利用网络资源，根据自身兴趣和爱好自由浏览网页、观看视频，并积极参与在线讨论。这与大学英语多模态交互教学形成了一种互补关系。

大数据背景下，大学英语多模态交互教学充满活力，其发展前景广阔。下面笔者详细分析构建大学英语多模态交互教学的策略。

（一）充分利用多媒体资源

充分利用多媒体资源是构建大学英语多模态交互教学的重要策略。多媒体资源包括图像、音频、视频、互联网等多种形式的媒体，通过它们可以丰富教学内容，提升学习体验。

1.多模态教材制作

多模态教材制作在大学英语多模态交互教学中起着重要作用。这一步骤的有效执行能够显著增强教学的吸引力和教育效果。

首先，多模态教材的制作应始于明确的教学目标。教师必须清楚地知道自己

想要学生达到什么样的目标，然后以此为基础来选择和整合多种媒体元素。例如，如果教学目标是提高学生的听力技能，那么教材包括来自真实英语听力材料的音频片段。

其次，多模态教材应充分利用多感官刺激。学生通过视觉、听觉、触觉等多种感官来接收信息，因此教材中的多媒体元素应考虑如何同时激发这些感官。例如，图像和文字可以与音频和视频相结合，以提供更全面的学习体验。这种多感官的刺激有助于学生更深入地理解和记忆知识。

再次，教材的真实性与情境化对于吸引学生的兴趣和提高他们的学习效果至关重要。通过使用真实的情境和实际例子，教材能够使学生更容易将所学知识与实际应用相联系。例如，英语口语教材包括真实对话片段，让学生在生活情境中练习口语表达，从而更好地掌握口语技能。此外，互动元素也应融入多模态教材中。互动可以激发学生的主动参与，提高他们的学习积极性。在教材中设置问题、练习和案例分析等互动元素，鼓励学生思考、讨论和参与课堂活动。这有助于学生更深入地理解和应用所学知识。

最后，多模态教材的设计还应考虑可访问性，以确保所有学生都能够平等地获得教学内容。这包括为听觉障碍学生提供字幕，为视觉障碍学生提供音频描述等辅助功能。这样可以确保多模态教育的包容性，满足不同学生的需求。

总之，多模态教材制作是大学英语多模态交互教学中至关重要的一环。教师应根据明确的教学目标，充分利用多感官刺激，强调真实性与情境化，融入互动元素，并确保可访问性。通过这些步骤，多模态教材能够更好地满足学生的学习需求，提高教学效果，创造更具吸引力和活力的学习环境。

2.多媒体演示

多媒体演示是大学英语多模态交互教学中一项非常有价值的教学工具。它通过生动的呈现方式、互动性和吸引力，提高了教学效果，为学生提供了更具吸引力和有效性的学习体验。通过合理利用多媒体演示，教师可以更好地满足学生的学习需求，提高课堂的质量和互动性。

通过使用现代技术和工具，如投影仪、电子白板等，多种媒体元素被应用于教学中。多媒体元素包括图像、视频、音频等，通过视觉和听觉方式呈现给学生。这种多媒体演示的方式具有很高的吸引力，能够迅速引起学生的兴趣和好奇心。相对于传统的黑板和白板教学，多媒体演示可以通过图像和视频来展示具体的例子、场景和实际情境。这种生动的呈现方式使学生更容易理解和记忆教学内容，同时能激发他们的想象力和思考能力。

教师可以在演示中加入互动元素，如点击、拖拽、问题回答等，让学生积极参与课堂中来。这种互动可以促进学生的思考和讨论，帮助他们更深入地理解课程内容。同时，教师可以及时获得学生的反馈，根据需要进行调整。生动的图像、视频和音频内容可以吸引学生的注意力，使他们更专注于课堂。这有助于创造积极的学习氛围，提高学生的学习效率和成绩。

3. 音频和视频资源

教师可以选择高质量的英语听力材料，如英语新闻、广播节目、英语歌曲等，或者英语电影片段、TED 演讲等视频资源，以丰富课程内容。这些资源具有真实性和多样性，有助于学生更好地了解英语的实际应用和不同口音。学生通过聆听和观看来模仿标准发音和语调，提高英语语感和发音准确度。这对于口语技能的提高尤为重要，学生可以通过反复练习来改进自己的发音和提高语言表达能力。

通过接触各种不同类型的听力材料，学生可以逐渐提高听力理解能力，适应不同的听力挑战，包括不同的语速、口音和词汇。这对于应对英语考试和日常交流都非常有益。此外，音频和视频资源也有助于学生的文化理解。通过观看英语电影、听英语歌曲或观看 TED 演讲，学生可以更好地了解英语国家的文化、价值观和社会问题，拓展自己的国际视野。

4. 在线互动和讨论

在线互动和讨论是大学英语多模态交互教学的重要组成部分。它们通过促进学生之间的互动和合作，提高批判性思维能力，形成积极的学习社区，有助于学生更深入地理解和应用所学知识。通过充分利用在线互动和讨论的平台，教师可以提供更丰富和有价值的学习体验，推动学生的自主学习和思考能力。

学生可以在论坛、博客、社交媒体等平台上分享自己的学习经验、观点和问题，与同学互动，获得不同角度的反馈和建议。这有助于学生更全面地理解课程内容，也能够培养他们的表达和沟通能力。通过与他人的讨论和辩论，学生可以不断思考和审视自己的观点，建立批判性思维。他们需要支持自己的观点，并接受不同观点的挑战，这有助于培养批判性思维和论证的能力。学生之间的互动和合作还可以形成一个积极的学习社区，激发学习兴趣，增强学生的参与感。这种学习社区可以成为学生互相支持和启发的平台，推动学习氛围的营造。

同样，教师在在线互动和讨论中也发挥着重要作用。他们可以提出引导性问题，引发学生思考和讨论，监督和引导学生讨论，提供反馈和指导。教师的参与可以确保讨论的质量和方向，帮助学生更好地实现学习目标。

总之，充分利用多媒体资源是构建大学英语多模态交互教学的关键策略。这种方法可以丰富教学内容，提高学习体验，激发学生的学习兴趣，使教育更具吸引力和有效性。多媒体资源的有机整合，可以更好地满足学生在大数据时代的学习需求。

（二）构建多模态化英语网络空间

随着网络技术和大数据技术的迅猛发展，高校纷纷构建自己的网络空间教学平台，这种教学方式旨在通过网络平台实现师生之间的交互活动和学习。例如，河南牧业经济学院已经创建了一套网络教学平台系统，旨在提供多模态的交互教学体验。

英语网络空间教学打破了时间和地点的限制，使师生能够在网络平台上互动和教学。这种教学方式提供即时的问答、论坛等互动项目，加强了教师与学生之间的联系，也为师生提供了便捷的作业提交和批改渠道。网络空间平台为教师和学生创造了一个共享学习资源和互动的环境。

然而，网络空间教学的成功还依赖于学生的积极参与。学生登录平台，完成作业，分享学习成果，这样才能真正成为学习的主体。通过网络空间平台，学生能够调动自己的多种感官，增强对英语学习的兴趣，提高学习效果，实现学习目标。

此外，网络空间还有助于教育资源的共享，推动在线网络授课，促进教师的创新，实现全方位的英语教育改革。多模态网络空间教学为多样化的教学活动提供了平台，有助于师生之间的互动和竞争。在大学英语教学中，多模态网络空间的创建使教学效果最大化，为学生提供了良好的学习体验，顺应了大数据时代对英语教育的要求。

四、基于大数据的大学英语多模态交互教学模式构建

（一）创建多模态的教学方式

首先，利用大数据统计的结果了解学生的兴趣和学习偏好。通过分析学生的学习数据，可以获得他们在英语学习过程中的兴趣点和学习方式。这些数据包括学生的学习历史记录、测验成绩、在线行为等。通过这些数据，教师可以了解哪些教学内容和方式对学生更具吸引力，从而为教学提供指导。

其次，根据学生的兴趣和学习方式，调整教学方式和资源。教师可以根据大数据的分析结果，选择适合学生的多模态教学方式。例如，如果学生对视觉教材

更感兴趣，教师可以增加图像、视频等视觉元素；如果学生更喜欢互动和角色扮演，可以引入小组竞赛和互动活动。这样能够更好地满足学生的学习需求，提高他们的学习积极性。

再次，改变传统的教学方式，采用多模态教学模式。传统的教学方式往往是以教师为中心的，教师向学生传授知识，而多模态交互教学强调以学生为主体，让他们参与到教学过程中来。教师可以运用信息化技术和设备，如多媒体、电脑、学习平台等，创造多种教学活动和环境，激发学生的学习兴趣和主动性。这包括使用多媒体资源展示课程内容，组织角色扮演和小组竞赛等互动活动，让学生在实际情境中应用英语。

最后，在课外时间，教师可以通过各种社交媒体或电子平台与学生进行互动和交流。这包括使用 QQ、微信等社交媒体，或者电子邮件、电子阅览室等网络平台，以回答学生的问题、提供额外的学习资源，促进学生的自主学习和交流。

（二）整合多模态教学资源

教师可以根据大数据提供的分析结果，了解学生的关注点和兴趣。通过分析学生的学习历史记录、测验成绩等数据，教师可以了解学生对哪些教学内容和资源更感兴趣。基于这些数据，教师可以选择合适的多模态教学资源，如电影片段、课文录音、背景故事等，以满足学生的学习需求。

接下来，教师可以将选定的多模态教学资源巧妙地融入教学过程中。例如，教师可以将这些资源穿插在 PPT 演示中，使教学内容更具生动性和视觉吸引力。通过在教学中使用电影片段、课文录音等资源，学生在听觉和视觉上得到刺激，学习体验不断增强。

通过将不同模态的资源融合在一起，教师可以为学生创造一个多感官的学习环境，使他们更好地理解和吸收教学内容。这种立体的学习情境不仅能够缓解学生的视觉疲劳和紧张情绪，还能够激发他们的学习动机和兴趣。通过引入背景故事、跨文化知识等资源，教师可以帮助学生更好地理解英语文化和语境，培养他们的跨文化交际能力。这有助于学生更全面地掌握英语，提高他们的语言技能。

（三）合理组织教学活动

多模态交互模式的教学活动分为课前、课中、课后三个部分。

课前阶段，教师可以布置头脑风暴练习，鼓励学生在课下利用学习平台或网络资源进行预习和资料收集。这有助于学生提前接触课程内容，引发他们的学习兴趣，激发他们的主动学习意愿。学生可以通过学习平台或社交工具如 QQ、微信分享自己的预习成果，促进学生之间的互动和知识分享。

课中阶段，教师应根据教学目标设计合适的教学任务，以多模态教学为基础进行课堂教学。例如，教师可以引导学生进行小组合作的角色扮演或情景模拟，让他们在实际情境中应用英语，提高语言应用能力。此外，教师还可以设计实用的写作练习，如制作名片、贺卡、邀请函等，让学生通过学习平台或网络查询相关写作要求，然后协作完成任务。这种实际的写作练习不仅能够提高学生的兴趣，还能够让他们在实践中掌握应用写作的技巧和知识，巩固所学内容。

课后阶段，教师应鼓励学生参与课后学习和讨论。通过学习平台或社交工具，学生可以继续分享学习资源、交流心得和问题，形成学习社区。这种互动和讨论有助于学生深化对教学内容的理解，提高英语语言应用能力，并培养终身学习的习惯。

（四）构建基于大数据的多模态教学评价体系

多模态评价体系是基于多种数据来源和多种指标进行综合评价的方法，大数据的应用可以为这一评价体系带来更全面、客观和精确的效果。

1.数据来源

传统评价体系主要依赖于有限的数据来源，如考试、问卷调查和学术记录。然而，大数据时代的数据来源更多元，包括互联网、社交媒体、物联网设备、在线学习平台等。这些实时数据为评价提供更全面的信息。例如，从社交媒体可以收集学生的学术兴趣、社交活动和情感状态，从物联网设备可以获取学生的学习环境数据，如照明和温度，这些数据都有助于更好地理解学生的学习背景和情境。

2.评价指标

传统评价体系通常依赖于数量化的指标，如考试分数或学术成绩。然而，大数据分析可以挖掘更多的隐含信息，包括质量、效率和影响力等难以测量的指标。数据挖掘技术可以从大数据中提取评价模式和关联规则，以帮助定义新的评价指标。例如，通过分析学生的在线学习行为数据，可以评估其学习效率和参与度，而不只是关注考试分数。

3.评价过程

大数据支持自动化评价过程。机器学习和人工智能技术可以用于识别评价模式和关联规则，从而减轻人工参与度。这意味着评价可以更快速、准确地完成。例如，机器学习算法可以分析大量学生的行为数据，自动检测学习模式和问题领域，并生成个性化的学习建议。

4.结果呈现

数据可视化是将大数据转化为可理解和有意义的信息的关键步骤。通过数据可视化方法，可以将大规模多维度数据转化为直观的图形和报告，以呈现可靠的评价结果。数据可视化不仅给教育者带来方便，还可以向学生和家长提供透明的评估结果，帮助他们更好地了解学生的学习进展和需求。

5.持续更新

大数据评价体系是一个动态的系统，可以随着新数据的进行加入而进行调整和更新。这意味着评价可以提供实时和全面的评估结果，以反映学生的最新状态和进展。

新数据的加入有助于不断改进评价指标和模型，使评价体系更加准确、适应性更强。

第四节　大数据在混合学习中的应用

混合式学习模式，作为教育领域的一项创新，在大学英语教育中蓬勃发展。这一模式将传统的面对面教学与在线学习相结合，为学生提供了更灵活、个性化的学习机会，同时为教育者提供了丰富的教育技术工具和数据资源。然而，要构建高效的大学英语混合式学习模式，并确保学生能够充分受益，需要对教学理论、技术工具和数据分析进行有效融合。本节将探讨基于大数据的大学英语混合式学习模式的构建，以帮助教育者更好地规划和管理这一创新教育模式。

一、混合学习模式简介

（一）混合学习的概念

混合学习，又称混合式学习或融合式学习，是一种教育教学模式，它将传统面对面教学和在线远程教育相结合，以提供更灵活、个性化和综合性的学习体验。混合学习融合了传统课堂教育的互动性和社交性，以及在线学习的自主性和灵活性，从而创造了一种更富有多样性的学习环境。

在混合学习中，学生通常会参加面对面的课堂教学活动，也会通过在线平台访问教材、资源和学习工具。该模式包括各种形式的在线学习，如视频课程、在线测验、博客、讨论论坛等。混合学习的目标是最大限度地利用技术来增强教育效果，同时充分发挥传统课堂教学优势。

混合学习的概念强调了个性化学习、学习成果的实时监测和适应性教育的重要性。它不仅可以提高学生的参与度和自主学习能力，还可以为教育者提供更多数据和信息，以便更好地理解学生的需求，并优化教学内容和方法。混合学习已经在各教育领域得到广泛应用，包括高等教育、职业培训、K-12教育等，为学生和高校带来了更多的机会和挑战。

（二）混合学习的理论基础

混合学习的理论基础源于教育科学和认知心理学领域的多个理论和概念。

1. 建构主义理论

在建构主义理论中，学习者被视为知识的积极建构者，他们通过自己的经验、思考和互动来构建新的知识。与传统的教育模式相比，该模式强调了学生的主动性和自主性。

混合学习提供了多样化的学习资源和工具，如在线课程、教材、多媒体内容等。学生可以根据自己的兴趣和学习风格选择适合他们的资源，从而更加积极地参与学习。他们可以主动选择何时、何地、以何种方式学习，这符合建构主义理论中学习者的自主性原则。混合学习中的互动和合作活动也与建构主义理论相契合。学生可以通过在线讨论、协作项目和面对面小组讨论等方式，与同学和教师互动，分享思想和观点。这种社会互动有助于学生更深入地理解和建构知识，促使他们思考、提问和解释。另外，建构主义理论还强调知识的个体性，即每个学习者在知识建构过程中都有自己独特的学习路径和理解方式。混合学习的个性化学习路径和适应性教育正是试图满足每名学生的个性化需求，让他们按照自己的节奏和风格构建知识。

2. 社会认知理论

社会认知理论认为学习不只是个体的内在过程，也是通过与他人互动和参与社会环境中的活动而发生的。在混合学习中，社会认知理论的原则可以得到有效应用，因为混合学习提供了多种机会来促进学生之间的合作和知识分享。

首先，混合学习通过在线讨论和协作项目等方式，鼓励学生在虚拟空间中展开合作。学生可以在在线讨论论坛上分享观点、解答问题，或者共同完成在线项目和任务。这种社会互动有助于学生从多个角度理解问题，分享不同的观点和经验，促进知识的建构和共享。

其次，在混合学习中，面对面的小组讨论也是社会认知理论的体现。学生可以参加实体课堂中的小组活动，与同学一起讨论、解决问题或完成项目。这种合作学习不仅有助于知识体系的建构，还培养了学生的协作能力和团队合作精神。

最后，社会认知理论还关注了知识的共同建构和社会情境中的学习。在混合学习中，学生可以通过合作项目和互动性的在线平台，参与到具有社会情境的学习活动中。这样的学习体验有助于学生将知识与实际应用相结合，提高学习的深度和实际价值。

3. 可及性理论

可及性理论是一种强调通过多样化的方式呈现信息，以满足不同学习者需求的教育理论。这一理论关注学习者的多样性，包括他们的学习风格、速度、能力和需求，旨在确保每名学生都能够获得适合他们的教育资源和机会。

首先，混合学习模式在很大程度上符合可及性理论的原则。混合学习通过在线课程、教材和多媒体内容提供了多样性的学习资源。学生可以选择不同类型的资源，如文本、视频、音频等，根据自己的学习风格和偏好来学习。这种多样性有助于满足不同学习者的需求，使他们更容易理解和吸收知识。

其次，混合学习支持自主学习和学习速度的个性化调整。学生可以按照自己的节奏学习，重复学习内容，或者加快学习进度，以适应自己的学习速度。这种个性化的学习路径有助于确保每名学生都能在适合他们的情况下学习，而不会感到压力或挫折。

最后，混合学习模式还提供了灵活的学习环境。学生可以选择在哪里学习、何时学习，以及使用何种设备来访问教育资源。这种灵活性有助于满足学生的不同需求，包括工作时间表、家庭责任等方面的需求。

4. 认知负荷理论

认知负荷是指在完成学习任务时学习者的认知资源投入程度，包括注意力、工作记忆和思维处理等。该理论强调，在学习过程中，学习者的认知资源是有限的，因此，教师需要优化学习资源的设计和分配，以减轻学生的认知负荷，提高学习效率。

认知负荷理论在混合学习中提供了有价值的指导原则，有助于教育者优化学习资源和设计学习环境，以降低学生的认知负荷，提高学习效率。混合学习的灵活性、个性化和即时反馈等特点，使其能够更好地满足学生的认知需求，帮助他们更有效地学习和理解复杂的概念。通过结合认知负荷理论原则，混合学习可以提供更有益于学生学习的教育体验。

上述理论基础共同构成了混合学习的教育理念和实践基础，为教育者提供了指导原则，帮助他们更有效地设计和实施混合学习课程，提高学生的学习成果和满意度。混合学习的成功实践通常将这些理论结合使用，以满足学生的多样化需求，并优化教育过程。

二、基于大数据的大学英语混合式学习模式的构建

（一）准备阶段

在构建大数据支持下的大学英语混合式学习模式时，首要阶段是准备阶段。在进行实际课程学习活动之前，需要对课程教学的基本情况进行认真分析，以确保混合式学习的有效实施。

首先，借助大数据技术，深入分析学习者的特征。学习者是学习过程的核心，因此在准备阶段，教师必须充分了解他们的特点和需求。这可以通过预评估的方式来实现，通过这一过程，教师可以获取学习者的基本信息，了解他们的学习背景、学习风格和兴趣等，以便为他们提供更加个性化的学习支持。这有助于确定适当的学习起点和制定针对性的深度学习策略，从而更好地满足学生的学习需求。

其次，制定明确的学习目标至关重要。基于大数据对学习者特征的分析，教师需要基于课程目标和内容的研究，明确需要传授的概念、技能和重要问题等内容。然后，根据这些目标来设定每个单元的学习目标，并分析学习中的重点和难点，以便为学习者指引学习方向。这有助于确保学习活动有明确的方向和目标，提高学习效果。

最后，还要充分考虑混合学习的实施环境。混合学习需要适合的学习环境来支持其顺利进行。现代信息技术为学习者提供了多样化的学习环境，这包括在线学习平台、数字教材和多媒体资源等。在准备阶段，教师需要确保学习者能够访问和利用这些资源，以便获得良好的学习条件。

（二）实施阶段

深度学习的实施阶段包括课前线上学习、课中线下学习和课后巩固拓展，这三个阶段构成了全面的学习过程。在这个阶段，教师可以充分利用大数据的支持来优化教学效果。

1. 课前线上学习

课前线上学习是学生在课程开始之前对所学知识进行初步建构的阶段。在这个阶段，教师可以利用大数据分析学生的学习历史和行为，以个性化方式发布学

习目标和内容。多模态学习资源可以根据学生的不同需求和学习风格进行上传，提供更加灵活的学习选择。此外，大数据还有助于教师更好地了解学生的学习进展，及时调整课程内容和任务，以满足他们的学习需求。教师的角色在这个阶段非常重要，他们需要明确传达学习任务的目标，并确保任务具有一定的挑战性，以鼓励学生运用高阶思维进行分析和评价。

当学生明确了学习目标和任务后，他们进入了自主学习阶段，积极参与协作学习，完成任务，同时初步建构对所学知识的理解和意义。在这个自主学习阶段，学生开始执行他们制订的学习计划，积极地参与学习活动。这包括阅读课程材料、观看教学视频、参与在线讨论或小组项目等。学生在这个过程中应用他们之前积累的知识，并将其用于解决问题和完成任务。

同时，学生也参与学习共同体的协作学习。学习共同体可以由教师、同学和其他专业人士组成，他们在共同的学习目标下互相交流和合作。通过与他人的互动，学生可以更深入地理解和探讨课程内容，从不同的角度获取见解，提高对知识的理解和应用能力。大数据分析有助于教师了解学生在共同体中的参与度和协作模式，以更好地支持他们的学习过程。

2. 课中线下学习

学生在这个阶段根据任务要求，完成各种学习任务，通过深入思考和信息整合来深加工知识，以达成学习目标，形成独立见解，实现深度学习。

学生需要按照任务的要求进行在线学习。他们需要查阅学习资料、参与在线讨论或完成特定的学习任务。在这个过程中，学生必须深入思考，批判性地整合信息，采用适当的学习策略来对信息进行深度处理。这有助于他们形成独立的观点和见解，实现深度学习。教师可以通过在线交流和提供针对性的指导来支持学生的在线学习过程，确保他们在学习中取得进展。

而在课堂学习时，教师对学生的知识水平进行评估，为他们提供必要的支架知识和技能。这有助于学生更好地理解和应用课程内容。此外，课堂上还安排了"小组成果展示与讨论"环节，鼓励学生以小组为单位展示和讲解他们的学习成果，如 PPT 或视频创作。这种互动和分享有助于学生更深入地理解课程内容，培养解决问题的能力和批判性思维。教师还会组织学生进行互动交流，对展示的作品进行分析、评价，并提供建议和指导。最后，教师会对学生的表现进行点评，以激励他们继续深度学习。

通过让学生在任务完成过程中学习隐含于任务中的知识点，课中学习阶段鼓励学生积极参与问题解决，促进知识的内化和实际运用。这个阶段的教学活动有助于学生培养综合运用知识和技能的能力，为解决实际问题提供了有力的支持。

3. 课后巩固拓展

课后学习是巩固和拓展知识的重要阶段。在这个阶段，教师根据学生在在线学习中的表现和反馈，精心设计并发布分层作业及拓展性作业，以满足不同学生的需求和能力水平。学生需要在线完成这些作业，通过这个过程来巩固所学的知识，并与教师和同学进行交流和讨论，进一步加深对知识点的理解和记忆。

大数据在课后学习中发挥了重要作用。一方面，它有助于教师更好地了解学生在在线学习中的表现和学习进展。通过分析学生的学习数据，教师可以获得关于学生学习习惯、问题解决能力和知识掌握程度的信息。这使得教师能够根据个体差异来制定差异化的作业和支持策略，以满足每名学生的学习需求。另一方面，大数据还可以用于个性化作业的推荐和设计。基于学生的学习历史和兴趣，大数据分析可以为每名学生推荐适合他们水平和兴趣的作业内容。这有助于提高学生的学习动力和参与度，使他们在课后学习中获得更好的学习体验。

课后学习阶段的重点是巩固知识和进一步拓展认知层次。通过及时的作业和与教师、同学的互动，学生能够加深对知识的理解，掌握在复杂情境中解决问题的能力，并实现知识迁移，逐步形成更高阶的认知水平。大数据的支持可以使这个过程更有效，帮助教师更好地实施个性化教学，以满足学生的学习需求，从而提高深度学习的效果。通过不断巩固和拓展知识，学生能够更好地应对现实生活和职业中的复杂问题，提高他们的综合素养和应用能力。

（三）混合学习的评价和反思阶段

混合学习的第三阶段是评价和反思阶段，也被称为教学评价阶段。在这个阶段，采用综合的评价体系，包括学生的自我评价、同伴评价和教师评价，以全面了解学习者的表现。评价包括形成性评价和总结性评价，贯穿在线学习和课堂学习全过程，旨在评估学生的问题解决能力和高阶思维运用程度。大数据在混合学习的评价和反思阶段发挥了重要作用，它可以为教师和学生提供有价值的信息和支持，促进更有效的教学和学习过程。

1. 学生的自我评价

学生在学习任务结束后，应自行评估学习表现。他们可以回顾自己的学习过程，评估自己在任务完成中的表现，以及对课程目标的掌握程度。自我评价有助于学生更好地认识自己的学习需求和进步，并在必要时调整学习策略。大数据可以为学生提供客观的数据，帮助他们进行自我评价和反思。通过查看他们的在线学习数据和成绩，学生可以更好地了解自己的学习进展，从而有针对性地调整学习策略和提高学术表现。这有助于培养学生的自我管理和反思能力。

2.同伴评价

同伴评价是学生之间相互反馈和评估的过程。学生之间可以互相分享作品、见解和学习经验，然后提供反馈和建议。这种互动有助于学生从不同的角度看待问题，并加深对同伴的理解，同时有助于他们提高自己的批判性思维和表达能力。大数据可以为同伴互评提供客观性和公平性依据。通过收集和分析大量的评价数据，可以消除个别评价的主观性和偏见，确保评价结果更为客观和公正。这有助于避免评价过程中的不公平现象，确保每名学生都得到公平的评价。

3.教师评价

教师在混合学习过程中扮演着重要角色，负责对学生的学习进行评价。教师根据学习目标和任务的完成情况，以及学生的参与度和表现进行评估。这种评估包括形成性评价，如针对特定任务的反馈，以及总结性评价，如期末考试或综合项目的评分。教师的评价结果有助于确定学生是否达成了学习目标，并为后续教学提供指导。教师可以利用大数据分析来确定哪些学生需要额外的帮助或挑战。这有助于教师更有效地分配资源和支持，以满足不同学生的需求。同时，大数据还有助于教师评估教学方法的有效性，并根据数据进行教学策略的调整，以提高教育质量。

在评价结束后，教师应将评价反馈及时传达给学生，并提供指导，帮助他们改进学习策略和提高学术表现。此外，教师还应鼓励学生在学习任务结束后进行积极的自我反思。学生可以回顾整个学习过程，发现并解决问题，调整认知策略，以促进深度学习的顺利进行。

三、大数据保障混合学习体验的建议

（一）提供稳定的在线学习服务

大数据分析可以为服务决策提供支持，确保学生和教师能够在混合学习环境中获得良好的学习体验。

1.构建可扩展的网络学习平台，承载大量在线学习需求

学校和教育机构应投资于构建具有高度可扩展性的网络学习平台。这意味着平台能够容纳大量同时在线学习的学生，而不会因此导致性能下降或崩溃。大数据分析可以用来预测学生活动的高峰时段，从而更好地调整服务器和带宽资源，确保平台的稳定性。

2.优化服务器部署，确保学习平台的高可用性

确保学习平台的服务器部署是高效的，并采取灾备和负载均衡措施，以确保高可用性。大数据可以用于监测服务器性能和故障，及时发现和解决问题。

3.加快网络接入速度，保证流畅的资源传输

提供高速、可靠的网络接入是关键。学生需要快速下载课程材料、观看视频和参与在线讨论，而教师需要及时上传和分享资源。通过大数据分析学生的网络使用情况，学校可以投资于提升网络基础设施，确保足够的带宽和低延迟，以支持流畅的资源传输。

4.建立多样化在线学习资源，丰富学习体验

多样化的学习资源可以丰富学生的学习体验。学校应该不仅提供文本材料和视频课程，还提供互动模拟、虚拟实验室和在线测验等多种资源。大数据可以帮助学校了解学生对不同类型资源的偏好，以便更好地满足他们的学习需求。

（二）完善实体学习场所建设

学校可以完善实体学习场所建设，为学生提供更具吸引力和有效性的混合学习环境。这有助于提高学习体验，鼓励学生更积极地参与混合学习，同时支持教师更好地管理和交互教育资源。

1.提供先进的教学设施设备，打造智慧化的教室和语言实验室

学校应投资先进的教学设施和设备，以满足混合学习的需求。这包括智能教室、语言实验室、多媒体投影设备、交互式白板等。这些设备可以支持在线学习内容的展示和互动，提高教学效果。智慧化教室应该具备高速互联网接入、视频会议设备、远程控制和监控等功能，以便教师和学生能够轻松地访问在线学习资源。语言实验室应该配备语音识别和录音设备，支持语言学习和发音练习。

2.改善场地布局和空间设计，优化实体学习环境

优化实体学习环境对于学生的学习体验至关重要。学校可以重新设计教室和学习空间的布局，以提供更多的合作和互动机会。舒适的座位、适宜的照明和良好的通风也是应考虑的因素。

3.加强实体场所的数字化建设，实现线上线下无缝对接

学校可以建立数字化学习管理系统，允许学生和教师在实体课堂和在线学习之间无缝切换。这意味着学生可以在课堂上访问在线资源，教师可以随时追踪学生的在线学习进度，并提供实时反馈。

（三）打造智慧学习生态环境

为了提供更丰富的混合学习体验，学校需要打造智慧学习生态环境，鼓励创新和个性化支持和充分利用学习数据。

1. 构建包容开放的学习氛围，鼓励探索创新

学校和教育机构应该倡导包容和开放的学习文化，鼓励学生和教师探索和创新。这意味着提供自主学习的机会，鼓励学生提出问题和解决方案，并参与跨学科和跨年级的合作。大数据可以用于分析学习者的合作模式和互动方式，以促进更有效的合作和创新。

2. 设置灵活多变的情境化学习空间

学校应该创建多功能的学习空间，以适应不同类型的学习活动。这包括合作研讨室、实验室、创客空间、休息区等。学生和教师可以根据需要选择适当的学习空间，开展不同形式的学习和教学活动。

3. 提供个性化的学习引导、支持和帮助

个性化学习是混合学习的重要特点之一。学校可以利用大数据分析学生的学习数据，为每名学生提供个性化的学习引导和支持。这包括推荐适合他们的学习资源、根据学习进度调整教学内容，以及提供定制化的反馈和建议。

4. 实现学习数据的全面采集和共享应用

学校可以利用大数据技术来全面采集学习数据，包括学生的学术成绩、在线活动、参与度等。这些数据可以用于监测学生的学术进展，识别潜在的问题，并为教师提供有关学生的详细信息。同时，学校还可以实现数据的共享和应用，以便教师和学生能够更好地理解学习过程，并做出相应的调整和改进。

通过构建开放的学习氛围、提供多功能的学习空间、个性化支持和充分利用学习数据，学校可以打造智慧学习生态环境，促进学生更积极地参与混合学习，提高教育质量，并培养具有创新和合作能力的学生。

第六章　大数据驱动下的大学英语教学管理

第一节　大数据驱动下的教学管理理念

教育是社会进步和个人成长的基石，而教学管理在提高教育质量、学生满意度和学术成就方面发挥着重要作用。然而，随着时代的发展和科技的进步，传统的教学管理方法已经难以满足日益复杂和多样化的教育需求。大数据技术的崛起为教学管理带来了前所未有的机遇，使高校和教师能够更深入地了解学生的学习过程、需求和潜力。本节将深入研究运用大数据技术来改进大学英语教育管理。在大数据的引领下，大学英语教育定会实现更高效、更智能和更个性化的教学管理。

一、大学英语教学管理的概念解析

大学英语教学管理是指对大学英语教育过程进行计划、组织、协调、控制和监督的活动，以确保有效的英语教育和学习。这个管理过程旨在结合教育资源、师资、课程设计、评估体系以及学校的教育政策和文化，达成教育目标，提高学生的英语语言能力和综合素质。

（一）教育目标与规划

教育目标与规划为整个教育过程提供了方向和指导，确保教育活动有针对性地朝着期望的结果前进。教育目标与规划的步骤如下。

1.制定教育目标

教育目标应明确反映大学英语教育的性质和层次。这包括确定教育以英语作为主要语言来进行，以及涵盖语言技能（听、说、读、写）和文化背景等内容。目标应当具备可量化和可衡量性，以便后续的评估和监测。例如，目标可以是在特定时间内提高学生的英语听力水平，使他们能够听懂特定难度的听力材料。教育目标应该与学生的需求和期望相关联。这需要高校了解学生的英语水平和目标，并相应地制定教育目标，以满足他们的需求。

2.制定教育规划

一旦教育目标明确，就可以开始规划具体的课程内容和教材选择。这需要考虑到课程的结构，针对不同的语言技能如何分配时间，以及选择哪些教材和资源来支持教学。规划还包括确定适当的教学方法和策略，以实现教育目标。这涉及互动式教学、项目型学习、在线教育等不同的教学方法，根据学生的需求和教育目标进行选择。规划需要建立一个明确的时间表和进度安排，以确保教育活动按计划进行。这包括制订教学计划、考试安排和学期安排等。此外，规划还涉及资源的分配，包括教师、教室、教材和技术设备等。管理者需要确保有足够的资源支持教育目标的实现。

3.实施与监测

一旦规划完成，教育活动就可以开始。教师和学生需要按照规划执行教学活动，确保教育目标得以实现。教育管理者需要建立有效的监测和评估机制，以跟踪学生的学术进展并评估教育目标的达成程度。这包括定期的考试、作业评估、教育反馈和对学生表现的综合评估。如果监测结果表明教育目标未能如期实现，管理者需要根据反馈信息对规划进行调整，并采取措施来改进教育过程。

大学英语教育目标与规划是一个迭代的过程，需要不断地审查和调整，以确保教育活动对学生产生积极的影响。它们为教育活动提供了方向和指导，有助于提高教育质量并确保学生达到预期的学术水平以及具备一定的语言能力。

（二）课程设计与开发

大学英语课程的设计与开发直接影响教育目标的实现。课程设计必须紧密联系教育目标，确保每个课程组成部分都有助于实现这些目标。这意味着要明确定义学习目标和结果，使学生清楚了解他们在课程中将学到什么，以及如何评估他们的学习成果。同时，课程内容的选择至关重要。教育管理者需要仔细挑选适当的教材、主题和话题，以确保课程内容与学生的英语水平和兴趣相关。内容应当富有逻辑，以建立起一个有序的教育框架，从而保证学生能够逐渐提高他们的英语水平。

（三）教师管理与发展

教师管理与发展包括招聘、培训、评估和激励英语教师等一系列活动，以确保他们在教育过程中发挥最佳作用，并为学生提供高质量教育。

教育管理者需要明确教师的招聘要求，包括教育背景、专业知识、教育经验等。这有助于筛选出最适合岗位的教师候选人。在招聘过程中，应考虑到人才队伍的多元化特点，包括性别、文化背景、语言背景等，以确保教师团队具备丰富的多元化视角和教学经验。

新任教师应接受入职培训，熟悉学校的教育理念、教学方法和教材，掌握包括教育技术的使用、跨文化教育等内容。教师需要不断提高自己的教育技能和知识，学校可以支持他们参加教育研讨会、研究项目，或提供专业发展课程，以帮助他们适应最新的教育趋势。

学校应建立有效的教学评估机制，通过课堂观察、学生反馈、教育成果等多种方式来评估教师的教学表现。基于评估结果，教师可以制订个人发展计划，明确改进和成长的目标，并与管理者一起讨论和制订改进计划。学校还可以通过提供薪酬激励、职业晋升机会等手段激励教师，提高他们的工作热情和教育质量。

（四）学生管理与支持

学生管理与支持旨在为学生提供全面的支持和资源，帮助他们更好地适应英语学习和生活。

在大学英语教学中，学校不仅要关注学生的学术发展，还要关心他们的整体成长和生活体验。因此，学校可以提供多样化的学生支持服务，其中包括学业指导。学业指导帮助学生规划他们的学术道路，制订合理的学习计划，以及解决学习中遇到的问题。这有助于学生更加有序地进行英语学习，提高他们的学术水平。除了学业指导，学校还要为学生提供丰富的学习资源，如图书馆、电子图书、在线学习平台等，通过访问这些资源，学生可以拓宽知识领域，深入研究感兴趣的主题，从而丰富了他们的英语学习经验。

此外，学校还要组织并鼓励学生积极参与课外活动，如英语角、文化交流活动、志愿者工作等，为学生提供了锻炼语言实践能力和跨文化交流技能的机会。通过参与这些活动，学生不仅能提高英语沟通能力，还能拓宽自己的视野，增强自信心，使英语学习更富有乐趣和意义。

（五）教学评估与反馈

教学评估与反馈有助于确保教育质量的提高、学生学术水平的提高以及教育过程的不断改进。在大学英语教学中，建立有效的教学评估与反馈机制是确保教育质量的关键一环。通过定期的考试、作业评估、口语表现评估等方式，学校可以监测学生的学术进展。这些评估不仅有助于确定学生在不同领域的知识掌握程度，还有助于教师了解哪些教学方法和内容对学生更有效。

更重要的是，教学评估为发现问题提供了重要线索。如果学生在某一方面普遍表现不佳，教育管理者和教师可以通过评估数据来识别问题，并及时采取措施进行改进。这包括重新调整课程内容、采用不同的教学方法、提供额外的学术支持等。通过及时的反馈和改进，教育质量可以逐步提高，学生的学术表现也会得到更好的促进。

除了学术方面的评估，学校还应该为学生提供反馈渠道。学生的反馈是宝贵的，他们可以提供关于教学质量、课程满意度和学习体验的重要信息。高校应该鼓励学生积极反馈，并确保他们的声音被听到和重视。学生的反馈有助于高校更好地理解他们的需求和期望，从而调整教学策略和资源分配。

（六）教育技术与资源管理

教育技术在大学英语教育中起着至关重要的作用。高校可以利用教育技术来提供多样化的教育体验，如在线学习平台、虚拟课堂和电子教材。这些技术工具不仅能够增加学生的学习便利性，还能够满足不同学习风格和速度的学生需求。在线学习平台可以提供额外的学习资源，如视频教程、练习题和在线课程，帮助学生更深入地理解课程内容。虚拟课堂则使学生能够参与跨地域的合作学习，提高了他们的跨文化交流技能。教育技术的应用使英语教育更加灵活和现代化，也为学生提供了更多的学习机会。

然而，要实现有效的教育技术支持，必须进行良好的资源管理，包括管理和维护教育资源，确保其可用性和可靠性。教育资源包括教室设备、计算机实验室、多媒体设备、教材等。高校需要确保这些资源的合理应用，以避免教育过程中的中断或不便。资源管理还涉及有效的资源分配，确保每个教育环节都得到充分支持，不会出现短缺或浪费。同时，资源管理还包括预算控制和资金分配，以确保教育技术的购买和维护是经济可行的。

总之，大学英语教学管理涵盖了广泛的活动和决策，旨在提供高质量的英语教育，培养学生的语言能力和综合素质，以满足他们在大学和未来职业生涯中的需求。管理者需要综合考虑教育理论、教育政策和实际情况，制订并执行有效的管理策略和计划。

二、大数据概念在大学英语教学管理中的应用

（一）大数据在教学管理中的含义

大数据在教学管理中指的是通过收集、存储和分析大规模的教育相关数据，以获取有关教学过程和学生表现的深刻洞察。这些数据包括学生的学术成绩、出勤情况、课堂参与度、作业完成情况、考试成绩、学习进度、学习行为数据（如在线学习平台的使用情况）、教师的教学方法、课程内容和教材等信息。大数据分析通过处理和解释这些数据，有助于教育管理者更好地理解教学过程中发生的事情，识别学生的需求和问题，改进教学方法，提高教育质量，以及做出更明智的管理和政策决策。

大数据在教学管理中的含义不只是数据的收集和存储，更重要的是数据的分析和应用。通过现代技术工具和数据分析方法，教育机构可以深入了解教育过程中的模式、趋势和关联性，从而制定更有效的教育策略和教学改进计划。这些数据有助于管理者和教师更好地满足学生的需求，提高学术成绩，促进学生的成功，推动教育体系的不断创新和发展。

总之，大数据在教学管理中的含义是利用大规模的教育相关数据进行深入分析，以获得关于教学过程和学生表现的深刻洞察，从而改善教育质量，提高学生满意度，推动教育的不断发展和进步。这是现代教育管理中的重要趋势，可以为教育机构提供更强大的工具和资源，以更好地满足学生和社会的需求。

（二）大数据在教学管理中的特征与组成要素

1. 特征

正如前文所述，大数据的特征是"4V"，即大规模性、多样性、高速度和价值，这些特征在大学英语教学管理中有重要的体现。

首先，大学英语教学管理涉及大量学生和教育数据的积累和管理。学校需要处理和分析大量的学生信息，包括学术成绩、出勤记录、学习进展等。此外，还需要管理教材、课程内容、在线学习平台数据等。这些数据规模巨大，需要强大的计算能力和数据存储系统，以有效地管理、存储和分析这些信息。

其次，大学英语教育数据来源广泛且类型多样化。数据可以来自学校管理系统、学生信息系统、在线学习平台、社交媒体、学生调查和教师反馈等多个渠道。数据类型包括结构化数据（如学生成绩表格）、半结构化数据（如学生的学习日志或反馈调查）、非结构化数据（如学生的社交媒体帖子或论坛讨论）。教育管理者需要采用多样的数据处理工具和方法，以处理和分析不同类型的数据，以获

取深刻的见解。

再次，教育数据在教学过程中高速产生和更新。例如，学生在在线学习平台上的行为数据、教师的课堂记录、学生作业提交等都快速地生成。这就要求高校建立实时或近实时的数据采集和分析系统，以便及时了解学生的学习进展，做出教学调整和决策。

最后，教育数据价值对于教学管理至关重要。不准确或虚假的数据会导致错误的决策和教育管理失误。因此，在数据收集和存储过程中，必须采取严格的数据质量控制措施，确保数据的真实性和准确性。这包括数据验证、纠正错误数据、确保数据来源的可信度等。

大数据的"4V"特征在大学英语教学管理中反映了教育数据的复杂性和挑战性。有效处理这些特征，需要教育管理者采用现代的数据管理和分析工具，以便更好地理解学生的需求、优化教育流程、提高教育质量，从而为学生的成功和发展提供更好的支持。同时，确保数据的真实性和准确性是数据管理的重要方面，以避免误导性的信息和不正确的决策。

2. 组成要素

大数据在教学管理中的组成要素包括以下关键部分。

（1）数据源。这是大数据的起点，包括从多个来源获取的各种教育数据，如学生信息、学术成绩、教材内容、在线学习数据、学生反馈、课程评估、教师记录等。这些数据来自学校管理系统、在线学习平台、社交媒体、学生调查和其他数据采集渠道。

（2）数据采集与整合。数据需要从不同来源收集，并在一个统一的数据存储中进行整合。这涉及数据抓取、ETL（提取、转换、加载）过程及数据清洗，以确保数据的准确性和一致性。

（3）数据存储。高校需要强大的数据存储系统，如云存储、大数据仓库或数据库，以容纳和管理大规模的教育数据。数据存储应该具有高度的可扩展性和安全性，以满足不断增长的数据需求。

（4）数据处理与分析工具。这包括用于处理和分析数据的各种工具和技术，如数据挖掘、机器学习、人工智能、统计分析等。这些工具用于提取、转换和分析数据，以获得有关学生表现和教学过程的见解。

（5）数据可视化。数据可视化工具将分析后的数据转化为图形、图表、仪表板等形式，使教育管理者和教师能够更轻松地理解和解释数据。可视化有助于发现模式、趋势和关联性。

（6）决策支持。大数据分析的最终目标是为教育管理者提供支持决策的信息。这包括基于数据洞察制定战略、制定教育政策、改进教学方法、资源分配等决策。

（7）安全与隐私保护。教育数据的安全和隐私保护至关重要。高校需要采取措施确保数据不受未经授权的访问，同时遵守相关的隐私法规，保护学生和教师的个人信息。

（8）数据管理与维护。数据需要定期管理和维护，包括备份、数据清理、数据更新和维护数据库的运行稳定性。

（9）培训与人才。高校需要培训有关的人员，使他们能够有效地使用大数据工具和技术。同时，拥有数据科学和分析方面的专业人才也是至关重要的，他们可以帮助高校更好地使用大数据。

这些组成要素协同工作，使大数据在教育管理中成为有力的工具，有助于提高教育质量、学生满意度，以及推动教育体系不断创新和发展。

三、大数据驱动下的教学管理新理念

大数据技术的崛起已经引领了教育领域的一场革命，使传统的教学管理方式彻底颠覆。在大数据时代，教学管理不再是简单的数据收集和报告，而是变得更加智能化、个性化、问题导向和科学化。

（一）以学生为中心，实现大学英语个性化智能化教学

以学生为中心的教学是一种以学生的需求、兴趣和学习风格为核心的教育理念，旨在使教育过程更加贴近学生，并为每名学生提供个性化的学习体验。大数据技术为实现学生中心教学提供了强大的支持，使教育管理能够更好地满足不同学生的需求，并推动教育变革向智能化方向发展。

1.个性化学习路径的支持

大数据分析可以深入了解每名学生的英语水平、学习风格、学术兴趣和学习进度。基于这些数据，教育管理者可以为每名学生制定独特的学习路径，包括选课建议、学习目标和进度安排。这意味着学生不再需要遵循一种标准的英语课程进度，而可以根据自己的需求和学习速度来规划学习路线，提高学习效率和动力。

2.实时的学习反馈

大数据分析还可以提供实时的学习反馈。通过监测学生在在线学习平台上的学习活动，系统可以识别学生在学习过程中遇到的问题和困难。教育管理者和教师可以利用这些信息及时介入，提供支持和建议，以帮助学生克服困难，提高英

语学习质量。

3. 自适应教育资源的提供

自适应学习是一种个性化教育方法，通过利用技术和数据分析，根据每名学生的学习需求、进度、兴趣和学术水平，自动调整教育内容和教学方法，以提供个性化的学习体验。自适应学习旨在更好地满足学生的需求，提高学习效果，以及促进更深入的学习。

大数据技术还可以用于开发自适应的英语教育资源。这些资源可以根据学生的学习需求和水平自动调整，提供个性化的学习材料、练习题和学习任务。例如，一个自适应的英语学习应用程序可以根据学生的词汇量和语法掌握情况提供不同难度的练习，以确保学生在适当的挑战下学习。

4. 对学习的分析和预测

大数据分析可以用于学习行为分析和学生学术成绩的预测。通过分析学生的学习行为、答题情况和在线互动，系统可以预测哪些学生面临学术挑战，哪些学生在英语学习方面表现出色。这使教育管理者和教师能够提前采取干预措施，为有需要的学生提供额外支持。

5. 智能辅助教学

大数据技术还可以支持智能辅助教学工具的开发，如虚拟英语助手和智能语言学习应用。这些工具可以与学生互动，回答问题，提供实时解释，并根据学生的需求进行个性化教学。它们有助于教师更好地满足不同学生的需求，提高教学效果。

总之，以学生为中心的个性化智能化大学英语教学是未来教育的发展趋势。大数据分析技术的应用将使英语教育更贴近学生，提高英语学习效果，为学生提供更个性化的英语学习体验。这将有助于培养学生英语语言能力和应用能力，以适应全球化的社会和职业需求。

（二）问题导向，开展针对性的英语教学质量诊断

问题导向是一种教育管理和教学方法的理念，其核心思想是将问题诊断和解决置于教育和教学的中心位置。在问题导向的教育管理中，教育工作者、教育管理者和政策制定者倾向于首先识别和明确定义教育领域中的问题，然后采取相应的措施来解决这些问题，以推动教育的改进和发展。

在大学英语教育中，问题导向这一理念可以通过大数据的支持实现。

教育管理者可以利用大数据分析来识别英语教学中的问题和挑战。通过分析

学生的学术表现、教学评估数据、学生反馈等信息，可以发现教学中的薄弱环节和需要改进的方面。这有助于将问题具体化并明确定位，为后续的改进工作提供方向。利用大数据技术，可以开发教学质量评估工具，用于收集和分析教学质量相关的数据。这些工具包括学生满意度调查、教学表现评估、在线学习活动分析等。通过这些工具，教育管理者可以定期评估教学质量，识别问题，并追踪改进的效果。诊断问题后，教育管理者可以有针对性地提供培训和支持，以帮助教师改进教学方法和策略。大数据分析可以指导培训的内容和方式，以确保培训与具体问题相关，有针对性地提高教师的教学水平。

问题导向的教学管理理念还可以影响教育政策的制定。通过分析大数据，政策制定者可以了解英语教育领域的整体问题和趋势，从而制定针对性政策措施，以改进教育质量和促进英语学习的发展。

总之，大数据分析使教育管理更精确且有针对性，有助于识别和解决英语教学中的问题，推动教育质量的不断提高，从而为学生提供更好的英语学习体验。

（三）全过程管理，构建英语教学大数据闭环

全过程管理，构建英语教学大数据闭环，是一种综合性的教育管理策略，旨在通过数据的全程采集、分析、应用和反馈，不断完善和优化英语教学过程。其步骤如图 6-1 所示。

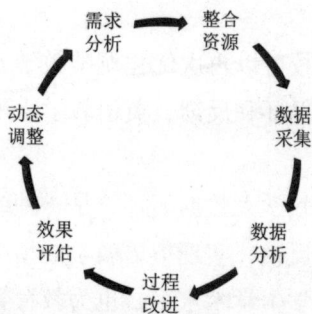

图 6-1　构建英语教学大数据闭环

1.需求分析

需求分析是构建英语教学大数据闭环的起点。通过问卷调查、访谈等方式，学校可以深入了解学生的英语学习需求和痛点。这有助于明确学生的学术水平、学习习惯、兴趣爱好等信息，为个性化教学提供基础。

2.整合资源

高校需要整合各类英语教学资源，包括教材、在线学习平台、图书馆资源、教师团队等。这些资源的整合有助于提供多样化的学习体验和支持，以满足不同

学生的需求。

3.数据采集

数据采集是英语教学大数据闭环的核心环节。在教学过程中广泛收集数据，如入学测试数据、课堂考试数据、课堂互动数据、作业提交数据等。这些数据提供了关于学生学习行为和表现的宝贵信息。

4.数据分析

数据分析是重要的决策支持工具。高校可以运用数据挖掘、机器学习等技术，分析数据以找出其中的相关性和潜在模式。这有助于发现学生的学习特点、瓶颈和潜在问题。

5.过程改进

过程改进是数据分析的直接输出目的。基于数据分析结果，高校可以采取针对性的措施来改进教学过程。这包括调整教学进度、强化学生弱项、适当增加课外练习等。这些改进措施有助于提高教学效果和学生满意度。

6.效果评估

高校可以通过定期测试、调查等方式评估教学效果。这有助于高校了解教学改进的实际成效，同时也提供了反馈信息，为下一轮的数据采集和分析提供指导。

7.动态调整

根据效果评估结果，学校可以再次优化调整教学方案和资源配置。这是个持续的过程，通过不断的数据循环和反馈，英语教学水平有所改进，逐渐实现个性化智能化教学目标。

全过程管理，构建英语教学大数据闭环，是一种综合性的教育管理策略，通过数据的全程运用和不断的反馈，实现英语教学的精细化运营和个性化优化。这有助于提高教育质量、提升学生学术水平，也为教育管理者提供了更科学的决策支持。

（四）多源融合，支持英语教学决策的科学化

多源融合，支持英语教学决策的科学化是一种先进的教育管理理念，旨在最大限度地利用不同来源和类型的数据提高英语教育质量和管理效率。

多源融合的第一步是收集和整合各种异构数据。这包括从学生信息系统中获取学生的个人信息和学术记录，从教育平台和在线学习应用中获取学生的互动数据，从教材和课程设计中获取教学资源数据等。这些数据通常以不同的格式和结

构存在，需要进行整合以建立全面的数据视图。

整合后的数据需要存储在一个专门的教学数据仓库中。这个数据仓库应该是高度可扩展和安全的，能够容纳大规模的数据。在数据仓库中，数据可以进行清洗、转换和聚合，以确保数据的精确性和一致性。利用数据挖掘、机器学习等技术，可以基于教学数据仓库开发各种教学分析模型。这些模型可以用于诊断学生的英语水平，预测学生的学术表现，评估教学效果，优化教学资源分配等。模型的开发需要深入了解教育领域的特点和需求。然后，基于开发的教学分析模型，高校可以构建各种教学分析应用。这些应用可以针对不同的教育环节，如课堂教学、作业批改、考试评估等，提供精细化的教学分析报告和可视化工具。教师和管理者可以利用这些应用监测学生学习进展，识别问题，并制定相应的教学策略。开发教学分析模型的目标是为英语教师和管理者提供决策支持。通过分析应用生成的数据和报告，教师可以更好地了解学生的需求，制订个性化教学计划，调整课程内容。管理者可以根据数据做出资源配置决策，优化教学流程，提高教育质量。

通过多源融合和科学化的教学决策支持，高校可以更好地满足学生的需求，提高英语教育效果，也为教育管理者提供更明智的决策基础。这种方法使英语教学更加透明化和可量化，有助于提高整体教育水平。

四、实施大数据驱动大学英语教学管理的路径

（一）优化数据采集，构建教学多元数据集中心

优化数据采集，构建教学多元数据集中心是实施大数据驱动的大学英语教学管理的关键一环。这一过程旨在更有效地收集、整合和管理各类教学数据，以支持更智能和个性化的教学决策。

高校需要广泛收集各类结构化和非结构化的教学数据，以扩大数据来源的多样性。这包括学生的学术成绩、参与课堂互动的数据、在线学习行为数据、学生反馈调查等。通过多元化数据来源，高校可以更全面地了解学生的学习情况和教学过程中的各个方面。

接下来，高校应该建立一个高效的教学数据采集系统，以确保教学运行全过程的数据捕捉。这个系统应当能够自动化地获取数据，并确保数据的准确性和及时性。例如，在课堂上可以利用教育技术工具来记录学生的互动行为，包括问题回答、讨论参与等，这些数据将成为个性化教学的重要依据。

为了更好地管理和分析这些多源异构的数据，高校还需要创建一个教学数据

集成平台。这个平台不仅能够集中存储各类数据，还可以进行数据清洗、转换和存储，以确保数据的精确性和一致性。数据清洗有助于去除错误或不完整的数据，从而提高数据的可信度和可用性。

建立科学合理的教学数据采集规范至关重要。这些规范应包括数据采集的方法、频率、格式等方面的指导。通过明确的规范，可以保证数据的一致性和可比性，同时降低数据采集的错误率。

（二）创新分析模型，实现教学质量精细化诊断

创新分析模型和应用多种数据分析技术可以实现教学质量的精细化诊断，提高英语教学的个性化和效果。这一步骤有助于更好地了解学生需求、评估教师表现、优化教材和提高教学管理的科学性。

学校可以利用教学数据来训练学生学习模型，以实现个性化学习诊断。这意味着采用机器学习和数据挖掘技术，根据学生的学术成绩、学习行为、在线测验结果等数据，构建学生学习特征模型。这些模型有助于识别学生的学习风格、弱点和潜在问题，从而为教师提供个性化的教学建议和干预措施。例如，如果模型发现某个学生在阅读理解方面表现较差，教师可以推荐相关练习材料或课程。

高校可以开发教师教学质量评估模型，用于评价教学效果。这些模型可以基于学生的学术成绩、学习反馈、参与度等数据，分析教师的教学表现。通过建立量化的评估标准，高校可以识别出表现出色的教师和需要改进的领域。这有助于提高教师的教学质量，也为教育管理者提供了基于数据的决策依据。

而应用文本分析和内容分析技术可以评估教学资源的质量。高校可以分析教材、教育资料和在线学习内容，以确定其教育价值和有效性。通过识别关键词、主题、内容质量等信息，高校可以为教师提供有关教材选择和内容改进的建议。

最后，使用关联分析和聚类分析等技术有助于高校发现教学管理模式。这意味着通过分析不同教学策略、资源配置和学习结果之间的关系，高校可以发现哪些教学方法对学生更有效，哪些资源配置方式更符合学生需求。这种分析可以为高校提供更科学和有效的教学管理模式，不断提高英语教育质量。

（三）完善反馈应用，支持教学决策的精准化

在大数据驱动的大学英语教学管理中，完善反馈应用是至关重要的一步。这一环节旨在为教育管理者和教师提供实用的工具和信息，以优化教学过程和提高学生学习成效。

数据驱动的反馈应用包括多个方面，其中之一是形成教学质量诊断可视化报

告。这些报告的制作基于学生学习模型和教学质量评估模型，更为重要的是，它们以图形化和易懂的方式呈现学生的学术进展和教师的教学质量。通过这些报告，教师和管理者能够迅速了解教学效果，发现问题，以便及时采取措施进行改进。例如，报告可以清晰展示学生的成绩趋势、参与度、学习行为等信息，这有助于教师更好地理解学生的学习状态。

学校还可以建立教学早期预警系统，以监测学生的学术进展和表现。这一系统通过学生学习模型实时追踪学生的学术表现，并自动发出警报，以及时发现潜在的学术问题。例如，系统可以检测到学生的学术滞后或不适应学习迹象，然后通知教师采取干预措施，以确保学生得到必要的支持。

此外，学校还可以设计教学调度优化方案，基于学生学习模型、资源利用模式和教学质量评估，帮助教师更好地规划教学活动。这种优化方案的提供有助于提高教学效率和质量，确保学生得到更好的教育。

作为反馈应用的一部分，个性化教学建议根据学生的学习模型和教学质量评估提供，有助于学生和教师更好地满足各自的需求。例如，学生可以获得适合他们学习风格和水平的学习资源，而教师可以获得关于如何根据学生需求和表现调整教学策略的建议。这种个性化支持有助于提高教学的针对性和效果。

（四）更新管理理念，构建教学管理数据化新格局

第一，管理者和教育工作者需要逐渐养成数据思维，即将数据视为决策和改进的重要资源。这需要提供培训和支持，以帮助他们更好地理解如何收集、分析和解释数据。培养数据思维有助于提高他们利用数据进行教学决策的能力，使数据不再是抽象的数字，而是实际决策的有力支持。

第二，教育管理者和教师应该基于数据制订教学计划、优化资源配置和调整教学策略。数据不仅可以用来诊断问题，还可以用来评估教学效果，帮助学校制定更科学的教学管理政策。例如，根据学生学习模型和教学质量评估模型，学校可以制订更具针对性的教学计划，以满足学生的个性化需求。

第三，构建教学管理数字化平台。这一平台将用于整合各种教育数据、提供实时监控和反馈、支持决策制定，并与学校的其他系统集成。通过数字化平台，管理者可以轻松访问各类教育数据，而教师可以获得个性化的教学建议。这有助于实现教学监控的全程化，从而更好地了解教学过程，实时应对问题，并持续改进教学。

第四，加强法规和管理制度建设。随着大数据的应用，必须确保数据的隐私

和安全得到充分保护，也需要建立规范的数据管理和使用制度，避免滥用和不当操作。法规和管理制度的完善有助于确保数据在教学管理中得到合理和合法的应用，也为学校提供了明确的指导和规范。

第二节　大数据支持的大学英语教学资源优化

在大数据时代，教学资源已经发生了根本性变革，不再局限于传统的教材和课堂教学方式。大数据技术的支持使教育资源变得更加多样化和个性化。学习者和教育者都可以受益于这一变革，本节将深入分析大数据时代对大学英语教学资源的重要意义，并进一步探讨利用大数据对教学资源进行优化的思路和方法。

一、大数据时代大学英语教学资源优化的意义

（一）教学资源的定义

教学资源是教育领域的重要组成部分，随着时间的推移，其定义和角色发生了显著变化。自20世纪30年代视听教育兴起以来，教学资源的种类日益增多，应用范围逐渐扩大，这反映了教育观念的变化和教育技术的不断进步。

在早期教育观念中，教师被视为唯一的信息源，而媒体主要是单向传递知识的工具。教育过程中，学生处于被动接受知识的状态。然而，到了20世纪70年代，人们开始认识到学生应该是学习活动的主体，媒体成为师生相互沟通的中介。师生之间的互动和交流变得更加重要。

到了20世纪80年代，随着学习心理学的发展，教育技术取得了重大进展。媒体不再仅只是知识传递的通道，而是成为构成认知活动的实践空间和领域。人们开始关注和重视媒体环境对学习的影响。

及至20世纪90年代，教育界逐渐认识到"教育技术是对与学习有关的过程和资源进行设计、开发、运用、管理和评价的理论和实践"。教学资源也因此被提升到了极其重要的地位，人们开始关心教学资源的建设和优化，以更好地支持学生的学习。

教学资源包括各种物质和非物质条件、自然条件、社会条件及媒体条件。美国教育传播与技术协会（AECT）在1977年曾将教学资源分为设计的资源和利用的资源两大类。而在1994年，这个定义得到了扩展，包括教学材料、教学环境和教学支持系统等。

总的来说，教学资源是一切可以支持教育和教学活动的资源，包括教材、媒体元素、学习情境等。它们的选择和使用应该根据教育目标、学生需求以及教学者的教学风格来确定，以提高教育质量和学习效果。

（二）大数据时代教学资源的定义

在大数据时代，教学资源的定义不再局限于传统的教育材料和工具，而包括与大数据相关的各种数据、分析工具和技术。这些资源的变化反映了教育领域对数据驱动决策和个性化学习的更大关注，以及为适应新的教学方式和学习环境所做的调整。大数据时代的教学资源包括如下内容。

1. 数据驱动的教学资源

数据驱动的教学资源不仅指传统的教材、课程大纲和教学工具，还包括与大数据相关的各种数据和分析工具。这些数据包括学生的学习数据、行为数据、表现数据等，以及用于学习分析和教学决策的数据仓库和分析平台。因此，在大数据时代，教学资源被扩展为包括教育数据本身，以及这些数据的分析工具和应用。

2. 个性化和自适应资源

大数据技术使高校和教师能够根据学生的学习需求和表现，提供个性化的教学资源。这包括定制的教材、在线课程内容、练习题等，以满足不同学生的学习风格和速度。因此，在大数据时代，教学资源的重点已经从通用性转向了个性化。

3. 数据驱动的教学设计

大数据技术也支持更加智能化的教学设计。教师可以根据学生的数据分析结果来优化课程设计、调整教学方法和资源，以提高学习效果。这反映了教学资源在大数据时代中的更高级别的应用，不仅是资源的提供，还包括资源的智能利用。

4. 跨平台和在线资源

大数据时代的教学资源越来越倾向于在线和跨平台的形式。这些资源包括在线课程、电子书、教育应用程序等，它们可以跨越地理和时间的限制，为学生提供更高的灵活性和便利性。因此，教学资源的交付方式也在大数据时代发生了变化。

5. 学习分析和反馈工具

教学资源还包括用于学习分析和反馈的工具。这些工具有助于教师分析学生的数据，提高洞察力，并支持更好的教学决策。

可以说，大数据时代的教学资源是基于大数据技术和分析的各种教育相关数据、应用程序和工具的集合，它们用于提高教育质量、优化学生学习体验、促进个性化教育和教育创新。这些资源不仅对学生和教育者有益，还有助于基于证据制定教育决策和政策。

（三）大数据时代大学英语教学资源优化意义

1. 满足个性化需求

每名学生都有独特的学习方式、兴趣和学术需求。大数据分析为教育者提供了更深入的洞察，使他们能够更好地理解每名学生，并为他们提供量身定制的教育资源。这不仅可以提高学生学习效果，还可以激发学生的学习兴趣，使他们更积极地投入学习中。

通过分析学生的学习数据，教育者可以识别出学生在不同知识点和题型上的弱点和错误模式。这使教育者能够有针对性地提供额外的辅导和资源，帮助学生克服难点，提高学术表现。同时，了解学生对不同知识点和题型的喜好程度，有助于教育者更好地调整教学内容，使之更贴近学生的兴趣，增强学习动力。

另外，挖掘学生在课外的兴趣爱好也是个性化需求满足的关键。了解学生的兴趣有助于教育者将学习与他们感兴趣的领域联系起来，使学习更有趣且动力十足。例如，如果一个学生喜欢某种音乐风格，教育者可以为他提供学习英语的音乐资源，使学习过程更加生动和富有吸引力。

2. 提升学习效果

提升学习效果是大数据优化教学资源的关键优势之一。通过个性化资源的应用，可以在多个层面上提高学习效果，从而使学生更加成功地掌握英语技能和知识。

第一，个性化资源能够激发学生的主动学习动机，提高学习资源的使用频率。当学习材料和练习题根据学生的兴趣和需求定制时，学生会积极投入和参与，因为他们觉得学习更符合他们的期望和兴趣。这种主动学习动机的提升有助于学生更频繁地使用教学资源，积极地参与学习活动，从而更好地吸收和掌握知识。

第二，基于大数据的难点分析可以为学生提供更多的学习支持，有效提高他们的学习自信心。通过识别学生在学习中遇到的难点和错误模式，教育者可以提供定制的辅导和练习，帮助学生克服困难。这种个性化的帮助可以让学生感到更有信心，因为他们知道自己得到了专门的支持。自信心的提高对于增强学习效果至关重要，因为它能够减少学习过程中的挫折感，使学生更有动力继续前进。

第三，个性化资源能够精准而细致地督促学生循序渐进地掌握知识，免除了漫无目的的学习。通过为学生提供定制的学习计划和材料，教育者可以确保他们在学习过程中不会偏离轨道。这种有针对性的学习方法有助于提高学习效率，使学生更快地掌握所需的知识和技能。

第四，个性化资源还可以有效锻炼学生的实战能力。学生在观看讲解后立刻练习，这有助于将理论知识转化为实际技能。这种实践性学习方法能巩固学习成果，使学生更好地应对实际应用情境。

第五，个性化资源有助于优化学生学习成效，提高学习成绩。学生在充满信心且积极地学习之后，会在考试中表现更出色，因为他们已经充分准备并掌握了必要的知识和技能。

3. 促进资源共享

通过大数据支持的教学资源共享，可以实现跨学校、跨平台的资源整合和互动，为教育界带来多益处。

构建开放平台可以整合多个学校的优质公开课程，使师生共享第一手的学习资源。这意味着学生可以访问来自不同高校的高质量教育资源，丰富了他们的学习体验。同时，教师可以分享他们的教学成果，与其他教育者互动交流，共同提高教学水平。

整合公开在线课程平台如慕课等资源，便于学生更好地选择学习渠道。学生可以通过在线课程平台学习来自世界各地的课程，从而获得不同文化背景和学科领域的知识。这种多样化的学习机会有助于学生全面发展，培养跨学科的综合能力。

大数据支持不同学校的教师共享自制教学视频和教学设计，相互借鉴创新。这种教育资源共享可以促进教育者之间的合作和协作，从而丰富了教育内容和方法。教师可以从其他教育者的经验中汲取灵感，不断改进自己的教学方法，提高教学质量。并且大数据支持的教学资源建设能超越单一学校资源限制，由各高校联合打造更丰富多样的学习内容。合作和共享使学校可以共同开发更多元化的教材和课程，满足不同学生的需求。这有助于提供更广泛的教育选择，使学生可以根据自己的兴趣和目标进行个性化学习。

最后，资源使用数据反馈可以共同优化资源设计，提高教学质量。通过大数据分析，教育者可以了解学生如何使用教育资源以及哪些资源最受欢迎。这些数据可以不断改进和优化资源设计，以更好地满足学生和教育者的需求，提高教学效果。

4. 推动教学创新

通过大数据支持的教学资源，教育者可以更深入地分析学习过程和学生表现，从而为教育创新提供有力支持。

通过大数据分析学生的学习行为和表现，教育者可以更好地了解哪些知识点对学生来说更具挑战性，哪些知识点更容易掌握。这种洞察可以用来优化教材中难点知识的解释顺序和难易递增结构。例如，如果数据显示学生在某个语法点上普遍出现问题，教育者可以重新安排课程内容，将这个难点放在更合适的位置，以便学生理解和掌握。了解学生的兴趣、需求和学习偏好可以为教育者提供有关如何吸引学生的教学方法的见解。例如，如果大数据分析表明学生对游戏化学习感兴趣，教育者可以探索游戏化学英语的教学方法，使学习更具趣味性和参与度。这种创新教学模式可以增强学生的学习动力和积极性。

同时，数据展现学生学习成长过程，支持教师个性指导学生全面发展。通过追踪学生的学习进度和表现，教育者可以更好地了解他们的强项和需改进之处。这使得教育者可以提供个性化的指导和建议，帮助学生在不同方面取得进步。同时，学生也可以看到自己的学习成长，从而增强自信心和动力。通过大数据分析和反馈，教育者可以了解哪些教学方法和资源对学生更有效。这有助于教育者培养教学设计能力，根据学生实际情况快速调整教学计划，不断改进教学设计。

最后，以数据为依据可以支持教师反思提升和持续改进教学设计。通过分析学生的学习数据和教学效果，教育者可以识别出哪些方面需要改进，从而不断提高教学质量。这种循环的反思和改进过程有助于教育领域的不断创新和教育水平的提高。

5. 改善学习体验

大数据支持的大学英语教学资源优化不仅旨在传递知识，更重要的是致力于改善学习体验。

（1）提供丰富的在线视频课程。这些视频课程满足了那些具有视觉学习偏好的学生的需求。通过视觉与听觉相结合，学生可以更好地理解课程内容，这有助于提高学习的吸引力和参与度。学生可以随时观看这些课程，这提供了极大的便捷性，使他们能够自主学习。

（2）提供下载随身阅读材料，满足随需学习的模式。学生可以随时下载并阅读英语材料，无论是在公共交通工具上、休息时间还是其他空闲时段。这种灵活性满足了学生的学习需求，使他们更容易融入英语学习，同时增强了学习的便捷性和可访问性。

（3）提供在线互动社区。这种社区满足了学生之间的学习交流需求，提供了一个分享知识、讨论问题和互相支持的平台。通过参与社区，学生可以建立学习伙伴关系，互相激发学习兴趣。这种互动性有助于学生更深入地理解课程内容，并增强学习积极性。

（4）虚拟学习情境的应用培养了语言应用能力。模拟出国旅行、商务洽谈等虚拟学习场景为学生提供了实际情境，使他们能够在虚拟环境中运用英语。这种实际应用有助于学生更好地掌握语言，同时增强了学习的趣味性和参与度。

（5）个性化学习报告及时反馈学习效果，增强学生的成就感。学生可以了解自己的学习进展和成绩，这有助于提高他们的自信心和动力，使学习更有成就感。

（6）多渠道互动机制打破了学习的单调性。学生可以参与各种练习、活动和讨论，与教育者和其他同伴互动交流。这种互动性有助于学生更深入地理解和吸收知识，同时实现了学习社交化。通过互动，学生可以分享观点、解决问题，并与他人合作，这一过程提高了学习体验，使学生更有参与感和成就感。

二、大数据支持教学资源优化思路

（一）需求分析的思路

从需求分析的角度来看，大数据支持的大学英语教学资源优化的重点在于了解学习者的需求，以便有针对性地开发和提供教育资源。

1.学习者问卷和学习数据分析

首先，通过学习者问卷调查收集关于学生的学习需求的信息。问卷包括学生的学习目标、兴趣、学习风格、学习困难等问题。这有助于获取学生的主观反馈和期望。

其次，通过大数据技术，可以分析学生的学习数据，包括学习日志、习题答案、在线测试成绩等。这些数据能够提供客观的学习情况，如哪些知识点难以掌握、学生在哪些题型上表现出色，以及学生学习的时间模式等。

2.需求分类和重点汇总

高校将学生按照他们所处的学习阶段（初级、中级、高级等）进行分类，以了解不同阶段的需求和优先级。通过分析学习数据，特别关注学生在哪些知识点或题型上存在困难。这些难点应该成为资源开发的重点，以提供更多支持。最后，确定英语学习中的应用重点，如口语、听力、写作或阅读理解。根据学生的需求，重点开发相关资源，以满足实际语言应用的要求。

3. 个性化资源开发

根据大数据分析的结果，识别不同类型的学习者，如喜欢视觉学习、更适应听觉学习或更偏好互动学习的学生。了解学生的个性特征有助于更好地满足他们的学习需求。

基于不同类型学习者的需求，高校开发个性化的教学内容和学习资源，包括定制的视频课程、练习题、交互式学习模块等，以满足不同学习风格和兴趣的学生。

通过以上需求分析方法，高校和教师可以更全面地了解学生的需求，有针对性地开发和提供英语教学资源。这种个性化和精确的资源开发有助于提高学生学习效果，满足不同学生的需求，提高他们的学习体验。同时，大数据分析也有助于高校不断优化教学内容，提高教学质量。

（二）资源开发与共享的思路

通过资源开发与共享，高校可以提供更多样化的教育资源，满足学生的不同需求，促进跨学科学习，并借助外部资源的力量来丰富教育体验。这有助于高校更好地适应不断变化的学习环境，提高教学质量。

1. 整合开放网络课程和第三方资源

高校可以搭建一个开放的在线教育平台，该平台可以整合开放网络课程（如慕课）和第三方优质教育资源。该平台将成为教师和学生的资源中心，为他们提供多种学习选择。通过整合不同来源的资源，学生可以获得来自不同领域和专业的知识。这有助于拓宽学生的视野，使学生获得更全面的教育体验。

2. 基础资源同步开发

根据教学大纲和学习目标，高校可以同步开发视频课程、练习题库等基础资源。这些资源应该与课程内容紧密结合，帮助学生逐步掌握必要的知识和技能。高校应定期审查和更新这些基础资源，以确保它们反映了最新的知识和教育趋势。高校和教师应该紧密合作，以持续提高教育资源质量。

3. 教师共同研发案例和任务性学习资源

高校应组织教师共同研发案例研究和任务性学习资源。这些资源可以用于教学，帮助学生将理论知识应用到实际情境。案例研究可以提高学生的问题解决和决策能力。任务性学习资源可以鼓励学生积极参与学习，解决真实世界的问题，培养他们的合作和创新能力。

4. 资源接口的开放

高校应开放资源接口，使其他教育者和高校能够参与共享。这可以促进资源的不断扩展和丰富，为学习者提供更多选择。

高校还应鼓励教师分享他们的优秀资源，并提供机制来评估和推广这些资源。这有助于提高资源的质量和可用性。

（三）教学资源评价的思路

高校建立教学资源评价机制，可以不断提高教育资源的质量和适应性，确保资源能有效地支持学生的学习。教学资源的评价机制包括以下方面。

1. 资源使用情况评价机制

学习时长指的是学习者使用某个教学资源的总时长，可以反映学习者投入的时间和学习强度。完成度指的是学习者完成这个教学资源的任务或者练习题的比例，可以反映资源难易程度和是否真正被学生完整利用。通过监测学生对教育资源的使用时长和完成度，可以评估资源的吸引力和学生的参与度。较高的学习时长和完成度通常表示资源对学生有吸引力，并使他们保持兴趣。

同时，追踪学生的学习进度，例如，他们在多长时间内完成了某项任务或模块，有助于评估资源的有效性和学生的学习效率。

2. 资源难易程度评估

对资源中的试题进行分析，包括难度、题型和知识点的覆盖情况。这有助于确定资源的难易程度，并检查是否涵盖了关键知识点。

监测学生在习题练习中的表现，包括正确率和速度。这有助于评估资源的适应性，是否满足不同学生的需求。

3. 学习效果评测

通过学习效果评测，可以确定资源是否成功地涵盖了课程的关键知识点。可以用学生的学习成绩和知识掌握程度来评估资源的有效性。

4. 持续优化资源

收集学生的反馈意见，了解他们对资源的看法和建议。这有助于不断改进和优化教育资源，以满足学生的需求。

将学生的问题和反馈进行分类和分析，以确定资源中存在的问题和改进的方向。这有助于教育者有针对性地改进资源。

5. 教师评价

收集教师对资源设计的评价和建议，了解资源是否与教学目标和实际教学需求相符。教师的反馈可以用来指导资源的改进和调整。

三、大数据支持的大学英语教学资源优化方法

（一）开发个性化教学资源的步骤

首先，教师全面收集并分析学生的自测结果、习题数据以及学习调查问卷等信息，以准确掌握每名学生在英语水平和学习倾向等方面的特征。

其次，教师根据学生的个性差异，精心设计个性化学习计划。例如，对于那些在语法难点上基础较为薄弱的学生，可以设计名为"语法点烧脑"的常练计划，或者为了帮助学生更好地记忆单词，可以为他们定制一个名为"单词吉祥物"的记忆助手。

再次，教师根据学生的个性需求，定制化教学资源的内容和难易程度。例如，如果一名学生已经掌握了80%的基础单词，那么可以提供一些难度稍高的词汇资料，或者，可以根据学生的阅读能力，与英文原文的难度级别进行匹配，便于他们理解。

最后，教师根据不同学生的学习效率，将资源进行分类和推送。对于学习效率高的学生，可以推送一些高级任务，如写作或翻译练习。与此同时，对于学习效率低的学生，可以识别他们的专项需求，并提供相应的辅助练习内容。

通过以上步骤，可以精准地开发个性化资源，最大限度地满足每名学生根据自身节奏和学习风格愉快学习的需求。这将有助于提高学生的学习体验和学术成就。

（二）共享开放教学资源平台

共享开放教学资源平台是一项重要的优化教学资源的方法，可以通过以下步骤来实施。

首先，整合全球一流高校的公开课程，例如，慕课网上斯坦福大学等顶尖大学所提供的公开视频课程。这一步可以使学生获得更广泛和更高质量的教育资源。

其次，提供更多优质的大规模开放在线课程（MOOC）供学生选择，例如Coursera等平台上提供的各门英语专业课程。这样可以满足学生不同的学习兴趣和需求，让他们有更多的选择机会。

最后，是构建一个教学资源交流论坛，该论坛可以用于分享各高校教师已经开发的各类案例和设计思路，如题目分析方法、单词学习策略等，也可以用于深入交流关于教学资源设计的问题，如如何打造更优质的在线课程。通过这个论坛，教师可以相互学习和借鉴，促进教学资源的不断优化和创新。

（三）多渠道学习资源

通过提供多样化的资源类型，教师可以更好地满足学生的不同学习需求和学习风格。

首先，丰富的教学视频资源可以提供多样化的学习体验。教学视频包括课堂授课录像、专业讲解、实验演示等各种形式，为学生提供直观、生动的学习方式。学生可以通过观看视频来理解概念、学习技能和解决问题，这对英语学习来说尤为重要，因为语言的发音和语法结构需要听力和口语的实际练习。

其次，提供多样的阅读材料是丰富教学资源的关键。阅读是提高英语水平的重要途径之一。多样化的阅读材料包括文章、故事、新闻、学术论文等各种类型，涵盖不同主题和难度级别。学生可以根据自己的兴趣和水平选择适合的阅读材料，从而提高阅读理解能力和词汇量。

最后，在线模拟和练习资源也是多渠道学习资源的一部分。这些资源包括在线测验、练习题库、模拟考试等，有助于学生巩固所学知识和技能。通过不断练习和模拟，学生可以更好地应对实际考试，提高英语成绩。

（四）构建教学大数据推荐系统

教学大数据推荐系统是一种强大的教育工具，它可以根据学生的学习数据和行为，智能地为他们推荐适合的学习资源，从而提高学习效果。

1.搭建开放互动学习平台

首先，需要建立一个开放的互动学习平台，用于记录学生的登录情况、学习进程以及他们在平台上的交互数据。这些数据包括学生在课程中的浏览行为、练习的答题情况、学习时长等。

2.提取学生主动学习数据

系统收集学生的主动学习数据，如课后练习的结果、词汇检测成绩等。这些数据反映了学生的学习状态和表现，可以用于个性化推荐。

3.分析错题类型和学习数据

基于学生的练习结果，系统可以分析学生犯错的题型和知识点，以便为学生推送相关的重点知识模块化训练资源。这有助于帮助学生弥补知识漏洞。

4.智能推送适合学生水平的资源

系统应根据学生的学习速度和难易程度，智能地为他们推送适合他们水平的学习资源。这可以避免学生遇到过易或过难的学习内容。

5.个性化推荐算法

系统可以设计个性化推荐算法，考虑学生的热点词汇、兴趣主题和学习风格，以更精确地推送资源。这意味着不同学生会收到针对他们独特需求的学习建议。

6.深度学习算法

使用深度学习算法进行动态无监督学习，不断优化推荐效果。系统可以根据学生的实际学习表现和反馈，调整推荐策略，以提高推荐的准确性和有效性。

7.同学间推荐学习伙伴

除了推荐学习资源，系统还可以鼓励同学之间的互助和互动学习。通过推荐学习伙伴，学生可以相互协助，提高学习效率，同时促进学习社区的建设。

总之，以上方法从资源的开发、共享、丰富及智能推荐等多个维度充分利用大数据技术来优化英语教学资源。这些方法的应用有助于高校和教师更好地满足不同学生的学习需求，提高教学的精准性和高效性。通过大数据的支撑，英语教学资源可以更加个性化、智能化，更利于提升学生的英语学习体验和学习成效，对于培养更具语言能力的学生以及提高整体英语教育水平具有重要意义。

第三节　大数据驱动下的大学英语教学评估

评估作为一种反馈和改进的工具，在提高英语教学质量、实现课程目标以及确保课堂平衡方面发挥重要作用。然而传统的英语教学评估方式已经无法满足日益复杂的教育需求。因此，我们希望通过充分利用大数据技术，建立一个覆盖全过程的动态评估体系。本节将深入探讨英语教学评估的内涵、现状，以及在大数据时代下的重要原则和体系构建，以更好地适应现代教育的需求。

一、大学英语教学评估概述

（一）英语教学评估的内涵

英语教学评估是一个复杂而全面的过程，旨在评估和提高英语教学的质量和效果。它包括以下内涵。

1.学生学习过程的评估

学生学习过程的评估是英语教学评估的核心。它涉及对学生在课堂内外的学习活动、参与度、进展和成就的监测和评价。这包括对学生的英语听力、口语、阅读和写作能力的评估，以及他们的语言技能进展。

2.教师的教学评估

教师的教学评估涉及对教师的教学方法、课堂管理和教育技能的评价。这包括对教学计划、教材使用、课堂互动和教学资源的审查和评估。教师在英语教学评估中扮演重要角色，因为他们引导学生的学习。

3.学校组织实施的评估

学校组织实施的评估涉及对学校的英语教育政策、资源分配、学生支持服务和教育环境的评估。这有助于确保学校提供了支持英语学习的良好条件，并促使学校改进管理和资源分配方式。

4.课程评估

课程评估涉及对英语课程的设计、目标、内容和教学方法的评价。评估课程的质量和效果有助于确保它们与学生的需求和现代教育标准相一致。

5.多方面评价模式

英语教学评估采用多方面评价模式，这意味着不仅包括教师的评价，还包括学生自我评价、同学互评和第三方评价。这种多元化的评价有助于获得更全面和客观的反馈，提高评估的准确性。

6.评价结果的反馈和改进

英语教学评估应该是一个循环过程，评价结果应该用于提高教育质量。通过分析评估数据，学校和教师可以发现问题、采取行动并逐步提高教学和学习质量。

总之，英语教学评估是一个多层次、多方面的过程，旨在确保英语教育的有效性和质量，同时鼓励学生不断提高他们的英语技能。它需要综合考虑学生、教师、学校和课程等的多个因素，并将评估结果用于改进教育实践。

（二）英语教学评估的意义

1.有助于实现课程目标

英语教学评价在实现课程目标方面具有重要作用。在我国，英语课程的指导原则强调培养学生的全面素质和实践能力，将学生的个体发展置于核心位置。英语教学评价在这一背景下成为不可或缺的一环，它对课程改革的方向和效果产生深远影响。科学的评价体系是确保课程目标实现的重要保障。因此，需要根据课程标准的目标和要求，通过英语教学评价来有效监控整个教学过程。

然而，长期以来，对于评价的概念、功能以及形成性评价与终结性评价的区别等存在一些误解。有时候，过于强调考试作为语言学习的唯一目标，将评价过于狭隘地等同于测试，忽略了评价的多元性和重要性。这种偏见导致将测试作为唯一的评价手段，忽视了对学生综合能力和学习过程的全面评价。

英语教学评价应该体现多元性和多样性。评价不仅关注学习结果，还要关注学习过程，注重学生的综合语言运用能力的发展。这意味着我们需要采用多种形式的评价，包括形成性评价和终结性评价，以更全面地了解学生的学习情况。

因此，需要积极学习和理解英语课程标准的评价理念，转变评价观念。评价应该遵循的原则：其一，要关注学生的进步和成功，让学生在学习中不断体验成长，建立自信。其二，评价应该帮助教师获得关于教学的反馈信息，以便调整和改进教学方法。其三，高校可以通过评价了解课程标准的执行情况，改进管理，促进课程的发展和完善。

2.确保英语课堂的生态平衡

英语课堂的生态平衡是指在教学过程中，各要素之间（如教师、学生、教材、教学方法、评价方式等）相互协调和谐，以实现有效的教学和学习。这种平衡有助于创造一个积极、有利于达成教育目标的学习环境，各要素相互促进、相互适应，共同为教育的成功做出贡献。

教学评价在确保英语课堂的生态平衡与优化方面发挥重要作用。评价不仅是一种工具，更是一个过程，可以用来监测和改善教育环境，从而促进生态平衡。

首先，教学评价有助于识别生态平衡中的不平衡因素。通过定期对教学活动和学生表现的评估，教师和教育决策者可以识别出哪些方面需要改进，哪些方面已经取得了良好的平衡。例如，评价可以揭示出班级规模是否过大，性别比例是否均衡，教师是否过于主导课堂等问题。这些信息可以为调整课堂生态系统提供依据，确保更好的平衡。

其次，教学评价可以激励教师和学生参与生态平衡的构建。当教师知道他们的教学将受到评价时，他们更有动力去改进自己的教学方法，使课堂更加生态化。同时，当学生知道他们的学习表现会受到评价时，也会更加积极主动地参与到课堂活动中，促进了师生之间的平衡互动。

再次，教学评价还可以用来调整教学目标，确保其符合生态平衡的原则。评价结果可以反映学生在英语综合运用能力、听说能力等方面的表现，而不仅是记忆知识点的能力。这有助于教育者重新审视课程目标，使之更加贴近生态教育理念，培养学生的综合能力。

最后，教学评价可以用来建立奖惩机制，进一步促进生态平衡。通过奖励那些在生态平衡中做出积极贡献的教师和学生，以及对违反生态平衡原则的行为进行处罚，可以强化生态平衡的重要性。这种奖惩机制有助于维护教育生态的健康和稳定。

（三）英语教学评估的现状

1. 依赖传统考试

目前，大多数大学英语课程的评估方式主要依赖传统的期末考试和期中考试。这种依赖传统考试的现状反映了一种固有的教育模式，强调对书本知识和基本技能的掌握。学生在这些考试中被要求回答特定的题目，包括语法、词汇、阅读和写作等内容。尽管这些考试在一定程度上可以反映学生对英语基础知识的理解和应用，但它们可能无法全面评估学生的英语综合素质。传统考试的内容往往偏向考查学生对书本知识的应用，而难以捕捉到学生的口语表达能力、听力理解能力和跨文化交际技能等方面的优势和不足。

依赖传统考试的评估方式会导致学生将英语学习视为一种应付考试的手段，而不是一种真正的语言运用工具。学生会过度关注分数而忽略了实际的语言交流和应用。这会影响他们的学习动机和学习策略，使他们更注重应试技巧，而非语言技能的全面提升。

2. 评估方式相对单一

英语教育评估的方式相对单一，主要集中在传统的笔试和口试上。这一现状引发了一些问题，其中最明显的是评估方式的局限性。传统的笔试侧重于对语法、词汇和阅读等书本知识的测试，而口试则主要关注口语表达和听力理解。这两种方式虽然可以测量学生在特定方面的能力，但无法全面地反映学生的综合素质和潜在能力。

笔试和口试难以评估学生在实际语境中的语言运用能力。学生能够从书本上学习语法和词汇知识，但在实际交流中却遇到困难。同样，口试也只能反映学生的口语表达能力和听力理解水平，而无法考查其在写作、阅读和跨文化交际等方面的综合能力。

评估方式的单一性导致学生的学习策略偏向于迎合考试要求，而非真正的语言运用。学生会将学习重心放在备考技巧上，而忽略了语言技能的实际应用。这种情况导致学生的英语教育变得狭隘，只关注应试技巧，而不是真正培养语言能力。

3. 难以满足个性化需求

现有的英语教育评估方法，如传统的笔试和口试，通常是一种标准化的评估方式，难以满足不同学生的个性化需求。这一问题在英语教育领域尤为突出，因为学生的英语学习水平、学习速度和学习风格各不相同。

传统的标准化考试无法适应学生的不同学习速度。某些学生在英语学习中进展较快，而另一些学生需要更多的时间来掌握语言技能。然而，标准化考试通常在特定时间内对所有学生进行评估，这导致学习速度较慢的学生在考试中表现不佳，从而影响他们的成绩和信心。

这种评估方式忽视了学生的学习风格和个体差异。每名学生都有自己的学习偏好和方式，有些学生更擅长口语表达，而其他学生更擅长书面表达。然而，传统的评估方法忽视了这些个体差异，导致学生在评估中感到不公平或不被理解。

二、大数据时代大学英语教学评估的原则

大数据时代的大学英语教学评估应遵循客观性、差异性、开放性和发展性原则。这些原则有助于确保评估过程更科学、更灵活、更透明，从而提高英语教学的质量和效果。

（一）客观性原则

客观性原则意味着评估过程应该尽可能客观、科学、准确。在大数据时代，可以利用大规模数据收集和分析技术来获取客观的信息。这包括使用标准化的测试工具、测量方法和评分标准，以减小主观性和评估偏见的影响。客观性还要求评估过程应该基于事实和证据，而不是主观看法或个人偏好。大数据分析有助于教师更好地理解学生的表现，评估他们的语言技能、进步和弱点，从而更精确地制定教学策略和课程改进计划。

（二）差异性原则

差异性原则强调评估应该能够识别学生之间的差异，包括学习风格、兴趣、能力和需求。在大数据时代，通过分析大规模数据，高校和教师可以更好地理解学生群体的多样性。评估工具和方法应该灵活，能够适应不同类型的学习者。这包括个性化评估，根据学生的特点为他们提供针对性反馈和支持。通过考虑学生的差异性，教师可以更好地满足他们的学习需求，提高英语教学效果。

（三）开放性原则

开放性原则强调评估过程的透明度和参与性。在大数据时代，教师应该积极与学生、家长和其他利益相关者合作，共同制定和改进评估策略。评估数据和结果应该对学生和家长可见，并以开放的方式与他们分享。这种开放性可以增强

评估的可信度，减少不信任和疑虑。此外，开放性评估也意味着采用多种评估方法，包括自我评估、同学评估和教师评估等多维度的反馈。这可以提供更全面的信息，有助于教师更好地了解学生的表现。

（四）发展性原则

发展性原则强调评估应该是一个促进学生学习和改进教育的过程。评估不应该仅用于排名或选拔，而应该提供有关学生学习进展和需求的信息，以便及早采取干预措施。在大数据时代，可以通过实时数据分析来监测学生的学术进展，并及时介入以提供支持。评估结果应该反馈到教学实践中，用于调整课程内容和方法，更好地满足学生的学习需求。发展性评估还可以鼓励学生参与自我反思和目标制定，促进他们的自主学习。

三、大数据支持的大学英语教学评估体系构建

（一）多元的评价内容

大数据支持下的大学英语教学评估体系中，多元的评价内容有助于高校和教师更全面地了解学生的学术表现和英语能力。

1.语言技能多样性

评估体系应包括听力、口语、阅读和写作等语言技能，这些技能是英语教育的核心组成部分。通过多元的评估内容，教师可以更好地了解学生在每个技能领域的表现，更精确地识别他们的强项和弱点。

2.学术表现

评估体系还应包括考试成绩、课程作业、项目报告和研究论文等内容。这些内容可以提供有关学生学术能力和成就的详细信息，有助于教师判断学生在不同学科领域的学术水平。

3.项目和实践经验

评估内容还包括学生在英语相关项目和实践经验中的参与情况，例如，参加语言交流团队、实习、社区服务或参与文化交流活动。这些经验可以展示学生的综合素养和实际应用能力，丰富评估的内容。

4.学习的相关数据

在大数据支持下，教师还可以利用学习管理系统和其他教育技术工具收集和分析学生的在线学习行为数据，如学习进度、时间管理和在线互动。这些数据可以用于更深入地了解学生的学习行为和模式。

综合这些多元的评价内容，可以建立一个更全面、更多维度的评估体系，有助于教师更准确地了解学生的整体表现和需求。这种多元性有助于个性化教学，提供有针对性的反馈和支持，从而提高英语教育的质量和效果。同时，大数据分析技术有助于教师整合和分析这些多元数据，提供更深入的洞察，为教育决策提供科学依据。

（二）多元的评价方法

多元的评价方法是构建大学英语教学评估体系的重要一环。它涉及使用多种不同的方法和工具来收集、分析和解释学生的表现数据。

1.定性评价和定量评价相结合

定性评价是一种质性的评估方法，侧重于收集和分析非数值性的数据，主要关注描述、解释和理解现象的特征和特点。它通常使用文字、图像、录音、观察和描述性报告等形式来收集数据。定性评价不依赖于数字或统计分析，而是关注深入理解研究对象的内在含义和背后的现象。它通常用于探索性研究、案例研究、质性研究等领域，以获取深层次的见解。

定量评价是一种量化的评估方法，侧重于收集和分析数值性的数据，以便进行统计分析、量化比较和总结。它通常使用问卷调查、标准化测试、实验数据等形式来收集数据。定量评价使用统计方法和数学模型来处理数据，以获得数量上的结论和一般性的规律。它通常用于验证假设、检验关联、进行实验研究等。

大数据支持的评估体系通常包括定性评价和定量评价两个方面。定性评价可以是教师的反馈、学生的自我评估、教师的观察以及学生作品的质性分析等。该评价方法有助于高校获得深入的理解，了解学生的思维过程和学习策略。而定量评价包括标准化测试、问卷调查、成绩统计和数据分析，用于量化学生的表现。这两种方法结合使用可以提供更全面、准确的评估结果。

2.多次评估

多次评估强调在学习过程中多次对学生进行评估，以更全面、准确地了解他们的学术进展和发展情况。

通过定期的中期评估、期中考试、期末考试及课程结束后的综合评估，教育者可以实时了解学生在不同时间点的学术表现。这有助于教师发现学生在特定概念或技能方面的进步和困难，并及时采取措施来帮助他们。多次评估使教师能够更好地理解每名学生的学习需求和学术水平。根据每名学生的表现，教师可以提供个性化的指导和支持，以满足他们的独特需求。这种个性化方法有助于提高学生的学习体验和学术成就。相对于仅依赖单一期末考试的评估方法，多次评估可以减少学生的学习焦虑。学生知道他们有多个机会来证明自己的学术能力，这降低了单次考试可能带来的紧张感。

另外，多次评估可以为学生提供及时反馈，让他们了解自己的学术表现。这种及时反馈有助于学生及早纠正错误、改进学习策略，并更好地准备未来的评估。对学生的多次评估也有助于教师不断改进他们的教学方法和课程设计。通过观察学生的反应和学习进展，教师可以调整课程内容和教学策略，以提供更有效的教育。

3. 多样化的评估工具

多样化的评估工具允许教师更全面地了解学生的学术表现，因为不同的工具可以评估不同的学习领域和技能。以下是一些常用的评估工具。

（1）书面测试。书面测试通常包括选择题、填空题和问答题，用于评估学生的阅读和写作技能。它们可以测试学生对文本的理解能力、语法和拼写等方面。

（2）口头演讲。口头演讲评估学生的口语表达能力、发音和沟通技巧。这可以是个人演讲、小组讨论或辩论等形式。

（3）小组项目。小组项目强调学生的合作和团队工作技能。通过合作解决问题、完成任务或制作报告，学生可以提高他们的协作和领导能力。

（4）在线作业。在线作业包括在线测验、编写博客文章、参与群讨论等。这些工具可以用来评估学生的在线研究和数字素养。

（5）课堂参与评估。评估学生在课堂上的参与程度，包括回答问题、提出观点和参与讨论。这有助于教师了解学生对课程内容的理解和参与度。

（6）学生作品集。学生作品集包括学生的写作、项目和其他创作。它们用于展示学生在学术领域的成果和进步。

可以用不同的工具评估不同的技能和知识领域，从而提供更全面的评估。学生可以获得多种形式的反馈，有助于他们更全面地理解自己的学术表现。不同的评估工具可以适应不同学生的学习风格和能力，使评估更加公平和有意义。通过使用多样化的工具，教育者可以鼓励学生发展多方面能力，如批判性思维、沟通技巧和创造力。

4. 自我评价和同伴评价

多元的评价方法包括自我评价和同伴评价。

自我评价鼓励学生反思他们的学习过程、策略和方法。学生可以思考他们在课堂内外的学习体验，强化了元认知技能，帮助他们更好地了解自己的学习需求和优势。通过自我评价，学生可以识别出他们的强项和弱点，进而制订个性化的学习计划，以提高他们的学术表现，这有助于自主学习和自我管理。自我评价还可以激发学生的内在动机，使他们更专注于学习，并设定明确的学术目标。这有助于提高学习效果和自我效能感。

同伴评价鼓励学生与他人协作，以提供反馈和评估。这培养了学生的协作和沟通技能，帮助他们更好地理解他人的观点和提供建设性反馈。同伴评价促进了互助学习的文化，学生可以相互支持和分享学习经验。这有助于创造更有利于学习的环境。通过同伴评价，学生可以从不同的视角来看待问题和解决方案，因为不同同伴会提供不同的反馈。这有助于培养批判性思维和多元思考能力。

总的来说，自我评价和同伴评价不仅有助于提供更全面的评估，还有助于学生的元认知技能、协作能力和反馈接受能力的发展。它们在大学英语教学评估中起到至关重要的作用，有助于学生在学术和社交方面的成长。

5. 实时数据分析

大数据支持的评估体系还包括实时数据分析。

通过分析学生的学习数据，教育者可以更好地了解每个学生的学习需求和水平。这样，他们能够为每名学生量身定制教育方案，确保学习的有效性。例如，对于某些学生来说，口语可能是一个较弱的领域，而阅读则是一个较强的领域。实时数据分析有助于教育者识别出这些差异，并为每名学生提供特定的支持和资源。教育者可以随时查看学生的学术进展，发现潜在的问题，并立即采取行动。如果一个学生在某个语言技能领域遇到了困难，教育者可以立即提供额外的辅导或资源，以帮助学生克服困难。这种及时反馈有助于避免问题积累，确保学生能够及早获得支持。如果某个教学方法在实践中没有取得良好的效果，教育者可以迅速做出调整。教育者可以尝试新的教学工具、活动或方法，以提高教学效果。这种灵活性有助于不断优化课程内容，确保学生的学习体验得以提升。

实时数据分析工具包括在线学习平台、学习分析软件以及在线测验和调查等。这些工具为教育者提供了方便的方式来收集和分析学生的学习数据。在线学习平台可以生成学习分析报告，帮助教育者更好地了解学生的学术情况。学习分析软件可以提供详细的学生绩效报告，支持教育者制定更有效的教学策略。而在线测验和调查则可以随时进行，以获取学生的反馈和表现数据。

总之，采用多元的评价方法，大学英语教育可以更全面、多角度地评估学生的学术表现和发展，为教育者和学生提供更有价值的反馈信息，从而提高教育质量和学习成果。

第四节 大数据时代大学英语教师专业发展与培训

大学英语教师的专业发展问题在信息时代备受关注。特别是在大数据时代，大学英语教师需要通过多种途径来提升自己的教学能力，以适应不断变化的教育环境。因此，本节将深入分析大数据对大学英语教师专业发展的影响和重要性，并探讨如何在大数据的支持下，帮助大学英语教师不断提升教育水平，以更好地满足学生的学习需求。

一、大学英语教师专业发展概述

（一）教师专业发展的定义

教师专业发展是指教育工作者在职业生涯中不断提升自己的教育水平、教学技能、知识储备、教育理念和职业素养的过程。它旨在使教师更好地适应不断变化的教育需求和学生的多样化需求，提高教师的教学质量，促进学生的全面发展。

教师专业发展的定义包括以下五个重要方面。

（1）教育水平提升。这包括教师通过继续教育、培训和学习活动，获得更高的学位、资格证书或专业认证。教育水平的提升有助于教师不断更新知识和教育方法。

（2）教学技能提高。教师专业发展涵盖了提高教育教学技能的过程，包括教学设计、课堂管理、评估和反馈等方面。这有助于提高课堂教学效果和巩固学生的学习成果。

（3）知识储备扩充。教师需要不断深化和扩展自己的学科知识，跟上学科领域的最新发展。这有助于他们更好地传授知识和培养学生的学科能力。

（4）教育理念和方法更新。教师专业发展包括不断审视和更新自己的教育理念和教学方法。这有助于教师更好地适应不同学生的需求和教育环境的变化。

（5）职业素养提升。除了教育技能，教师还应该不断提升职业素养，包括沟通能力、领导力、道德伦理和团队协作等。这有助于他们更好地履行教育使命。

总之，教师专业发展是一个全面的、持续的过程，旨在提高教育工作者的综合素质和能力，以更好地为学生提供高质量的教育。

（二）教师专业发展的意义

在教育领域，教师专业发展一直是一个不断探索的过程。教育从业者坚持不懈地研究和实践，不仅向世人展示了教师专业发展的内在魅力，也彰显了它对教师个人、教育职业和整个社会的重要性。

1.明确教师的职业性质

教师的职业性质是指教师这一职业的特征和属性，包括其工作性质、职责和角色。长期以来，公众和社会舆论普遍强调教师的职业性质主要是知识传授。这种观念将教师定位为知识的传递者，他们的主要任务是向学生传授学科知识和技能。然而，随着教育领域的发展和教育理念的不断演进，人们对教师职业性质的认识也在发生变化。教师专业发展的推进对于改变这种认识具有重要意义，它能够使人们更全面地理解教师的职业性质。

首先，教师专业发展的推进有助于明确教师的职业性质。教育不仅是知识传递，还包括教育、引导、激发兴趣、培养品格等多个方面。教师不仅是知识的传递者，还是学生生活的引导者和榜样。他们通过言传身教来影响学生的思想、品格和社会责任感。因此，教师的职业性质涵盖了教育、引导、塑造品格等多个层面。

其次，教师专业发展的推进有助于人们意识到教育是一种互动过程。教育不是简单的知识传递，而是师生之间的互动和合作。教师不仅是信息的提供者，还应该激发学生的兴趣、引导他们探索知识、培养他们的创造力。在这个互动过程中，教师和学生相互影响，共同构建知识和经验，教师和学生都在不断地学习和成长。

2.优化教师素质

在学校教育中，教师的职责非常重要，他们不仅要传授知识，还要培养学生的品德、指导体育锻炼，承担塑造青少年未来的使命。因此，教师职业要求具备一定的素质和能力。现代社会对教师的要求更加严格，他们需要具备特殊的专业素质。

教师的专业素质包括思想政治素质、科学文化素质、教育理论素质、教育能力素质、身体和心理素质等。这些素质是教师履行职责所必需的，有助于他们更好地完成教育任务。

此外，社会的不断发展和进步、科技的快速发展，以及知识经济时代的来临，对教师的要求越来越高。因此，教师不仅需要在职前接受培训，还需要在整个职业生涯中不断提升自己的素质。

教师专业发展为教师提供了优化素质的机会和途径。它不是一次性的培训，而是一个持续的过程，有助于教师不断提高自己的素质，更好地履行自己的教育使命。因此，教师专业发展对于教师个体和整个教育系统都具有重要的意义。

3. 促进教师职业成熟

职业成熟是指教师在职业生涯中不断积累经验和提高职业水平，逐渐成为具备丰富教育实践经验和专业知识的教育专家。

通过专业发展，教师可以不断提升自己的教育水平，了解最新的教育理论和方法，积累更多的教育实践经验。这有助于教师更好地应对各种教育挑战和问题，提高教育教学的质量和效果。此外，专业发展还有助于教师更好地应对职业生涯中的各种挑战和困难，提高职业适应力。教师职业生涯中会面临学科知识的更新、学生需求的多样化、教育政策的变化等问题，通过专业发展，教师可以更好地适应这些变化，保持职业的稳定性和持续性。

4. 推动社会进步

教育是社会进步和发展的重要因素之一，而教师是教育体系的核心力量。因此，教师的专业发展对整个社会都有积极影响。

首先，通过不断提高教育质量和教育水平，教师可以培养出更多具备知识和技能的优秀学生。这些学生将成为社会的中坚力量，推动科技、文化、经济等各个领域的发展，促进社会的全面进步。

其次，教师的专业发展也有助于传播和弘扬社会主义核心价值观。教育不仅是知识的传递，还包括价值观念的传承。通过专业发展，教师可以更好地引导学生树立正确的人生观、价值观，培养出具有社会责任感和道德品质的公民，为社会的和谐发展做出贡献。

最后，教师的专业发展也可以推动教育改革和创新。教育领域不断发展和改进的过程中，教师是改革的重要力量。通过专业发展，教师可以更好地理解和应对教育领域的新趋势、新政策，积极参与教育改革，推动教育体制不断完善和进步。

（三）教师专业发展的有效途径

教师专业发展的有效途径是多方面的，包括政策扶持、学校管理、教师培训和教师自我完善四个方面。

1. 政策扶持

政策扶持是教师专业发展的重要因素之一，政府和教育部门的积极参与和政策制定对于提高教师的专业水平和教育质量至关重要。

第一，政府可以投入更多的资金和资源，以改善学校的教育设施和教材资源。这样的政策有助于为教师提供更好的教育环境，提高他们的教学效果。例如，购置先进的教育技术设备，建设现代化教室，购买最新的教材和教辅材料等，都可以提高教师的专业水平。

第二，政府可以增加对教育部门的经费预算，确保学校能够充分运作和提供高质量的教育，包括对教师的薪酬水平、福利待遇等方面的支持，以激励和留住优秀教师。政府还可以提供奖学金、助学金等经济支持，鼓励教师进修和深造。

第三，政府可以制定职业晋升政策，为教师提供更多的职业发展机会，包括晋升制度的建立、职称评定标准的明确等。政府还可以鼓励学校制定教师的职业发展规划，帮助他们更好地规划自己的职业生涯。

第四，政府可以设立各种奖项和荣誉，以表彰和鼓励杰出的教师。这包括最佳教育奖、杰出教师奖等。奖励和荣誉不仅是对教师的认可，还可以激发其他教师的积极性，使教师追求卓越的教育工作。

需要注意的是，政府的政策应该明确、稳定，使教师保持信心和稳定性。政策频繁变动或不明确会导致教师产生不确定感，影响他们的专业发展动力。因此，政府需要制定长期可持续政策，确保教育体制的稳定和可靠性。

2.学校管理

首先，学校管理应建立健全的教育管理体系。这包括确立教师职业发展的规划和政策，明确教师的职业晋升路径和评定标准。通过建立透明的评价和晋升机制，学校可以激励教师积极参与专业发展，提高其工作动力。此外，学校还可以为教师提供各类培训和进修的机会，以满足他们不断提升专业素质的需求。

其次，学校管理应强调绩效考核。通过建立科学的绩效考核体系，学校可以对教师的教育教学工作进行全面评估。这包括课堂教学效果、科研成果、教育改革参与等多个方面的考核。绩效考核不仅有助于学校发现教师的优势和不足，还可以为他们提供改进的建议和机会。合理的绩效考核还可以激发教师的工作激情，追求更高的教育水平。

再次，学校管理还应合理配置教育资源。学校可以根据不同教师的专业需求，提供相应的教育资源和支持。这包括购置先进的教育技术设备、提供教育研究资金、建立教育科研平台等。通过合理配置资源，教师能够更好地开展科研工作和专业发展。

最后，学校管理还应鼓励教师参与教育科研项目和教育改革。学校可以设立专门的项目资金和奖励机制，鼓励教师积极参与科研和改革工作。这不仅有助于提高教师的专业水平，还可以推动学校教育的不断创新和进步。

3. 教师培训

教师培训有助于教师更新知识和教育理念。随着社会的不断进步和知识的快速更新，教育领域的新理念、新方法和新技术层出不穷。通过参加各类培训课程和研讨会，教师可以及时了解最新的教育趋势和研究成果。这有助于他们更新自己的知识体系，拓宽教育思维，提高教育水平。

现代教育已经不再局限于传统的课堂教学方式，越来越多的教育技术和在线教育工具被引入教学中。通过参加培训，教师可以学习如何有效地运用这些新技术，提高课堂教学的互动性和吸引力。此外，教师培训还有助于教师了解不同学科领域的最佳实践，从而提高跨学科教学的能力。培训课程和研讨会通常聚集来自不同学校和地区的教师，他们可以在培训过程中互相交流经验、分享教育观点，并建立起有益的教育合作关系。这种交流和合作有助于丰富教师的教育经验，拓宽视野，促进教育改革和创新。

教师培训还可以为教师提供个性化的发展机会。不同教师在自己的专业发展需求和兴趣方面存在差异。因此，培训机构通常提供多样化的课程和项目，教师可以根据自己的需求选择适合的培训方向。这有助于个性化发展，满足不同教师的专业成长需求。

4. 教师自我完善

教师自我完善体现了教师的内在动力和自我责任感。教师应该在教育实践中不断地反思自己的教学方法和教育效果，思考如何更好地满足学生的需求和提高教学质量。通过反思，教师会发现自己教学中存在的问题和不足，并制订相应的改进计划。这种自我评估和反思有助于教师不断提高教育水平。

教育领域的知识和理论不断发展，教师应该主动追踪最新的研究成果和教育趋势。他们可以参与教育研究项目，深入探讨教育问题，为教育改革提供有益的建议。同时，教育改革是不断推进的过程，教师应积极参与其中，探索新的教学方法和策略，不断改进教育实践。

另外，教师自我完善还意味着主动寻求教育资源和知识。信息爆炸时代，教师可以通过各种途径获取教育资源，包括教育书籍、网络课程、研讨会等。他们可以不断扩大自己的知识面，学习跨学科知识，提高自己的综合素质。这有助于教师更好地应对复杂多样的教育环境和学生需求。

自我完善是一个持续的过程，教师需要不断提升自己的专业水平。教师应该保持学习的心态，追求卓越，积极探索和创新，以适应不断变化的教育需求和社会发展。通过自我完善，教师可以更好地履行自己的教育使命，为学生的成长和社会的进步做出更大的贡献。

综上所述，教师专业发展的有效途径需要政府、学校和教师的共同努力。政策扶持、学校管理、教师培训和教师自我完善是相互关联的，共同推动教师专业发展的进程。只有在多方合作和共同努力的基础上，教师的专业水平才能不断提高，为教育事业的发展做出更大的贡献。

二、大数据时代大学英语教师的角色定位

在大数据的影响下，大学英语教学正经历着一场深刻的变革，这种新兴的教学方式有效提高了课堂教学效果，实现了个性化学习，也对大学英语教师的角色提出了新的要求，引发了他们角色的转变。具体而言，大数据对大学英语教学的影响使教师在课堂中扮演不同寻常的角色。这一变化使英语课堂变得更加生动和高效，教师的作用不仅是传授知识，更是引导和协助学生学习。大数据的应用为学生提供了多样化的学习方式，从而对英语课堂的顺利运行产生了积极的作用。

（一）大学英语教师的传统角色

传统上，大学英语教师扮演以下五个主要角色。

1.知识的传输者

在传统的大学英语教学中，教师的首要任务是传授英语知识和技能。他们依赖教科书和课程大纲，将语法、词汇、阅读理解等内容传递给学生。这种角色强调教师作为知识的来源和传播者。

2.学习的监督者

教师通常负责监督学生的学习进展，确保他们按照课程安排学习，并完成作业和考试。他们会检查学生的作业并展开测验，为学生提供反馈，以便学生调整学习方法和策略。

3.学习资源的管理者

教师在课堂中管理学习资源，包括教材、教辅材料、多媒体资源等。他们选择适当的教材和教学工具，以支持学生的学习。

4.学习者的评价者

教师负责评估学生的语言技能和知识水平，通常通过考试、测验、作业和口语表现来完成。他们根据评估结果为学生提供成绩和反馈。

5.教育规划者

教师规划课程，制订教学计划，确保课程内容和目标得以实现。他们会根据学校或课程要求来设计教学计划，并选择适当的教学方法。

这些传统角色强调了教师在教育过程中的主导地位，以及他们在知识传递和学习监督方面的重要性。然而，随着教育领域的不断发展和技术的进步，大学英语教师的角色也在逐渐演变，迈向更加多元化和互动性的教学模式。

（二）大数据时代大学英语教师的角色再定位

大数据时代，大学英语教师的角色正在经历重要的再定位和转变，主要体现在以下六个方面。

1.学习的引导者和激发者

大数据技术提供了更多的学习资源和信息，使学生能够自主获取知识。因此，教师的角色从传统的知识传输者转变为学习的引导者和激发者。他们的任务是激发学生的学习兴趣，引导他们主动探索和学习，而不只是被动接受信息。

2.个性化学习的设计者

通过大数据分析学生的学习数据，教师可以更好地了解每名学生的需求和学习风格。因此，教师可以成为个性化学习的设计者，根据学生的特点和需求，为他们提供定制化的学习路径和资源，以提高学习效果。

3.教育技术的整合者

大数据时代，教育技术不断涌现，如在线课程、教育应用程序等。教师需要整合这些技术，将其有机地融入课堂教学，以提高互动性和参与度。他们需要了解和运用这些技术，使课堂更加丰富和有趣。

4.学习效果的评估者

大数据提供了更多的学习数据和评估工具，教师可以更准确地评估学生的学习效果。他们可以根据数据分析来调整教学策略，及时介入学生的学习过程，帮助他们克服困难。

5.合作和互动的促进者

大数据技术可以促进学生之间的合作和互动。教师可以利用在线平台和社交媒体等工具，组织学生之间的合作项目和讨论，培养团队合作和沟通能力。

6.教育研究者

大数据时代，教育研究也受益于大数据分析。教师可以积极参与教育研究，利用大数据分析来改进教学方法和设计课程，推动教育领域的发展。

总的来说，大数据时代要求大学英语教师不仅具备传统的教育知识和技能，还要具备信息技术和数据分析的能力，以更好地适应和引领教育的变革。他们的角色从传统的知识传输者逐渐演变为学习的引导者、个性化学习的设计者、教育技术的整合者和学习效果的评估者，以更好地满足学生的需求和社会的发展。

三、大数据驱动下大学英语教师的素质

（一）英语教师基本素质

通常情况下，素质指的是一个人或物体具备的特定品质、能力、特征或属性，这些品质包括知识、技能、道德、态度、行为等。英语教师的基本素质是他们成功从事英语教育工作的关键，包括以下内容。

1. 语言能力

英语教师需要具备卓越的英语语言能力。这包括良好的听力、口语、阅读和写作能力。他们应该能够用纯正的发音传达信息，流利地与学生交流，理解和解释英语文本，以及为学生提供正确的语法和用法指导。

2. 教育背景

大多数英语教师都拥有相关的教育背景，通常持有英语教育、应用语言学或相关领域的学士、硕士或博士学位。教育学方面的知识对于他们的教学工作至关重要，因为这使他们更好地理解学习过程、教育心理学和教学方法。

3. 教育方法

英语教师需要掌握各种教育方法和技巧，以满足不同学生的需求。他们应该能够灵活地调整教学方式，采用互动式、启发式的教学方法，使学生积极参与学习，提高他们的语言技能和沟通能力。此外，英语教师还需要善于设计教材和教学计划，以便有效地传授知识。

4. 跨文化意识

在国际化背景下，英语教师需要具备跨文化意识。他们应该理解不同文化背景学生的需求和差异，尊重多元文化，并致力于促进跨文化交流和理解。这有助于创造一个包容和多样化的学习环境，使学生更好地适应全球化社会。

5. 教育道德

英语教师应该具备高度的教育道德和职业操守。他们需要关心学生的成长和发展，秉持诚信和敬业精神。教育不只是传递知识，还包括对学生的关怀和指导，因此，教师应该以学生的利益为重，倡导公平和公正的教育原则。

这些基本素质使英语教师更好地履行其教育使命，帮助学生获得语言技能、

文化理解和跨文化交际能力，使学生为未来做好充分准备。同时，这些素质也有助于教师不断提升自己，适应不断变化的教育环境和技术发展。

（二）大数据驱动下的大学英语教师素质的新要求

大数据时代对大学英语教师的素质提出了新的要求，除了传统的语言和教育背景，大学英语教师还需要具备数据分析、信息技术、个性化教育、教育研究等方面的能力和知识，以更好地适应和引领教育的变革。这些新的素质将有助于提高教学效果，满足学生的个性化需求，并促进教育的创新和进步。

1. 数据分析能力

英语教师需要具备基本的数据分析能力，这包括收集、整理和解读学生的学习数据。他们可以利用大数据来跟踪学生的学术表现、学习进度和学习习惯。通过数据分析，教师可以更好地理解学生的需求，识别学习难点，为个性化教育提供支持。

2. 信息技术技能

大数据分析和教育技术工具在现代教育中扮演着重要角色。英语教师需要熟悉各种在线学习平台、教育应用和数据分析工具，以便能够有效地整合大数据资源，创建在线学习内容，并与学生互动。

3. 个性化教育能力

大数据支持个性化教育，英语教师需要根据学生的数据分析结果，为每名学生制订个性化的学习计划和建议。这包括识别学生的学习风格、兴趣和弱点，并提供相应的教学资源和反馈，以满足他们的学习需求。

4. 教育研究能力

英语教师应积极参与教育研究，特别是与大数据在教育中的应用相关的研究。他们可以利用数据分析改进自己的教学方法和课程设计，以提高教学效果。同时，他们可以参与研究项目，推动英语教育领域的创新和发展。

5. 跨学科思维

大数据驱动的教育需要跨学科的思维和合作。英语教师需要与数据科学家、教育技术专家、心理学家等专业人士合作，共同解决教育领域的复杂问题。跨学科合作可以丰富教育资源，提供更多的创新解决方案。

6. 创新意识

教育领域不断发展，新的技术和方法不断涌现。英语教师需要具备创新意识，积极探索新的教育技术和方法，以不断提高教学质量和学生满意度。他们愿意尝试新的教学工具和策略，以适应不断变化的教育环境。

四、大数据驱动下大学英语教师专业发展的途径

（一）提高专业意识

在大数据时代，提高大学英语教师的专业素养至关重要。为适应快速变化的教育环境和不断发展的教学方法，大学英语教师要积极培养专业意识，不断提升自身的教育水平。

1.持续学习和自我提升

大学英语教师应该认识到教育领域的不断发展和变化，这包括新的教育理论、技术工具和教学方法。因此，他们需要保持持续学习的意识，积极参加各类教育研讨会、工作坊、在线课程等，以获取最新的教育趋势和方法。通过不断充实自己的知识储备，英语教师可以更好地满足学生的学习需求。

2.参与专业组织和社群

加入英语教育领域的专业组织和社群，如教育学会、英语教学协会等，是建立专业意识的重要途径。这些组织通常会定期举办研讨会、会议和网络论坛，提供与同行交流经验、分享教学资源和获取最新信息的机会。通过与其他教师的互动，英语教师可以不断汲取教育领域的知识和经验。

3.反思教学实践

定期反思教学实践是提高专业意识的有效方式。英语教师应该思考自己的教育目标是否达成、学生的反馈及自己的教学方法是否有效。这种反思有助于发现问题和挑战，并促使教师不断改进自己的教学策略和课程设计。通过不断反思，英语教师可以提高自己的教育质量和学生满意度。

4.关注教育政策和法规

了解和关注国家与地区的教育政策和法规对于提高专业意识至关重要。这有助于英语教师更好地理解教育体系的运作，以及如何适应政策变化。同时，了解相关法规也有助于英语教师更好地履行教育职责，确保教育工作的合法性和质量。

（二）提高专业能力

提高专业能力需要英语教师不断学习、积累经验、开展研究和与同行互动。这些努力有助于他们更好地适应大数据时代的教育挑战，提供更高质量的教育服务，也有益于个人的职业发展。

1. 参加专业培训

英语教师可以积极参加各种专业培训，这些培训课程通常由专业机构、高校或教育部门提供。培训内容包括教育技术的应用、创新教学方法、教育评估等。通过参加培训，英语教师可以不断提升自己的专业技能，了解最新的教育趋势和工具。这有助于他们更好地适应大数据时代的教育需求。

2. 积累教学经验

积累教学经验是提高专业能力的重要途径。通过长期的教学实践，英语教师可以不断改进自己的教学技巧和方法。他们应该关注课堂管理、学生互动和教学效果等方面的实践经验，从中吸取教训，不断优化自己的教学方式。

3. 开展教育研究

积极参与教育研究是提高专业能力的有效途径。特别是与大数据和教育技术相关的研究项目，有助于英语教师更深入地了解教育现象和问题。通过研究，他们可以获得更多的教育见解，为改进教学方式提供科学依据。同时，教育研究还有助于提升英语教师在学术界的声誉。

4. 与同行合作

与其他教师合作是提高专业能力的有效途径之一。合作可以涵盖教育项目、课程设计、教材开发、教学研究等多个方面。与同行共同工作可以让教师了解不同的教育观点和经验，激发创新思维，共同探讨教育问题。这种协作有助于提高教师的专业素养，推动教育领域的发展。

总之，提高专业意识和专业能力是大学英语教师专业发展的关键途径。通过不断学习、反思、培训、研究和合作，英语教师可以不断提高自己的教育水平，更好地应对大数据时代的教育挑战。

第七章　大数据驱动下的大学英语教学实践

第一节　大学英语听力教学

听力是英语交流中不可或缺的能力。在现实生活和职业环境中，人们需要能够听懂不同口音、语速和语境下的英语，以进行有效的沟通。大学学习和研究需要学生具备良好的听力技能。他们需要听懂讲座、研究论文及讨论学术，以获取知识和信息。在职业生涯中，许多领域要求员工具备优秀的听力技能，尤其是需要与国际客户、合作伙伴或同事进行沟通的职位。因此，在大数据时代，听力教学也应与时俱进，以更好地满足学生的学习需求。

一、大学英语听力教学的目标和任务

大学英语听力教学的目标和任务主要包括以下六个方面。

（一）基本听力理解能力的培养

大学英语听力教学的首要任务之一是培养学生的基本听力理解能力，包括使学生能够理解英语课堂内容，无论是教授的讲解、学术讨论还是一般的英语对话和讲座。为了达成这个目标，教师需要提供多样化的听力材料，涵盖不同领域和语境，以帮助学生逐渐适应不同的听力挑战。通过反复练习，学生能够提高他们的听力技能，以及对各种听力材料的理解能力。

（二）听力策略的培养

听力策略是帮助学生更好地处理听力材料的关键。教师应该教授学生一些有效的听力策略，例如，预测内容，即在听材料之前尝试猜测会出现的话题或关键词；关注关键词，即在听材料时特别关注包含关键信息的词汇，以及根据上下文理解，即通过上下文信息推断不明白的词汇或句子的含义。这些策略有助于学生

在听力过程中更有针对性地聚焦和理解重要信息，提高他们的听力效率。

（三）学术听力能力的提升

大学英语听力教学的另一个重要目标是提升学生的学术听力能力。这意味着学生应该能够听懂学术环境下的专业课程讲授，包括学术讲座和研究论文。为了达成这一目标，教师需要提供具有学术性质的听力材料，涵盖各个学科领域，以帮助学生适应学术英语的特点和要求。学生将学会处理复杂的学术语言和概念，以满足其学术需求，不仅能够理解学术演讲和研究报告，还能够积极参与学术交流和讨论。

（四）跨文化交际能力的培养

在全球化时代，跨文化交际能力对大学生来说至关重要。大学英语听力教学也旨在培养学生在跨文化环境下使用英语进行有效交流的能力，包括了解不同文化背景下的语言使用规则、社交礼仪和文化差异。学生将学会如何在不同文化背景下尊重和理解他人，以建立积极的跨文化关系。

（五）应对考试的听力技巧的提高

大学英语听力教学还旨在帮助学生掌握应对英语考试的听力技巧，包括如何有效地捕捉听力材料中的信息、正确回答相关问题以及有效管理考试时间等方面的技能。教师可以为学生提供模拟考试和练习，让他们熟悉不同类型的听力考题，如选择题、填空题和多项选择题。学生将学会应对考试压力，提高他们在英语考试中的听力表现，从而取得更好的成绩。

（六）综合语言能力的提升

听力与口语、阅读和写作能力密切相关，因此，大学英语听力教学也有助于提高学生的综合语言能力。通过聆听各种听力材料，学生不仅能提高听力技能，还能扩展词汇量，理解语法结构，以及提高口语表达能力。听力教学还可以培养学生的阅读理解能力，因为他们在听力材料中接触的词汇和句子结构也会在阅读中出现。综合语言能力的提升使学生能够更自信地运用英语进行有效沟通和表达，不仅有助于获得学术成就，还便于在实际生活中的应用。

总之，大学英语听力教学的目标和任务旨在帮助学生发展全面的听力技能，以满足他们在不同领域和情境下的各种需求，包括学术需求、职业需求和跨文化交际需求，以及在英语考试中取得好成绩的需求。教师需要根据这些目标和任务来设计针对性的听力教学活动，以提高学生的听力水平。

二、大学英语听力教学的理论基础

（一）听与听力理解

听与听力理解是大学英语听力教学中的两个重要概念，

听（Listen）指的是通过耳朵接收声音信号的过程，这是一种感知和接收信息的基本能力。在大学英语听力教学中，听是第一步，学生需要能够听到并感知到听力材料中的声音，包括语音、语调、重音、语速等。听的过程是被动接收信息，学生在这个阶段通常不需要进行深度的理解或分析。

听力理解（Listening Comprehension）是指学生在听的基础上，通过加工和解释听到的信息来理解其含义。这一过程要求学生不仅听到声音，还要将声音转化为有意义的语言信息。听力理解涉及对词汇、语法、上下文和语境的理解，以及对口音、发音和语速等因素的适应。听力理解是一个主动的认知过程，学生需要运用听力策略和技巧，如预测、推测、识别关键信息等，来帮助他们理解听到的内容。

在大学英语听力教学中，这两个概念通常是相互关联的。学生首先需要发展良好的听力能力，即能够有效地接收和感知英语声音。然后，他们将这些听到的声音转化为意义，并进行听力理解。听力理解包括词汇理解、语法分析、主题把握、逻辑推理等，是大学英语听力教学的主要目标之一。

通过训练和练习，学生可以逐渐提高他们的听力能力和听力理解能力，从而更好地应对各种听力任务和情境，无论是学术讲座、日常对话还是英语考试。听和听力理解是学生在英语学习中必须掌握的关键技能，对于他们的语言能力和沟通能力具有重要意义。

（二）影响听力理解的主要因素

影响听力理解的因素多种多样，涵盖了语言本身、语境、听众的个人特征和听力任务的性质。以下是一些影响听力理解的主要因素。

1.语速

语速是指说话者在讲话时所使用的速度。不同的语速对于听者的理解能力有显著影响。快速的语速会使学生感到困惑和压力，因为他们需要更快地处理听到的信息，可能导致错过关键信息、失去上下文或理解不完全。慢速的语速让学生感到沉闷和不耐烦，因为他们会觉得说话者过于缓慢。然而，慢速语速通常更容易理解讲话内容，因为学生有更多的时间来处理信息。不同地区和文化背景的说话者具有不同的语速，这对学生来说会构成挑战，因为他们需要适应不同的语音节奏和语速。

2. 语音和发音

说话者的发音准确性对于学生的理解至关重要。发音错误导致听者误解或无法理解特定词汇或短语。清晰的语音表达有助于学生更容易捕捉和理解听到的信息。模糊的语音导致学生听不清楚，因此失去关键信息。

特定语音和音素的发音对学生来说也是一个挑战，尤其是对非母语人士。

3. 词汇和语法

学生需要识别和理解所听到的词汇。不熟悉的词汇会导致理解困难，因此学生需要不断扩展词汇量，包括常用词汇和专业词汇。听力理解也涉及语法结构的识别。复杂的语法结构或语法错误导致学生感到困惑。因此，学生需要具备一定的语法知识，以更好地理解所听到的信息。

口头语言和俚语通常不符合标准的语法规则，这对学生构成挑战。学生需要适应各种口头表达方式，了解它们的含义和用法。

4. 语境

语境是指一段语言材料的周围环境和相关信息，有助于学生更好地理解所听内容。

上下文信息包括前文和后文的内容，以及与所听内容相关的信息。这些信息可以提供关于谁在说话、在哪里、为什么说话以及与何人对话的线索。通过理解上下文信息，学生可以更好地把握所听内容的含义。

语境有助于学生确定对话或讲座的主题和目的。例如，如果学生知道一段对话是关于旅行的，他们期望听到与旅行相关的词汇和话题。这有助于学生集中注意力，并更容易理解所听内容。语境还有助于学生理解模糊的词汇或短语。当学生遇到不熟悉的词汇时，周围的句子和段落会提供有关该词汇含义的线索。这样，学生可以通过上下文来猜测词汇的意思。语境还有助于学生理解说话者的情感和语气。例如，通过说话者的语调和语言选择，学生可以判断说话者是开心、生气、激动还是冷静，从而更准确地理解说话者的意图。

5. 声音质量

声音的质量和清晰度对学生是否能够准确地理解听到的内容产生直接影响。

背景噪声是指在听力环境中存在的其他声音，这些声音不是主要的听力对象，但会干扰学生的听力理解。例如，在教室中有其他学生的谈话声、外部交通声或其他设备的噪声。这些背景噪声使学生难以集中注意力，从而降低他们的听力理解能力。

静电干扰是指由于电子设备问题引起的声音失真或呼噜声。这种问题通常出现在音频设备或音响系统存在故障或不良连接时。静电干扰会导致声音变得模糊或有噪声，使学生难以听到清晰的语音。

使用低质量或不良的音频设备也会影响声音的质量。如果麦克风、扬声器、耳机等设备存在问题或损坏，声音会变得失真或不清晰，影响听力理解。

6. 口音和方言

不同地区、不同国家的人会有不同的口音，这包括发音、语调和语速的差异。对于非母语人士来说，听到陌生口音会感到困惑，因为他们不熟悉或不习惯这种口音，尤其是在口音较重或变化较大的情况下，会导致理解上的困难。

方言是特定地区或社群内部使用的特殊语言变体。一些方言与标准语言存在显著差异，包括词汇、发音和语法。如果学生不熟悉某种方言，他们无法准确理解说话者在使用方言时说的话。

为了提高听力理解能力，学生需要适应不同口音的说话者。这可以通过多样化的听力练习来实现，包括来自不同国家和地区的听力材料。暴露于不同口音的听力材料中有助于学生适应并提高对多种口音的理解能力。

教师可以设计听力练习，重点是练习识别不同口音的说话者。这包括针对特定口音的听力材料，以帮助学生熟悉这些口音的特点。同时，学生也可以通过听英语广播、观看英语电影和与说英语口音不同的人交流来练习口音识别。

7. 听者的认知能力

认知能力包括思考、分析、推理和记忆等智力活动。较高的认知能力使学生更好地处理听到的信息，理解语音中的逻辑并推理。例如，他们可以更容易地识别主题、重点和支持性细节。另外，注意力水平是影响听力理解的关键因素。学生需要集中注意力，以确保他们捕捉所听到的信息，分散注意力或缺乏专注可能导致错过重要内容。学生的记忆能力和信息处理速度也会影响听力理解。快速记忆和处理信息的学生更容易跟上语速较快的讲话，而信息处理速度较慢的学生则需要更多的时间来理解。

8. 听力任务

听力任务的性质也是一个因素。面对不同类型的听力任务，需要应用不同的听力策略和技巧。具体来说：

听讲座通常需要学生在一段时间内聆听较长的言论，这涉及专业术语和深度思考。这种听力任务要求学生具备较强的注意力和记忆能力，以便理解演讲者的观点和主题。

听对话任务通常涉及两个或多个说话者之间的交流。这种类型的听力任务有助于学生提高在真实对话中的交际技能，但需要他们能够分辨不同说话者的声音并理解他们的观点和情感。

听新闻报道要求学生快速捕捉关键信息，因为新闻报道通常以迅速而紧凑的方式传递信息。这种类型的任务对学生的信息处理速度和重点识别能力提出了挑战。

教师在教学中可以针对不同类型的听力任务进行训练，培养学生适应性强的听力技能，提高他们在各种听力情境下的理解能力。这有助于学生更好地应对日常生活和学术环境中的听力挑战。

9. 情感和情绪

情感和情绪在大学英语听力教学中发挥重要作用。

首先，焦虑和紧张是常见的情感因素，特别是在考试或评估时，学生会感到紧张。这种情绪状态会干扰他们的专注力和听力理解能力，因此，教师需要采取措施来帮助学生减轻焦虑，创造放松的学习环境。

其次，兴奋和好奇心也会影响听力理解。当学生对听力材料的内容感到兴奋或好奇时，他们通常更容易保持注意力。然而，过度的兴奋会导致过度关注细节，从而错失了整体信息。因此，教师需要鼓励学生在兴奋和好奇心的基础上保持冷静，注意整体内容。

再次，情感内容也影响听力理解。学生在听到涉及情感的对话或讲座时，会受到情感内容的影响，例如，听到悲伤的故事会让他们感到难过，从而干扰了对其他内容的理解。在这种情况下，学生需要学会管理自己的情感，以保持对听力材料的客观理解。

最后，学生的兴趣和动机对听力表现也有很大影响。如果学生对听力任务的主题感兴趣，他们通常会更加投入，更容易理解听力内容。因此，教师应该努力激发学生对英语听力内容的兴趣，以提高他们的听力效果。

总之，情感和情绪是大学英语听力教学中不容忽视的因素。教师应该通过创造积极的学习氛围、减轻焦虑、激发兴趣和培养情感管理技巧来帮助学生更好地应对这些情感和情绪因素，从而提高他们的听力理解能力。

10. 文化背景

不同文化背景下的语言使用和社交规则会对学生构成挑战，特别是在处理涉及特定文化内涵的听力材料时。文化差异导致学生对隐含的文化信息或象征性语言感到困惑，影响他们对听力内容的理解。

例如，一份听力材料中包含了某种文化的习惯、象征或者隐含的社会规范，这些信息对于非该文化背景的学生来说是陌生的，从而导致学生对听力内容的部分或整体理解出现偏差。因此，教师需要在教学中引导学生了解不同文化的背景和语言使用，帮助他们更好地应对文化差异，提高跨文化听力理解能力。

另外，文化背景也可以丰富听力教学的内容。通过引入多样化的文化材料，学生可以更好地了解不同文化，扩展他们的视野，提高对多元文化社会的适应能力。因此，教师应在教学中选择包含涉及不同文化的听力材料，以促进学生的文化交流和理解。

综上所述，理解这些影响因素有助于教育者更好地设计听力教学课程和活动，以帮助学生提高他们的听力理解能力。同时，学生也可以通过实践和练习来逐渐克服这些挑战，提高他们的听力水平。

（三）听力教学的理论基础

大学英语听力教学的理论基础包括认知语言学理论、交际语言学理论、听力策略理论、认知心理学理论、技术与多媒体理论等。

1. 认知语言学理论

认知语言学理论认为，语言学习是一个认知过程，学习者通过感知、处理和理解语言输入来构建语言知识。在听力教学中，这一理论强调学生应该积极参与听力活动，通过思维和推理来理解听到的信息。教师可以培养学生的听觉处理能力，提高信息的加工效率。

2. 交际语言学理论

交际语言学理论强调语言是用来交流的工具，听力教学的目标是帮助学生理解和参与真实的语言交流。这一理论促使教师采用真实的听力材料，如真人对话、广播、新闻报道等，以帮助学生适应真实的语言环境。

3. 听力策略理论

听力策略理论关注学生在听力过程中采用的策略和技巧。学生可以通过使用预测、推测、关注关键词、识别重要信息等策略来提高听力效果。听力策略的培养可以增强学生的听力技能。

4. 认知心理学理论

认知心理学理论探讨了学习和记忆的过程，这对听力教学具有重要意义。了解如何提高学生的信息加工、记忆和注意力能力有助于设计更有效的听力教学活动。

5.技术与多媒体理论

随着技术的不断发展，多媒体资源在大学英语听力教学中的应用日益重要。技术与多媒体理论强调利用计算机、互联网和多媒体资源来增强听力教学的效果。这包括使用多媒体听力材料、在线听力练习和虚拟听力实验室等。

三、大数据驱动下的大学英语听力教学的机遇

大数据时代对大学英语听力教学产生了深远的影响，体现在以下方面。

（一）丰富教学资源

传统的听力教材通常需要较长时间来编写和更新，这导致其中的内容已经过时。然而，在互联网时代，学生可以随时获取各种听力材料，这些材料与时俱进，涵盖了各种话题、方言和口音。这种多样性和时效性是大数据时代的特点，为学生提供了更广泛的学习选择。

大数据技术使学生可以通过慕课平台访问世界一流大学的英语课程。这些课程通常由国际知名高校提供，内容丰富多样，不仅包括听力材料，还有相关的阅读、写作和口语练习。这使得学生能够在全球范围内选择适合自己水平和兴趣的教材，提升了教育的国际化程度。大数据时代涌现出许多专业英语视频网站，如TED、BBC Learning English等。这些网站提供了高质量的英语听力材料，覆盖了从科学和技术到文化和社会问题等广泛的主题。学生可以根据自己的兴趣和需求选择不同主题的材料，这有助于提高听力技能和扩大知识面。

同时，大数据能分析学生的学习行为和兴趣，可以为他们提供个性化的听力教学建议。学习平台可以根据学生的表现和需求推荐特定的听力材料，以满足他们的学习需求。这种个性化的学习体验有助于提高学生的学习动力和效果。

（二）大数据促进了更频繁、有效的师生互动和生生互动

在大数据时代，师生互动、生生互动和人机互动在大学英语听力教学中变得更加频繁和高效。这种变革得益于各种听力教学平台的兴起，这些平台已经初步形成，并在大数据的技术支持下运作得更出色。学生在这一过程中既是数据的使用者，又是数据的生产者。

在大数据的教学平台下，学生的听力学习产生大量有价值的数据。例如，平台可以记录学生对每份听力材料所花费的时间，以及为了理解材料而重复听的次数。它还可以追踪学生是否在听的过程中查看字幕，以及他们每天练习听力的时间段。这些数据为教师提供了对学生学习行为的深刻洞察，教师可以根据这些数

据来调整自己的教学进度和方法，以更好地满足学生的需求。

除了师生互动，大数据时代还鼓励生生互动。学生可以利用这些平台分享自己的学习数据，与同学比较学习进度，激发竞争意识，以便更好地进行自我激励。这种学生之间的互动不仅有助于提高学习动力，还可以共同解决听力学习中的难题，相互学习和分享有效的学习策略。

此外，大数据技术还促进了更强大的人机互动。教学平台可以根据学生的听力学习数据提供个性化的建议和反馈，帮助他们提高听力技能。这种个性化的学习体验有助于学生更高效地学习，并提高他们的满意度。

（三）学生的听力学习工具更加多元化

在大数据时代，学生的听力学习工具变得更加多元化，其中包括各种听力学习软件和移动设备，这为他们提供了更灵活的学习时间和地点。

大数据时代见证了各种听力学习软件的涌现。这些软件的功能包括听取不同口音的讲话、各种主题的对话和新闻、音频杂志等。例如，VOA 慢速英语新闻、每日英语听力等应用程序提供了丰富的听力材料，并通常包含听后练习、生词记忆和发音练习等功能。这些软件使学生能够根据自己的学习需求和时间表选择适合的练习内容，提高了听力学习的个性化程度。

大数据时代伴随着智能手机、平板电脑等移动设备的广泛普及。学生可以将这些设备用于英语听力学习，随时随地进行练习。无论是在公共交通工具上、等待朋友，还是在家中的闲暇时间，学生都能够轻松地拿出手机或平板电脑，进行听力练习。这种便捷性增加了学生的学习时间，允许他们充分利用碎片时间进行听力训练。

互联网的普及使学生可以轻松访问各种在线听力资源。他们可以在 You-Tube、BBC Learning English、VOA News 等专业网站上获得高质量的英语听力材料，这些资源通常包括不同难度级别的音频和视频。此外，许多高校和教育机构还提供免费的在线课程，让学生随时随地参与听力训练，而不限于课堂环境。

大数据技术还有助于学生更好地利用多媒体资源，如音频和视频。学生可以通过在线流媒体服务、播客和学术资源库访问各种多媒体内容。这种多元化的资源使学生能够以不同形式和风格的内容来提高听力技能，从而更全面地培养他们的听力能力。

（四）大数据为英语听力教学评价提供了更完善的体系

传统上，对英语听力教学的评价主要侧重于学生的考试成绩，如期中考试和期末考试。然而，在大数据时代，评价对象得以扩大，不再仅限于学生。高校可以更全面地评估教学过程中的各个方面，包括教师、课程。这样的综合评价模式有助于高校更全面地了解教育质量和效果，为改进教学提供了更多的信息。

大数据技术的应用使英语听力教学评价更加细致入微。不再仅关注学生的总体成绩，还关注学生的微观表现，如学生的学习态度、学习时长、参与度等。这种关注有助于更好地理解学生的学习过程和行为，以及他们在听力教学中的具体需求。教师可以根据这些微观数据为学生提供针对性的支持和指导，从而提高他们的听力技能。

大数据的技术手段使高校能够为每名学生提供更个性化的评价和反馈。根据学生的学习数据，教师可以为每名学生制订个性化的学习计划，帮助他们解决听力中的弱点和难题。这种个性化的评价和反馈有助于提高学生的学习动力和效果。

（五）大数据使大学英语听力教学更好地与社会接轨

大数据技术的兴起使学生可以更容易地获取国外原版的英语听力材料，如新闻、采访、纪录片等。学生可以通过在线视频平台、新闻网站和社交媒体获得最新的英语听力资源。这种便捷性使学生能够接触真实的语言环境和不同口音，提高他们的听力技能。

大数据平台的兴起为学生提供了分享听力材料感受的机会。他们可以在社交媒体上发布评论、感想和观点，与其他学生进行讨论和互动。这种社交学习模式鼓励了学生之间的交流和合作，有助于学生深化对听力材料的理解。

通过接触不同国家和地区的英语听力材料，学生可以拓宽自己的视野，了解不同文化和社会背景。这有助于提高他们的跨文化沟通能力，培养跨文化理解和尊重的态度。

四、基于大数据技术的大学英语听力教学方法

（一）提供个性化练习与测试资源

提供个性化的练习和测试资源是一种基于大数据技术的大学英语听力教学方法，它旨在根据学生的水平和需求，为他们量身定制听力练习计划，以帮助他们提高听力技能。

对学生进行听力水平的评估，可以通过进行入学测试、定期的课堂测验或使用专门的在线评估工具来完成。这些评估包括听取不同口音的讲话、理解不同语速的对话、听写等。评估的结果将为制订个性化练习计划提供基础。

　　基于学生的听力水平评估结果，教师可以制订个性化的听力练习计划。这个计划将考虑学生的强项和弱项，以及他们需要改进的具体方面。例如，如果一名学生在理解快速口音的对话方面表现较差，练习计划可以包括更多的相关练习材料。如果学生需要提高听写技能，那么听写练习将成为计划的一部分。

　　练习计划还会根据学生的水平和进展来调整练习的难易程度。初学者会从相对简单的听力材料开始，逐渐提高难度。相反，高水平的学生需要更具挑战性的材料来继续发展听力技能。这种难度的调整有助于确保学生在适应自己的水平的同时不感到过于沮丧或无聊。

　　听力练习计划还可以根据学生的兴趣和需求来定制内容主题。如果学生能够选择听取与自己兴趣相关的内容，他们会主动投入学习。因此，练习计划可以包括不同主题的听力材料，涵盖新闻、科技、文化、历史、商务等各个领域，以满足学生的多元化兴趣。

　　练习计划不是一成不变的，而是需要定期评估和调整的。通过收集学生的学习数据，教师可以了解学生的进展，并根据需要对练习计划进行修改。这种持续的评估和调整确保学生始终处于一条合适的学习路径上。

（二）实时诊断辅助听力训练

　　实时诊断辅助听力训练结合了学习管理系统、语音识别技术和大数据分析，为学生提供了高效、个性化的听力教学体验。这种方法不仅有助于学生提升听力技能，还能够提高学生的听力信心和动力，使听力教学富有趣味且充满互动性。

　　1.学习管理系统记录练习数据

　　在实时诊断辅助听力训练中，学习管理系统起到重要作用。学生使用该系统进行听力练习，系统会自动记录学生的听力活动数据，包括听取的材料、听取次数、答题准确度、反应时间等信息。这些数据以数字化形式存储在系统中。

　　2.语音识别技术实时评估学生水平

　　针对每名学生的听力练习，学习管理系统配备了先进的语音识别技术。当学生进行听力练习时，系统会实时分析他们的听力表现。这包括识别学生是否正确理解了听力材料、是否准确回答了相关问题以及是否存在发音或语音理解问题。

　　3.错误纠正和反馈

　　基于语音识别技术的实时评估，系统能够准确地识别学生的听力错误。一旦检测到错误，系统会立即提供错误纠正和反馈，包括文字反馈、口头反馈（通过语音合成技术）甚至是针对性的建议，以帮助学生理解并改正听力中的错误。

4.个性化后续训练任务

实时诊断不仅有助于纠正听力错误，还可以为每名学生提供个性化的后续训练任务。系统可以根据学生的听力弱点和需求，推荐适合的练习材料和任务。例如，如果一名学生在听力中常常误解特定语音或口音，系统可以推荐相关的练习以帮助提升这方面的能力。

5.学习进度跟踪

实时诊断辅助听力训练还允许学生和教师跟踪学习进度。学生可以随时查看他们的听力表现历史和进展，而教师可以监控整个班级或学生群体的听力水平。这有助于确保学生在听力训练中不断进步。

（三）多角度推荐听力学习资源

1.基于兴趣的推荐

大数据分析可以追踪学生的学习历史和兴趣爱好。通过分析他们的浏览记录、学习材料选择以及与特定主题相关的互动，系统可以了解学生的兴趣所在。例如，如果一名学生经常查阅足球相关的英语文章或视频，系统会推测出他对足球感兴趣，因此，系统可以向该学生推荐与足球相关的英语听力材料，如足球比赛解说、球队新闻等。

2.基于水平的推荐

大数据分析还可以评估学生的听力水平。通过监测学生在听力测试中的表现，系统可以确定他们的听力能力，系统向学生推荐适合其水平的听力材料。例如，对于高水平的学生，系统可以推荐更具挑战性的听力资源，如专业领域的讲座或英语电影，以提高他们的听力技能。

3.多样化的资源

系统不仅可以根据兴趣和水平推荐材料，还可以确保这些材料在主题和形式上多样化。这意味着学生可以接触不同领域的英语听力资源，如新闻、电影、音乐和讲座。这种多样性有助于扩展学生的词汇量、增强语感和提高听力理解能力。

（四）统计分析数据库支持教学决策

教育平台或在线学习系统可以收集学生在听力练习中的各种数据，包括答题情况、时间分配、答错的题目、重复练习的内容等。这些数据在教育过程中起到了重要作用，因为它们记录了学生的学习行为和表现。平台或系统将收集的数据汇总并进行统计分析。这包括使用数据分析工具和算法，以识别出学生在听力练习中可能遇到的难点、模式和趋势。例如，分析可以揭示出学生普遍在某一特定主题或特定类型的听力材料上表现不佳。

统计分析的结果可以帮助教师精确定位学生在听力方面的难点。这包括特定单词、语法结构、语速、发音问题等。通过深入分析，教师可以了解学生在听力理解上的具体困难，并将其归类为难点知识点。一旦识别出难点知识，教师可以调整教学计划，以更多地关注这些难点。这包括修改教材、设计特定的听力练习、提供额外的解释和示范，以帮助学生克服听力困难。

基于统计分析的数据库支持个性化学习。教师可以根据每名学生的难点知识点制订个性化的听力学习计划，确保学生有针对性地弥补听力技能的不足。

教师可以根据统计分析的数据来监测学生的进展，并不断优化教学决策。这意味着教师可以随着时间的推移调整教学策略，以确保学生的听力技能不断提高。

（五）启发式学习与智能协作

启发式学习与智能协作是一种利用人工智能算法和教师协同工作，以提高大学英语听力教学效果的方法。它强调了个性化反馈、智能协作和动态调整，有助于学生更快地提高听力技能，全面提升听力能力。

运用人工智能算法，教育平台可以创建学习模型，以更好地理解每名学生的学习需求和风格，包括学生的学习速度、词汇水平、听力难点等。通过匹配学生的学习模型，系统可以更准确地推荐适合他们的听力材料和练习。基于学习模型匹配，系统可以提供个性化的听力反馈和建议。在学生完成听力练习后，系统可以分析他们的表现并提供详细的反馈，包括发音、语法、听力理解等方面的建议。这些反馈针对学生的具体问题，有助于他们改进听力技能。教师可以与人工智能系统协同工作，以更好地提高学生的听力。教师可以访问学生的学习数据和个性化反馈，然后为学生提供进一步的指导和建议。这种智能协作将教师的专业知识与智能系统的数据分析相结合，提供更全面的支持。

基于个性化反馈和教师的建议，学生可以调整他们的听力学习计划。他们可以集中精力解决特定的听力问题，并根据需要调整材料和选择练习。这种动态调整使学生能够更快地提高听力水平。

第二节　大学英语口语教学

口语是最直接、最常用的交流方式。通过口语教学，学生可以有效地表达自己的思想、感情和意见，增强与他人的沟通能力，这对日常生活和职业发展都至关重要。

一、大学英语口语教学的特点与目标

（一）广泛性和可延展性的教学内容

广泛性和可延展性的教学内容体现了口语教育的全面性和灵活性，旨在为学生提供多层次、多样化的口语学习体验。

英语口语教学的广泛性体现在教学内容的涵盖范围上。口语教学不仅涉及发音和语音练习，还包括多种口语技能和交际策略的培养。

1. 发音和语音

学习者需要掌握英语的语音系统，包括音素、音节、重音和语调等方面的知识。这涉及正确发音和模仿口音，以便更清晰地表达自己。

2. 基本口语交际

学生需要学习如何进行基本的口语交际，这包括自我介绍、问候、感谢、道歉、提出建议、表达意见等。这些是日常生活和社交活动中必不可少的技能。

3. 口语流利度

口语教学侧重于提高学生的口语流利度。这包括练习流利的口语表达，避免口吃、结巴或停顿，以确保学生的口语表达更自然、更流畅。

4. 口头表达技巧

学生需要学习如何使用适当的表情、手势和身体语言来增强口头表达。这对于更有效地传达意思和情感至关重要。

5. 文化素养

口语教学不仅关注语言本身，还涉及英语国家的文化、社交礼仪和习惯。学生需要了解不同文化背景下的交际方式，以更好地进行跨文化交流。

口语教学的可延展性意味着教师可以根据学生的需求、水平和兴趣，灵活地调整教学内容和方法。这种可延展性为个性化教育提供了机会，让每名学生都能在口语教学中找到适合自己的路径。教师可以：

（1）根据学生的口语水平和需求定制教学计划，为初学者和高水平学生提供不同层次的口语挑战。

（2）结合不同的教材和资源，包括课本、多媒体、网络资源、真实语境等，以丰富教学内容。

（3）创造不同类型的口语练习，满足学生在不同情境下的实际需求，如社交口语、学术口语、职业口语等。

（4）提供个性化的反馈和指导，帮助学生克服口语难题，持续改进口语表达。

总的来说，英语口语教学的广泛性和可延展性使之成为一项富有创意和灵活性的教育任务。通过提供多样化的口语内容和个性化的支持，口语教学旨在培养学生的口头交流能力，使他们能够在多种情境下用英语自由表达和顺畅交流。

（二）多样化的教学模式

英语口语教学需要采用多样化的教学模式，注重实用性、互动性、知识性和趣味性。

1.实用性

英语口语教学强调实际应用，学生需要在真实生活情境中使用英语。因此，教学模式应着重于教授学生在日常生活和职场中实际的口语技能。这包括模拟面试、电话沟通、商务会议、旅行中的交际等。这些情境化的教学模式帮助学生更好地面对实际挑战。

2.互动性

英语口语教学需要学生积极参与，因此互动性教学模式至关重要。教师可以组织口语角色扮演、小组讨论、实际对话等互动活动，鼓励学生在课堂上尽可能多地使用英语进行交流。这种互动性教学模式有助于提高学生的口语信心和流利度。

3.知识性

口语教学不仅培养口头表达能力，还传授语言知识。教师可以通过教授语法规则、词汇扩展、语言文化等知识来丰富口语教学内容。这有助于学生更好地理解语言的结构和语境，提高口语的准确性。

4.趣味性

学习口语应该是有趣的体验。教师可以通过游戏、音乐、电影片段、趣味故事等吸引学生的注意力。这种趣味性教学模式不仅增添了课堂的乐趣，还帮助学生记住和应用所学内容。

（三）强调口语表达评估

口语教学的评估关注学生口语表达的准确性和流利程度，这是衡量口语教学效果的重要指标。评估分为形成性评估和总结性评估两种，有助于学生调整学习策略、改进学习方法、提高学习效率。

课堂互动评估是一种实时的形成性评估方式，通过观察学生的参与程度、口语表达质量及对话互动情况，教师可以快速了解学生的口语水平，并随时作出调整以满足不同学生的需求。此外，口语作业和练习也是形成性评估的一部分，通过这些作业，学生可以积极参与口语实践，教师可以提供反馈和建议，帮助学生不断改进口语表达。同伴评估也在形成性评估中发挥作用，通过互相评价和提供反馈，学生可以相互学习，理解口语交际的需求，不断改进自己的口语表达能力。

与形成性评估相对应的是总结性评估，它通常包括口语考试、口语项目作品和口语组织能力的评估。口语考试是一种常见的总结性评估方式，它包括面试、口头演讲和对话，评分标准明确，可以客观地衡量学生的口语表达水平。此外，口语项目作品也被广泛用于总结性评估，学生可以通过口头报告、口头展示和口头研究展示他们的口语能力。这些项目作品综合考查了学生的表达准确性、流利度和语音语调等能力。同时，口语组织能力也是总结性评估的一部分，教师评估学生的口语表达是否清晰且有条理，包括讲述逻辑、语言连贯性和主题表达能力。

最后，自我评估和反思也是口语表达评估的一部分，学生可以积极参与这个过程，记录口语表达的进展，识别自己的强项和改进空间，并制定目标来提高口语能力。总的来说，口语表达评估在英语口语教学中发挥重要作用，形成性评估帮助学生在学习过程中不断改进，总结性评估用于全面衡量口语能力。评估过程应该公平、客观，并提供具体的反馈，以促进学生口语能力的提高。同时，学生的自我评估和反思也有助于他们更好地管理自己的学习，追求口语交际的卓越。

（四）教学管理的重要性

口语教学管理需要完善的教学文件和管理系统。教学文件包括学校的英语教学大纲、教学目标、课程设计、教学安排、教学内容和考核方式等。管理系统包括学生口语成绩和学习记录、口语考试分析总结，以及教师的授课要求和教研活动记录。教师培训和管理也是口语教学管理的一部分，确保教师具备足够的口语教育素质。

二、大学英语口语教学的理论基础

大学英语口语教学的理论基础涉及多个关键概念和理论，包括说的心理机制、口语能力的内涵以及影响口语能力的因素。

（一）说的心理机制

口语表达涉及复杂的心理机制，这些机制在口语交流中起到以下重要作用。

意识和思维是口语表达的起点。在表达任何信息之前，说话者需要明确自己要传达的信息和表达的目的。这涉及一系列的认知过程，包括记忆、思考、理解、判断和决策。例如，在一次口语交流中，一个人需要回起相关的信息，思考如何组织这些信息，理解听众的需求，判断使用哪种词汇和语法结构，最终做出决策以实现有效的沟通。

语言知识是口语表达的基础。口语表达需要运用语言知识，包括词汇（单词的选择和使用）、语法（句子结构和语法规则）、语音（正确的发音和语音模式）以及语用（语言在特定情境中的使用规则）。这些语言知识构成了口语表达的基本要素，帮助说话者将思维转化为语言，传达信息。

发音和语音是口语表达的听觉部分。正确的发音和语音模式对于确保语言的可懂性至关重要。语音学研究了不同语音的产生和认知，包括声带的振动、口腔和舌头的位置及语音节奏。说话者需要通过协调这些生理过程来产生清晰的语音，以便听众能够理解他们的话语。

情感和情感表达在口语交流中起着重要作用。说话者通常在表达中包含情感、情绪和态度。情感认知和表达的心理机制涉及情感识别、情感调节和语言表达情感的方式。例如，一个说话者在表达感激之情时使用亲切的语气和措辞，而在表达愤怒时使用更强烈的语调和词汇。这种情感表达能够传达更多的信息和情感色彩，丰富口语交流。

总之，口语表达涉及多个心理机制，包括思维、语言知识、发音和语音以及情感和情感表达。这些机制相互协作，使口语表达成为人际交往中的重要工具，帮助人们有效地沟通、表达思想和情感。口语教育旨在培养和优化这些心理机制，以提高口语能力和沟通效果。

（二）口语能力的内涵

口语能力的内涵涉及多个重要方面，每个方面都对有效的口头交际至关重要。

1.语音能力

语音能力是口语表达的基础，包括正确发音、语音调节和语音节奏。说话者需要学习如何准确地发音，以确保听众能够理解他们的话语。语音调节包括语调的变化，以传达语句的语气和情感。语音节奏涉及语速和停顿的控制，使口语表达更加流利和自然。

2.词汇和语法

词汇和语法是口语能力的重要组成部分。说话者需要掌握丰富的词汇，以便能够选择合适的词语来表达他们的思想。此外，正确的语法结构也是确保句子构建准确和清晰的重要因素。口语能力要求说话者能够构建符合语法规则的句子，以避免歧义和混淆。

3.语用能力

语用能力涉及语言的社交和文化用法。不同的社交和文化情境需要不同的语言表达方式。说话者需要了解如何在不同情境中使用得当的语言，包括正式和非正式语言、礼貌用语和俚语等。语用能力还包括言外之意的理解，即能够理解别人可能隐含的意思和意图。

4.沟通策略

口语能力涵盖了解和运用有效的沟通策略，包括如何回应他人的发言，如何进行修正以纠正错误，如何提出问题以获取更多信息，以及如何倾听和展示对他人的尊重。有效的沟通策略有助于说话者更好地适应不同的交际情境，并保持流畅的交流。

5.情感表达

口语能力要求说话者能够表达情感、情绪和态度。语言不仅是传递信息的工具，还是表达情感的方式。说话者需要用适当的语言表达他们的情感，无论是喜悦、愤怒、悲伤还是其他情感。情感表达可以帮助人们建立情感联系，增强交流的深度和产生共鸣。

（三）影响口语能力的因素

影响口语能力的因素是多方面的，分为内部因素和外部因素。

1.内部因素

个体差异：不同个体在口语能力方面存在天赋和个体差异。有些人天生具有很好的发音和语音能力，这使他们的口语表达更流利。然而，每个人的学习速度和方式都不同，这取决于个体的学习能力和天赋。

语言学习能力：个体的语言学习能力对口语能力的发展至关重要。一些人更容易学习和掌握新的语言知识，包括词汇和语法。这种能力可以影响口语表达的流利程度和准确性。

认知能力：认知能力包括思维、记忆、理解和分析等方面。这些认知能力在口语表达中起到重要作用。例如，能够迅速理解他人的言辞并做出回应是口语能力的一部分。

情感和自信心：情感和自信心对口语表达的影响也很大。自信的个体勇于开口说话，表达自己的观点和感情。相反，缺乏自信的个体在口语表达中感到紧张和不自在。

学习动机和积极性：学习动机和积极性是内部因素中至关重要的部分。学习动机积极的学生通常倾向于努力提高口语能力。他们积极参与口语练习和交流，从而快速提高口语水平。

2.外部因素

教育环境：学习口语的教育环境对口语能力的发展至关重要。学校和教育机构提供了学习口语的机会和资源，具有良好教育环境的地方通常更容易培养出口语流利的个体。

教育资源：学生能够访问的教育资源对口语能力的发展至关重要，包括教科书、在线课程、教学工具和语音教材等。丰富的教育资源有助于学生更好地学习口语。

社会交往机会：频繁的社会交往机会可以提高口语能力。与其他说英语的人进行交流和互动，能够增加口语实践机会，从而改善口语表达。

语言输入：学生接触的英语语言输入对口语能力的发展至关重要。有机会听到和模仿母语者的发音和语言表达方式有助于学生提高口语技能。

文化因素：文化因素包括不同文化背景和社交习惯。不同文化对口语表达方式和交际方式有不同的要求。因此，文化教育在口语教学中有助于学生更好地理解和适应不同文化的口语交流。

综上所述，口语能力的发展受到多种内部因素和外部因素的影响。这些因素相互作用，共同塑造了一个人的口语能力水平。为了提高口语能力，个体需要积极应对这些因素，寻找适合自己的学习策略和环境。口语教育也应该考虑这些因素，为学生提供适当的支持和指导。

三、大数据驱动下大学英语口语教学原则

大数据驱动下的大学英语口语教学原则包括个性化、情境化、交互式和目标化四个重要方面。

（一）个性化

个性化原则是指根据每名学生的口语水平、兴趣和需求来制订独特的教学计划。大数据分析可以提供学生的口语表现、学科背景和学习偏好的数据。教师可以利用这些信息为每名学生量身定制课程内容和教学方法。例如，对于口语水平较低的学生，教师可以提供更多的基础练习，而对于具有特定兴趣爱好的学生，

教师可以将口语练习与他们感兴趣的话题相关联，激发学习兴趣。

（二）情境化

情境化原则强调在多样的语境和情境中进行口语练习，以提高学生的语言适应能力。通过大数据分析，可以识别出不同情境下的常见口语需求，如商务对话、社交交流、学术讨论等。教师可以根据学生的学科背景和未来职业方向，设计相关情境的口语练习，帮助学生更好地适应不同的口语挑战。

（三）交互式

交互式原则鼓励师生和生生之间的积极互动。大数据分析可以用于评估学生的口语互动水平和参与度。教师可以组织更多的口语对话活动，包括师生互动和生生互动，以创造沉浸式的语言环境。此外，利用在线工具和应用程序，可以促进学生之间的在线合作和互动，增强口语教学的互动性。

（四）目标化

目标化原则要求教师明确不同阶段的口语训练目标，并有针对性地选择教学内容和方法。大数据分析有助于教师了解学生的口语水平和进展，以便根据实际情况进行调整。教师可以为每名学生设定具体的口语目标，如提高发音准确性、增加词汇量或改善口语流畅度。这些目标可以在课程中进行跟踪和评估，以确保学生在口语方面取得实际的进展。

综合而言，个性化、情境化、交互式和目标化是大数据驱动下的大学英语口语教学原则，教师利用数据分析为口语教育提供了更加精确和有效的方法。这些原则有助于提高口语教学质量，使学生更好地掌握口头表达能力，并适应各种口语挑战。

四、基于大数据技术的大学英语口语教学方法

（一）提供定制口语练习资源

基于大数据技术的大学英语口语教学方法之一是提供定制口语练习资源。这一方法的核心思想是根据每名学生的口语水平、学科需求和学习偏好，为他们提供个性化的口语练习资源。

高校需要收集学生的口语相关数据，包括口语测评成绩、语音记录、学科背景、学习兴趣等。这些数据可以通过语音识别技术、在线测验和问卷调查等方式收集。然后，利用大数据分析工具对这些数据进行分析，以了解每名学生的口语水平和个性化需求。

　　基于学生数据的分析结果，教师和高校可以为每名学生制订个性化的口语练习计划。该计划包括特定的口语目标和练习内容，以满足学生的需求。例如，对于口语发音不准确的学生，计划可以包括发音练习；对于需要准备学术演讲的学生，计划可以包括演讲技巧和学科相关的口语练习。

　　根据个性化口语练习计划，高校可以开发各种口语练习资源，包括录音课程、口语模拟对话、口语材料库等。这些资源应该根据学生的需求和目标进行定制，以确保与他们的口语练习计划相匹配。这些资源包括语音样本、对话示范、学科相关的口语材料等。

　　高校可以建立在线学习平台，将个性化口语练习资源提供给学生。该平台包括学生个人账户，以及他们的口语练习计划和相关资源。学生可以随时访问这些资源，按照自己的节奏进行口语练习。在线平台还可以提供语音识别和反馈功能，帮助学生自我评估和提高口语水平。

　　利用大数据分析工具，高校可以实时监测学生的口语练习进展，并根据数据反馈进行调整。如果学生在特定领域遇到了困难，教师可以根据数据提供额外的支持和资源。这种实时监测和调整可以确保口语教学始终保持个性化和有效。

　　通过提供定制口语练习资源，基于大数据技术的口语教学方法可以更好地满足学生的个性化需求，提高口语教学效果和质量。这种方法利用数据分析为口语教育提供了科学依据，帮助学生更好地提高口语表达能力。

（二）数据驱动语言能力诊断与反馈

　　数据驱动语言能力诊断与反馈是大学英语口语教学的重要方法，它通过收集、分析和应用学生的数据来评估他们的语言能力，为他们提供针对性的反馈和改进建议。

　　首先，通过各种途径收集学生的语言数据。这包括口语测验成绩、口音样本、口语表达录音、口语作业等。此外，还可以收集学生的学习历史和学科领域的兴趣。这些数据可以通过在线学习平台、语音识别技术、教学工具等方式获取。一旦收集到数据，就可以利用大数据分析工具对其进行分析，包括评估学生的口语准确性、流利程度、语音特点以及语法和词汇使用等方面，还可以比较学生的表现与学科标准或教学目标，以确定他们的强项和改进空间。

　　其次，基于数据分析的结果，教师和高校可以为每名学生出具个性化的语言能力诊断报告。这包括学生在不同方面的表现，如语音、词汇、语法等，以及与口语教学目标的对比。这些诊断报告为学生提供了清晰地了解其语言能力水平的机会。

再次，除了诊断报告，教师还可以为学生提供针对性的口语能力反馈和建议。这包括具体的语音纠正、词汇和语法改进建议，以及口语练习和活动的推荐。反馈应该明确、具体，并帮助学生了解如何改进他们的口语能力。学生可以利用数据驱动的诊断和反馈来跟踪他们的口语进展。学生可以在反馈的基础上设定学习目标，然后定期评估他们的进展。这种追踪有助于学生保持学习动力，并根据需要进行自我调整。

最后，基于诊断和反馈，学生可以选择个性化的学习路径和口语练习活动。这有助于学生集中精力提高他们最需要改进的方面，使口语教学更有针对性。

通过数据驱动的语言能力诊断与反馈，学生可以更好地了解自己的语言能力水平，获得具体的改进建议，并根据个人需求制订学习计划。这种方法可以提高口语教学效果，使学生能够更快地增强口语表达能力。同时，高校也可以根据学生的数据进行持续改进口语教学方法和资源。

（三）智能语音练习辅助系统

智能语音练习辅助系统作为一种基于大数据技术的大学英语口语教学方法，具有多方面的优势和功能。

首先，智能语音练习辅助系统采用先进的语音识别技术，可以精确捕捉学生的口语表达，识别并纠正他们的发音错误、语法错误及词汇使用错误。这种实时的、个性化的反馈是传统口语教学方法无法提供的，它使学生能够更快地改进口语表达，提高语言的准确性。

其次，智能语音练习辅助系统强调个性化练习，根据每名学生的水平和需求，提供特定的口语练习。这种个性化的方法确保学生在适当的水平上挑战自己，不会过于困难或过于简单。同时，学生可以随时查看自己的练习记录和进度，有助于他们设定明确的学习目标，更有针对性地提高口语能力。

最后，利用智能语音练习辅助系统，学生在练习过程中会得到针对性的错误指正和改进建议。这种即时反馈帮助学生纠正错误，避免养成不良语音和语法习惯，从而提高口语表达质量。同时，智能语音练习辅助系统记录学生的练习历史和进度，使他们能够清晰地了解自己的口语发展轨迹，更有动力坚持练习。并且，学生可以随时随地使用系统进行口语练习，无须特定的地点或时间。这种自由度促进学生自主学习，鼓励他们积极主动地提高口语能力。同时，教师也可以利用系统监测学生的练习记录，提供个性化指导，这种教师支持增强了口语教学的互动性和效果。通过对学生的口语表现进行大数据分析，高校可以更好地了解学生的需求和趋势，及时改进教学方法和教材。这种基于数据的决策有助于提高口语教学的质量和效率，使教育更加个性化和具有针对性。

以下是一些常见的智能语音辅助练习系统：

BBC Learning English 网站提供了多种英语口语练习资源，其中包括智能语音辅助功能。学生可以听录音并模仿发音，然后得到评估和反馈。Google 语音识别技术被许多应用程序和在线工具采用，用于语音搜索、语音助手和其他应用。虽然它不是专门的语音练习工具，但它可以在某些应用中提供实时语音识别和反馈。Duolingo 是一种广泛使用的语言学习应用程序，它提供了智能语音辅助练习，帮助学生练习发音和口语。该应用可以检测和纠正学生的发音错误，并提供即时反馈。

"英语流利说"是专注于英语口语学习的中国应用程序，它提供了大量的口语练习课程和互动功能。用户可以通过模仿正宗的英语发音来提高口语能力，并得到语音评估。"百词斩"是一款中文学习应用，虽然它的常用功能是对英语词汇的记忆和背诵，但其中也包括智能语音练习的功能。用户可以通过朗读和模仿英文短语来提高他们的发音和口语。"有道口语"是由中国网易公司开发的一款英语口语学习应用，提供了大量的口语课程和实时语音评估。

这些应用程序通常都有智能语音辅助系统，可以帮助学生提高口语能力，提供语音评估和反馈。

（四）语用场景模拟与语言营造

语用场景模拟是指在教学中模拟真实生活中的语言使用情境，让学生置身于各种实际交际场景中，通过模拟对话和角色扮演来提高口语表达能力。这种方法旨在创造出生动逼真的情境，使学生在实际应用中锻炼口语。具体实施步骤包括：

（1）选择情境。教师可以选择各种不同的情境，如餐厅点餐、机场登机、商务会议、医生就诊等，根据学生的水平和学习目标来确定。

（2）角色分配。学生分成小组，每名学生扮演一个特定的角色，如服务员、顾客、医生、患者等，或者根据情境分配。

（3）对话编排。学生根据情境和角色，编排对话内容，模拟实际情景中的对话。他们可以使用提前学到的词汇和语法知识来构建对话。

（4）表演和评估。学生在教室中表演对话，其他学生和教师可以评估他们的口语表达、语音、语调和流利程度。教师也可以录音以供后续评估和反馈。

语言营造是指创造一种沉浸式的语言环境，让学生在其中不断接触和使用目标语言。这可以通过以下方式实现。

（1）多媒体教材。利用大数据分析学生的学习偏好，选择适合的多媒体教材，如音频、视频、互动课程等，以创造真实的语言环境。

（2）虚拟实境。借助虚拟现实技术，学生可以沉浸在模拟的语言环境中，与虚拟人物互动，提高口语能力。

（3）在线社交平台。鼓励学生通过在线英语社交平台与英语母语者或其他学习者互动，分享学习经验，提高口语流利度。

（4）课外活动。组织口语角、英语角、戏剧表演等课外活动，为学生提供更多实际语言使用的机会。

语用场景模拟和语言营造是将口语教学与实际语言应用结合的有效方法，可以使学生在生动的情境中练习口语，同时提供了大数据分析学习效果的数据支持，帮助教师更好地了解学生的学习进展和需求。

第三节　大学英语阅读教学

在我国，英语教学长期以来主要以阅读为主，听、说、写等其他技能起辅助作用，原因在于社会对英语教学的主要需求是阅读，阅读被认为是最便捷、最现实、最有效的学习方式。然而，随着中国对外开放的加速和信息技术的迅猛发展，英语口语需求大幅增加。同时，英语语音和音像资源也变得丰富多样，这使得英语听力教学崭露头角。这些新的情况要求大学英语教学要重新审视听力和口语教学的地位，一些专家甚至提出中国的英语教学应该结束以读写为中心的时代，进入以听说为主导的新时期。

从另一个角度来看，这些新的情况也加强了英语阅读教学在中国英语教育中的地位。不仅要求提高阅读教学的数量和规模，还要求提高教学质量、层次和方式。因此，如何使英语阅读教学与社会发展的需求和变化保持同步，是一项亟待解决的问题。

一、大学英语阅读教学的重要性

阅读是指通过阅读书籍、文章、文本等书面材料来获取信息或理解文字和语言的过程。它是一种基本的语言技能，涉及识别文字、句子和段落，理解语法和词汇，以及理解作者的意图和观点。阅读是为了获取信息、学习知识、娱乐或其他目的而进行的活动。阅读理解是在阅读的基础上更深层次的认知过程，它涉及对所阅读内容的深入理解和分析。阅读理解既包括理解文字的表面意义，也包括理解文字背后的含义、作者的观点、论证和结论。它要求读者能够从文本中提取信息、进行推理、做出判断和回答问题等。

大学英语教育的一个主要目标是培养学生强大的阅读能力。在各种考试中，阅读部分通常占据了相当大的比重，这凸显了提高阅读技能和水平的重要性。阅读的重要性主要体现在以下四个方面。

（一）获取信息的主要手段

英语阅读在当今信息化社会中起着至关重要的作用。通过阅读英语文本，学生可以获取丰富的信息，涵盖各个领域，包括科学、技术、文化、政治、经济等。在全球化的发展趋势下，大量的英语文献和资讯涌入，掌握英语阅读能力成为获取国际信息的主要途径。这不仅对学术研究有益，对职业生涯和个人发展至关重要。

（二）提高语言能力的重要基础

阅读是语言学习的基础之一。通过阅读，学生可以接触各种语言结构、词汇、表达方式及语法规则。这有助于提高他们的语言理解能力、词汇量和语法知识。同时，通过阅读不同类型的文本，如新闻、小说、学术论文等，学生可以熟悉不同的文体和风格，提高语言表达能力。

（三）展开交际活动的手段

阅读不仅是被动接收信息的过程，也是主动交际的手段。通过阅读，学生可以了解不同文化、思想和观点，从而更好地参与跨文化的交流和对话。阅读不同类型的文本也有助于学生理解不同领域的专业术语和专业知识，促进跨学科的交流和合作。

（四）语言知识积累和文化知识导入的过程

阅读是积累语言知识和文化知识的主要途径之一。通过阅读文学作品、历史文本、文化评论等，学生可以了解不同国家和文化的历史、传统、价值观等。此外，阅读也有助于学生积累丰富的词汇和习惯用语，提高对语言的敏感度和表达能力。

二、大学英语阅读教学的特点与目标

（一）特点

1.专业性强

大学英语阅读教学更加注重学术和专业性的阅读。学生需要处理各种学科领域的文本，包括科学、社会科学、医学、工程等多领域的专业文献。这要求学生具备一定的学科背景知识和词汇积累，以便深入理解文本。

2.阅读材料更加多样化

阅读材料在大学阶段变得更加多样化。学生将面临各种类型的文本，如学术论文、新闻报道、文学作品、法律文件等。他们需要适应不同领域和文体的文本，理解各种不同的写作目的。

3.深度阅读

大学英语阅读要求学生进行深度阅读，不仅要理解表面文字的含义，还要挖掘文本的主题、观点、论证和作者的意图。这需要学生更加仔细和深入地分析文本，包括推理、引申和解释。

4.对批判性思维的培养

大学英语阅读教学鼓励学生培养批判性思维，不仅要了解文本，还要评估文本的可信度、逻辑性和说服力。学生需要提出问题、进行讨论、辨别论点和证据，并表达自己的观点。

5.为学术写作准备

大学英语阅读教学也为学术写作打下基础。通过阅读学术论文和文献，学生可以学习如何有效地引用、总结、概括和撰写学术文章，以准备将来的研究论文和报告。

（二）目标

大学阶段的英语阅读教学目标分为三个等级，即基础目标、提高目标和发展目标，以满足不同学生的英语学习需求。

1.基础目标

基础目标主要面向大多数非英语专业学生，旨在满足其英语学习的基本需求。具体包括：

能够基本阅读理解题材熟悉、语言难度中等的英语报刊文章和其他英语材料。

能够借助词典阅读英语教材和未来工作、生活中常见的应用文和简单的专业资料，理解文章的中心大意，掌握主要事实和相关细节。

能够根据阅读目的的不同和阅读材料的难易，适当调整阅读速度和方法，运用基本的阅读技巧。

2. 提高目标

提高目标适用于那些入学时英语基础较好且英语需求较高的学生。具体包括：

能够基本阅读理解公开发表的英语报刊上一般性题材的文章。

能够阅读与所学专业相关的综述性文献，或与未来工作相关的说明书、操作手册等材料，理解文章的中心大意、关键信息、篇章结构和隐含意义。

能够较好地运用快速阅读技巧阅读篇幅较长、难度中等的材料，以及运用常用的阅读策略。

3. 发展目标

发展目标是为满足学校人才培养计划的特殊需要以及部分学有余力学生的多元需求而设定的目标。具体包括：

能够阅读有一定难度的文章，理解文章的主旨大意和细节。

能够比较顺利地阅读公开发表在英语报刊上的文章，以及与所学专业相关的英语文献和资料，较好地理解其中的逻辑结构和隐含意义等。

能够对不同阅读材料的内容进行综合分析，形成自己的理解和认识，恰当地运用阅读技巧。

这三个不同等级的目标旨在满足不同学生的英语阅读需求，为他们提供了逐步提高英语阅读能力的机会，以应对未来学术、职业和社交交流的挑战。

三、大学英语阅读教学的理论基础

（一）阅读的心理机制

大学英语阅读教学的理论基础之一是阅读的心理机制。了解阅读的心理机制对于制定有效的教学策略和帮助学生提高阅读能力至关重要。

1. 感知与知觉

阅读过程中，学生需要感知和识别文字中的字母、单词和句子结构。这包括字母和单词的识别、词汇理解及语法结构的解析。感知与知觉是阅读的起始阶段，它们为后续的理解和解释提供了基础。

2. 注意力与集中力

阅读需要学生集中注意力，专注于文本。注意力的分散或缺乏会导致阅读理解的困难。因此，培养学生的注意力和集中力是阅读教学的一项重要任务。

3. 词汇与语境理解

阅读过程中，学生需要理解文本中的词汇并将它们置于适当的语境中。这包括词汇的识别、词义的理解以及在句子和段落中的用法。学生需要具备足够的词汇知识和语境理解能力，以便准确地理解文本。

4. 理解与记忆

阅读是理解文本的过程，学生需要将他们读到的信息加工成有意义的知识。这包括理解文章的主题、主旨、结构以及其中的细节和论据。此外，学生还需要将他们理解的信息存储在记忆中，以便后续的回顾和应用。

5. 推理与判断

阅读不仅是被动接收信息，还包括主动思考和推理。学生需要根据文本提供的信息进行推理、判断和分析，形成自己的看法和结论。

理解阅读的心理机制有助于教师更好地指导学生，了解学生在阅读中可能遇到的困难，并提供针对性的教学支持。教师可以设计各种练习和活动，帮助学生提高感知、注意力、词汇、理解、推理等各个方面的阅读技能，从而全面提高他们的阅读能力。同时，了解阅读的心理机制也有助于开发新的教育技术和教材，以更好地满足学生的需求。

（二）阅读理解的模式

阅读理解的模式是描述人们在阅读过程中如何理解和处理文本信息的不同方式。这些模式帮助我们更好地理解阅读是如何进行的，以及阅读理解的复杂性。

1. 自下而上模式

自下而上模式（Bottom-Up Model），其核心思想是阅读过程中信息的逐步积累和构建，从文本的基本元素逐步推导到整体理解。

自下而上模式认为，阅读过程始于读者对文本的基础元素的关注。这些基础元素包括字母、词汇、语法和句子结构。读者首先识别和理解单词的拼写和发音，然后将这些单词组合成短语和句子。在这一模式下，阅读是一个逐步构建的过程。读者逐步识别和理解句子中的词汇，然后将这些词汇组合成有意义的短语，最终形成对整个文本的理解。这个过程类似于搭积木，一层一层地构建。

自下而上模式强调了文本中的每个基础元素的重要性。读者需要准确地理解每个单词和短语，以确保他们能够正确理解整个文本。因此，语法和拼写的正确性对于阅读的成功至关重要。

在自下而上模式下，语音识别也起到了重要作用。读者会注意到每个单词的发音，从而更好地识别和理解这些单词。这对于学习者来说尤为重要，因为正确的发音有助于正确的词汇识别。

自下而上模式特别适用于初学者和正在发展阅读技能的人，帮助他们逐步提高阅读能力，从理解单词和句子开始，逐渐向更复杂的文本过渡。然而，该模式通常需要更多的时间和努力，因为读者需要仔细处理文本中的每个细节。

2. 自上而下模式

自上而下模式（Top-Down Model），是一种阅读理解的模式，其核心思想是读者的先验知识、背景信息和语境对阅读理解的影响至关重要。

自上而下模式认为，读者在阅读过程中首先运用自己已有的知识和经验。这些先验知识包括词汇、语法、文化背景、主题领域的专业知识等。读者利用这些知识来理解文本中的信息。在这一模式下，阅读理解受到语境和上下文的显著影响。读者会考虑文本所处的语境、文本的目的以及与文本相关的其他信息。这些因素有助于读者更好地理解文本的含义。

自上而下模式强调了读者的主观解释和个体差异。不同的读者根据他们不同的先验知识和语境，对同一文本产生不同的理解和解释。因此，阅读是一种主观的过程。在阅读过程中，读者通常会有明确的阅读目标。他们的目标影响他们的阅读策略和注意力焦点。例如，如果读者的目标是获取特定信息，他们会更专注于相关部分而忽略其他内容。自上而下模式强调了先验知识的重要作用。读者的先验知识可以帮助他们填补文本中的信息缺失，理解暗示和隐喻，以便更好地把握作者的意图。

自上而下模式特别适用于有一定英语基础和丰富背景知识的读者。对于高级阅读理解和文学作品的阅读，这种模式尤为重要，因为这些文本通常充满了复杂的隐喻和象征意义。但也意味着不同的读者会产生不同的理解，因为他们的先验知识和经验不同。

3. 相互作用模式

相互作用模式（Interactive Model）强调了由下而上和由上而下两种模式之间的互动和平衡。

相互作用模式将自下而上和自上而下两种模式视为相互补充的要素。读者在阅读过程中综合考虑文本本身的信息、自己的先验知识和语境。这种综合性阅读模式使读者能够更全面地理解文本。

在相互作用模式下，读者不仅关注文本中的信息，还将这些信息与他们已有的知识相结合。他们试图理解文本与他们已知的概念、事实和背景之间的联系，从而更深入地理解文本。

相互作用模式认为，读者在阅读过程中会不断地调整他们的阅读策略。这意味着他们会根据文本的复杂性、自己的理解程度和阅读目标来灵活应对，以确保他们能够更好地理解文本。因此，在相互作用模式下，读者会使用各种阅读策略，包括从文本中获取信息、预测、假设、总结和提问等，以满足他们的阅读需求。

相互作用模式适用于各种阅读任务和文本类型。它强调了文本信息与读者先验知识之间的互动，因此，对于理解复杂或具有隐喻性质的文本尤为重要。

总之，以上三种阅读理解模式通常不是单一的，而是相互交织的。在实际阅读中，读者会同时运用这些模式，根据需要进行切换和调整。理解这些模式有助于教师更好地指导学生提高阅读理解能力，完善阅读策略。

（三）阅读策略理论

阅读策略是指学习者在阅读文本时采用的有目的的行为或方法，旨在帮助他们更好地理解文本。这些策略包括但不限于词汇推测、上下文理解、提前预测、主题识别和概括等。阅读策略是有意识的，学习者在阅读时会主动选择并应用适合文本和阅读任务的策略。通过运用适当的策略，学习者能够更迅速、更准确地获取文本信息，并更深入地理解文章的内容。这对于学术和职业领域的阅读任务至关重要，因为它可以帮助学生更好地处理大量信息和复杂文本。学习者可以根据文本的性质、自己的阅读目标和理解困难程度来选择策略。例如，他们可以使用词汇推测策略来理解生词的含义，或者运用上下文理解策略来推断句子的意思。灵活运用不同的策略有助于提高阅读的适应性，使学习者能够更好地应对各种阅读情境。

教师可以采用多种方法来教授阅读策略，包括示范、引导、练习和反思。通过示范，教师可以向学生展示如何运用特定策略。引导则是教师在学生的阅读过程中提供指导和支持。练习是帮助学生巩固策略应用的重要步骤，而反思则有助于学生提高策略的有效性和适用性。通过教授阅读策略，高校和教师的目标是帮助学生发展成具有高效阅读能力的独立学习者。这种自主学习能力在学术、职业和日常生活中都具有重要价值，因为它使学生主动应对各种阅读需求和挑战。

四、基于大数据技术的大学英语阅读教学方法

（一）提供层次阅读资源与练习

1.识别不同难度层次的阅读材料

大数据技术可以通过文本难度检测技术，自动识别和标注不同难度层次的英

语阅读材料。这些材料包括简单的文章、中等难度的短篇小说、科技论文、新闻报道等。每个材料都会被分配一个难度等级，以便学生更好地选择适合自己水平的文章。

2. 分层选择阅读材料

学生可以根据自己的英语水平和学习目标，在提供的不同难度层次的阅读材料中进行选择。这种自主选择有助于提高学生的学习动力，因为他们可以选择对他们来说既有挑战性又不过于困难的文章。

3. 设计不同层次的阅读理解题

教师可以根据提供的阅读材料，为学生设计相应难度的阅读理解题。这些题目应该涵盖文章的主题、关键信息、词汇理解、逻辑推理等多个方面，以全面培养学生的阅读理解能力。

4. 个性化分层教学

大数据技术还有助于教师分析学生在不同难度层次阅读理解题上的表现。根据学生的答题情况和进展，教师可以制订个性化的分层教学计划。对于那些表现较好的学生，可以提供更具挑战性的材料和题目，而对于那些需要更多支持的学生，可以提供更简单的材料和辅助资源。

通过提供层次化的阅读资源与练习，基于大数据技术的大学英语阅读教学方法能够更好地满足学生的个性化学习需求，提高他们的阅读理解能力，帮助他们更有效地掌握英语阅读技巧。这一方法使教育变得更加灵活，能够更好地满足不同学生的需求，提高了英语阅读教学效率和质量。

（二）实时诊断阅读难点与提供介入措施

大数据技术可以支持应用智能诊断系统来监测学生在阅读过程中的难点。这些系统可以分析学生的阅读行为，包括词汇、语法等方面的问题。通过分析学生的阅读模式和表现，系统可以精确识别他们遇到的难点。

一旦智能诊断系统检测到学生在阅读中遇到了困难，它可以即时提供相应的辅助措施。这包括词汇注释，解释生词；语法解释，帮助学生理解复杂句子结构；发音示范，以确保学生正确发音。这些辅助措施旨在帮助学生克服他们在阅读中遇到的具体困难。

智能诊断系统还可以根据学生的具体问题提供个性化的介入措施。不同学生会在不同方面遇到困难，因此，系统应该根据学生的需要提供定制化的支持。这包括额外的练习材料、专门的课程模块或在线辅导。同时，学生可以在阅读时获得即时的反馈，告诉他们哪些方面需要改进，并提供建议来解决问题。这种反馈可以激励学生积极参与学习，并提高他们的阅读技巧。

总之，通过实时诊断阅读难点并提供介入措施，大数据技术可以大大提高大学英语阅读教学效果。这一方法有助于学生克服他们在阅读中的具体困难，提高他们的阅读理解能力，并增强他们的学习动力。同时，教师可以更好地了解学生的需求，并提供个性化的支持，以确保每名学生都能够充分发挥潜力。

（三）大数据推荐匹配阅读材料

大数据技术的应用在大学英语阅读教学中具有深远的影响。其中，大数据推荐匹配阅读材料是一项重要而实用的方法，它可以个性化地满足学生的学习需求和兴趣。

首先，这一方法通过收集学生的兴趣、文化背景、学科偏好等多维信息，建立了每名学生的学习画像。这个学习画像是通过大数据分析和处理学生的多样化信息而生成的，使教师更全面地了解每名学生的特点和需求。

其次，利用内容智能推荐算法，教师可以根据学生的学习画像来自动分析和匹配适合他们的阅读材料。这些算法不仅考虑了学生的兴趣，还综合了学习历史、学科需求等多个因素，以确定最佳的匹配结果。这意味着学生将获得与其学术和个人背景相契合的阅读材料，从而更容易建立与所学知识的联系，提高阅读理解的质量。

最后，大数据推荐匹配阅读材料的主动推送功能使学生方便地获取这些资源，无须费时费力地寻找适合自己的阅读材料。这种个性化推送不仅提高了学生的学习效率，还增加了他们对学习的兴趣和积极性。学生更愿意主动阅读，并在不断获取新知识的过程中培养持续学习的习惯。

大数据推荐匹配阅读材料还可以根据学生的学习表现不断调整匹配的阅读材料，以适应他们的学习进展。这一方法有助于学生建立个性化的学习路径，根据自己的需求和能力水平选择不同难度和主题的阅读材料，从而更好地提高阅读能力。

（四）阅读理解能力数据库支持决策

阅读理解能力数据库的建立和应用可以为大学英语阅读教学提供数据支持，促进了个性化教育和精细化管理。

首先，通过构建学生阅读理解的历史数据仓库，高校可以收集、存储和管理大量学生在阅读练习中的数据。这包括学生的阅读速度、准确性、词汇掌握程度、语法理解等多个维度的信息。这些数据的积累有助于全面了解学生的阅读表现，帮助教师更好地了解每名学生的学习特点和需求。

其次，应用阅读理解能力数据库可以进行多维度的数据分析。通过分析不同阅读维度的情况，可以识别出学生在哪些方面存在薄弱环节。例如，有些学生在词汇掌握方面表现较差，而有些学生在理解长篇文章的逻辑结构上有困难。这些数据分析可以帮助教师更加精确地定位学生的问题，有针对性地进行教学干预和提供辅导。

最后，阅读理解能力数据库还能够为教学决策提供有力的支持。教师可以根据学生的历史阅读数据，制订个性化的教学计划，有针对性地选择教材和教学方法，以满足每名学生的需求。这种个性化的教学可以提高学生的阅读理解能力，推动他们在阅读方面取得更好的成绩。

（五）数据驱动启发式学习与技能培养

数据驱动的启发式学习结合了大数据技术和启发式学习原则，旨在帮助学生更好地理解和运用阅读材料，培养独立阅读的能力。

教师可以设置情境化的阅读任务，以评估学生在特定阅读情境下的表现。这些情境化任务可以模拟真实的阅读场景，要求学生在特定背景下理解和应用阅读材料。通过收集学生在这些任务中的表现数据，教师可以更好地了解学生在不同情境下的阅读能力，发现问题和潜力。

借助学习分析技术，教师可以为学生提供启发式反馈。这种反馈不仅关注答案的正确与否，还强调迁移思维、总结扩展等方面的启发性信息。例如，如果学生在阅读任务中出现错误，系统可以提供引导性的解释，帮助学生理解问题的根本原因，并提供类似的阅读材料，以帮助他们改进。

最重要的是，数据驱动的启发式学习与技能培养旨在引导学生思考和培养他们的独立阅读能力。通过给学生提供具有挑战性的阅读任务和启发性反馈，教师可以激发学生的学习兴趣，培养他们主动思考和解决问题的能力。这种培养方式有助于学生在阅读过程中更深入地思考，理解阅读材料的内涵，提高他们的阅读技能和理解能力。

第四节　大学英语写作教学

英语写作是大学英语教育中不可或缺的一部分，它不仅是一种沟通工具，更是一种表达思想和观点的重要方式。在大学阶段，培养学生的英语写作技能至关重要，因为这将直接影响他们在学术领域和职业生涯中的成功。本节将探讨如何利用大数据技术为写作教学提供创新的方法和支持，以帮助学生提高写作技能。

一、英语写作的重要性

（一）英语写作有广泛的社会影响

随着信息时代的到来，英语写作成为一种无比重要的技能，因为它是传播思想、知识和信息的主要工具之一。

英语已经成为国际交流和合作的通用语言。无论是跨国公司的商务沟通，还是国际学术界的研究合作，都需要出色的英语写作能力。因此，学习和掌握英语写作对于参与全球事务的各个层面都至关重要。

在学术领域，发表英语论文和写作研究报告对于学术生涯的成功至关重要。同时，在职业生涯中，撰写报告、邮件、提案和其他文档也是必不可少的技能。英语写作不仅有助于传达专业知识，还有助于提高个人职业竞争力。

英语写作是信息传播和创新的重要驱动力。通过写作，人们可以分享新的观点、创意和发现，推动科学、文化和社会的进步。通过新闻报道、博客文章和社交媒体上的帖子等形式，英语写作能够影响和塑造舆论。

英语写作也有助于促进跨文化交流和理解。通过写作，人们可以分享自己的文化、价值观和观点，增进不同文化之间的了解，减少误解和冲突。

（二）英语写作与其他英语技能联系紧密

英语写作在外语教育中占据着重要地位，因为它在听、说、读、写四种语言技能中起重要的补充和支持作用。这四种技能相互促进和相辅相成，共同构成了学生的综合语言交际能力。

要想真正掌握一门外语，学生需要具备全面的语言交际能力，包括听、说、读、写四个方面。这四项技能互相交织，互相支持。写作是其中之一，它帮助学生将语言知识从被动的认知状态转化为主动的内化和表达状态。

写作要求学生运用已学的语法、词汇和句法结构，这有助于巩固他们在课堂上所学的知识。通过实际运用语言进行写作，学生更容易理解和记忆语法规则，熟练使用词汇。写作促使学生将语言知识内化为自己的思维和表达方式。当学生尝试用外语表达自己的思想和观点时，他们不仅在纸上表达，还在头脑中构建语言结构。这有助于培养语言思维，使学生更流利地运用语言进行交流。同时，写作是一种创造性的过程，学生需要构思、组织和表达自己的观点和想法。这种创造性思维不仅有助于提高写作技能，还有助于培养学生的批判性思维和解决问题的能力。

总之，英语写作在外语教育中不仅是培养一门技能，更是培养一种思维和表达方式。通过积极参与写作活动，学生可以更全面地发展自己的语言交际能力，更好地适应现代社会的多样化需求。因此，在语言教学中，写作应该受到足够的重视，以培养学生的全面语言能力。

二、大学英语写作教学的特点与目标

（一）大学英语写作教学的特点

在大学英语教学中，包括听、说、读、写四项技能的培养，写作教学的独特之处主要体现在以下三个方面。

1. 写作教学是一种输出和检验过程

在写作课上，学生需要将他们所学的知识和技能应用到实际写作中。这意味着他们需要拥有一定的信息输入，包括对不同体裁和主题的了解。无论是课堂上还是课后，学生都应该有一定的阅读量，以积累词汇、句型和语法知识，这样才能在写作时游刃有余。换句话说，写作课程不仅是对学生平时知识积累的检验，还是对他们对语法规则的掌握和词汇的运用能力的培养。如果学生没有日常的积累和练习，在写作课上会感到吃力，无法灵活自如地表达自己的思想。

2. 写作教学对英语教师提出了较高的要求

在大学英语写作课上，教师需要为学生提供丰富的写作主题和体裁，引导他们深入思考和选择适当的题材。教师还需要启发学生对写作内容、体裁和语言表达方式进行思考，而不只是传授写作技巧。这意味着教师必须在课前做好准备工作，以确保课堂教学的质量。

写作涉及多个领域，包括不同主题的内容、不同体裁的要求，以及丰富的词汇和语法知识。因此，教师不仅需要有高水平的外语能力，还需要对各种主题有所了解，以便能够为学生提供有深度的指导和建议。教师只有具备足够的知识储备，才能够言之有物，帮助学生在写作中表现出色。

同时，学生的写作水平需要教师的精细指导和反馈。教师需要耐心地阅读每名学生的作文，给出针对性的评语和建议，以帮助学生不断提高写作能力。这需要教师具备耐心和责任心，愿意为每名学生的进步付出时间和精力。写作课的效果不仅取决于课堂教学，还取决于教师课后的辅导和指导，因此教师的角色至关重要。

3.写作教学是一个渐进的学习过程

首先，写作是一个复杂的过程，要求学生在逐步积累的基础上不断提高。学生需要通过阅读不同类型的文本，积累词汇、句型和语法知识。然后，他们开始尝试简单的写作任务，如短文或段落。随着时间的推移，学生可以逐渐挑战更复杂的写作任务，如论文或研究报告。因此，写作课程需要按照学生的语言水平和写作经验，循序渐进地设置不同难度的任务，以确保他们的写作技能逐步提高。

其次，写作是一个循环的过程，学生需要反复练习和修订。学生的第一稿往往不会完美，需要经过多次修改和改进才能达到较高水平。写作课程应该鼓励学生不断反思和修改自己的作品，以提高写作质量。这种反复练习和修改的过程有助于学生深入理解写作原则和技巧，逐渐培养良好的写作习惯。

最后，写作课程要求学生进行丰富的联想和创造性的思考。写作不仅是将所读所学的知识整合起来，还涉及创造性地表达自己的思想和观点。学生需要不断发掘新的题材和角度，培养独立思考和创新的能力。因此，写作课程应该鼓励学生勇于尝试不同的写作风格和主题，以促进他们创作潜力的发展。总之，写作课程是一个循序渐进、反复练习和创造性思考的过程，需要学生不断努力和提高。

（二）大学英语写作教学的目标

大学英语写作教学的目标是培养学生具备高效、准确、有表达力的英语写作能力，使他们能够在学术、职业和日常生活中成功地应用写作技能。以下是大学英语写作教学的主要目标。

1.提高表达能力

帮助学生提高英语写作的表达能力，包括词汇选择、句子结构、段落组织和语法准确性。学生应能够清晰地表达自己的思想和观点，使读者易于理解。

2.培养批判性思维

培养学生的批判性思维能力，使他们能够分析和评估不同观点、论据和证据，并在写作中提供合理的支持和反驳。这有助于学生开展有深度的研究和辩论。

3.学术写作能力

培养学生在学术领域中写作的能力。这包括学术论文、研究报告和文献综述的撰写，以及引文和参考文献的规范引用。学生应了解学术写作的标准和规范。

4.提高创造性

鼓励学生在写作中展现创造性和独创性。他们应该以新颖的方式处理问题，提出新的观点，或者将不同领域的想法相融合，从而产生具有启发性的作品。

5.培养编辑和修订技能

培养学生编辑和修订自己与他人写作的技能。这包括审查和改进文档的结构、逻辑、语法和拼写错误。学生应能够自我评估和改进他们的写作。

6.适应不同写作任务

帮助学生适应各种不同的写作任务，包括论文、邮件、报告、简历和创意写作。他们应该能够根据不同的写作情境和目的调整自己的写作风格和语气。

7.发展自主学习能力

培养学生自主学习和自我管理的能力，使他们能够独立进行写作项目，并持续提高他们的写作技能。这包括制订写作计划、设定目标、管理时间和获取反馈的能力。

8.促进跨文化交流

帮助学生理解不同文化背景下的写作期望和风格，并促进跨文化交流的能力。这有助于他们在全球化环境中更好地与来自不同文化背景的读者交流。

综上所述，大学英语写作教学的目标旨在培养学生成为具备高水平写作能力的个体，使他们能够在各种职业领域和社会环境中成功地进行英语书面交流和表达。这有助于学生在学术、职业和日常生活中达到更高的写作标准和效果。

三、大学英语写作教学的理论基础

大学英语写作教学的理论基础涵盖多个学科领域，以下是主要理论的详细阐述。

（一）语言交际理论

语言交际理论强调写作是一种交际行为，其主要目的是与读者进行有效的沟通。在大学英语写作教学中，这一理论的应用将学生置于真实的交际环境中，鼓励他们将写作作为一种与他人分享观点、思想和信息的方式。这意味着学生需要考虑他们的写作如何影响受众，以及如何以清晰、明确和有说服力的方式传达他们的观点。语言交际理论强调写作者需要考虑读者的需求和背景，并根据不同的读者群体来调整他们的写作风格和表达方式。这有助于学生在写作中注重受众，提高他们的写作有效性，使其更具现实应用价值。

（二）过程性写作理论

过程性写作理论认为写作是一个逐步完成的过程，而不是一次性事件。这一理论将写作过程分解为构思、草稿、修订和编辑等阶段。在大学英语写作教学中，这一理论的应用强调学生需要通过不断地练习和反思，逐步提高他们的写作技能。学生会在构思阶段思考他们的主题和论点，然后在草稿阶段将这些思想转化为文字。修订和编辑阶段则帮助学生提升他们的写作能力，包括纠正语法、拼写、标点和文档结构等方面的错误。过程性写作理论鼓励学生重视反复练习，并接受他人的反馈和建议，以便不断改进他们的写作技能。这有助于培养学生的耐心和自我修正的能力，使他们更好地应对不同类型的写作任务。

（三）语篇分析理论

语篇分析理论关注文本和篇章的语言特点、结构和组织。在大学英语写作教学中，这一理论强调了学生对文章的整体结构、段落组织以及句子之间的连贯性和衔接性的认识。语篇分析理论鼓励学生在写作过程中注重文本的内部逻辑和条理性，以确保他们的写作能够清晰地传达思想和信息。学生需要学习如何构建一个连贯的论证结构，使读者能够理解和跟随他们的思路。此外，这一理论也有助于学生掌握一些篇章的常见特点，如开头、发展、高潮和结尾，以及段落之间的过渡和衔接。通过对语篇分析的理解，学生能够更好地组织他们的写作，使其更具逻辑性和可读性。

（四）语料库语言学理论

语料库语言学理论是一种通过分析大规模语料库中的实际语言使用情况来指导语言学习和写作的方法。在大学英语写作教学中，这一理论强调了语言的实际用法和语境，帮助学生更准确地理解和运用语言。学生可以通过研究语料库中的语言示例，了解常见的语法结构、词汇用法和表达方式。这有助于他们避免常见的语法错误和词汇失误，提高写作的规范性和准确性。语料库语言学也鼓励学生注重词汇的多样性和语言的变化，使他们的写作更富有表现力和多样性。通过与实际语言数据的接触，学生可以更好地理解语言的灵活性和多样性，从而在写作中自信且熟练地应用语言。

（五）语言输入理论

语言输入理论强调了阅读在英语写作教学中的关键作用。学生通过阅读文章、小说、报纸、学术论文等不同类型的英语文本，可以积累丰富的词汇和表达方式，了解不同领域的专业术语和用语，以及不同文体的写作特点。这为他们的写作提供了丰富的素材和灵感。

语言输入有助于学生培养语感，即对语言的敏感性和直觉。通过大量阅读，学生可以更好地理解句子结构、语法规则、语言的韵律和语音特点。这使他们能够更准确地感知和运用语言，从而提高写作质量。语言输入理论认为，学生可以通过模仿优秀的英语文本来学习写作技巧。他们可以分析和理解优秀作品的结构、用词、句式等特点，然后尝试应用于自己的写作中。这种学习方式有助于学生逐渐提高写作水平，同时培养了他们对不同文本的批判性思维和分析能力。

总之，这些理论共同为大学英语写作教学提供了重要的理论基础，有助于学生在写作过程中更好地理解语言的结构和用法，提高他们的写作技能和表达能力。

四、基于大数据技术的大学英语写作教学方法

基于大数据技术的大学英语写作教学方法可以为学生提供更精确的个性化指导和资源，有助于提高他们的写作水平。

（一）利用大数据技术提供个性写作练习与资源

1. 学生写作水平评估

使用大数据技术对学生的写作水平进行评估，可以通过收集学生之前的写作作品并进行分析来完成。评估结果将帮助确定每名学生的写作弱点和需求。

2. 个性化写作练习

基于评估结果，为每名学生提供个性化的写作练习。这些练习应该侧重于学生的弱点，如语法、拼写、逻辑或篇章结构。练习包括短文写作、段落练习、句子结构改进等。

3. 资源库建设

建立一个包含各种写作资源的库，如范文、写作指导、语法教材、写作技巧视频等。这些资源应该根据学生的需求和水平进行分类和标记，以便学生能够轻松访问并找到相关资源。

4. 个性化资源推荐

使用大数据技术，根据学生的写作需求和水平，系统可以自动推荐适当的写作练习和资源。这确保学生能得到与他们的写作目标相关的材料。

5. 定期跟踪进度

系统能够定期追踪学生在个性化练习和资源使用方面的进展。这有助于教师了解学生的学习情况，及时调整教学策略。

6. 学生反馈与调整

学生可以提供反馈，告诉教师哪些练习和资源对他们有帮助，哪些不够有

效。根据学生的反馈，调整个性化写作练习和资源的推荐策略。

通过以上步骤，基于大数据技术的大学英语写作教学方法可以有效地为每名学生提供个性化的写作指导和资源，有针对性地改进他们的写作技能。这种方法不仅提高了学生的写作水平，还促进了他们的自主学习和反馈能力的发展。

（二）大数据推荐匹配写作案例与模板

首先，建立一个包括大量写作练习和相关资源的数据库。这些练习和资源应该多样化，涵盖不同类型的写作任务，从简单的句子和段落到复杂的学术论文。这些资源可以来自教材、学术期刊、学生作品等。这个数据库是个性化写作练习的基础。

接下来，当学生面临写作任务时，他们将输入关键词或主题。大数据技术将根据这些输入内容，自动分析学生的写作需求，并从数据库中提供相应的个性化写作练习和资源建议。

学生访问与他们当前写作任务相关的练习，这些练习将根据他们的水平和需求进行定制。例如，如果一名学生正在学习如何写一封正式的邮件，系统将提供相关的练习，帮助他们理解邮件写作的规范和例子。如果另一名学生需要提高他们的学术写作技巧，系统将为他们提供学术论文写作的练习和指导。此外，这个方法还将为学生提供相关的写作资源，如写作指南、语法规则、拼写检查等。这些资源将有助于学生在写作过程中解决常见的语言和结构问题。

最重要的是，这个方法强调了个性化的学习体验。每名学生将根据他们的需求和水平获得定制的写作练习和资源，而不是采用一种通用的教学方法。这将有助于满足学生的个性化需求，提高他们的写作技能，并增强他们的写作信心。

（三）基于大数据的语料库分析

1. 语料库的定义

语料库（Corpus）是指大规模的文本数据集合，通常包含书面文本、口语文本或多媒体文本，用于研究和分析语言的实际使用。语料库包括各种类型的文本，如书籍、文章、新闻报道、对话录音、网页内容等。这些文本按照一定的方式组织和存储，以便进行语言学和文本分析研究。语料库的主要功能是帮助研究者深入了解语言的使用方式，包括词汇的使用频率、语法结构、短语和句子的构建方式，以及不同语境下的语言表达方式。通过对语料库的分析，研究者可以揭示语言的规律、趋势和变化，从而进行语言学研究、文本分析、语法研究、语言教育等方面的工作。

2. 语料库在大学英语写作教学中的作用

（1）通过语料库分析，学生可以查找特定词汇或短语的实际应用情况。这有助于他们更好地理解这些词汇和短语的用法，包括常见搭配、同义词、反义词等。学生可以通过语料库找到例句，了解这些词汇和短语在不同上下文中的意义。

（2）语料库分析也可以用于研究语法结构和句法规则的实际运用。学生可以查找各种类型的句子结构，并了解它们在不同类型的文本中的使用方式。这有助于他们在写作中更准确地应用语法规则。

（3）学生可以利用语料库来查找特定词汇或短语的语境，即它们在句子或段落中的周围词语和句子。这有助于学生理解语言的连贯性和上下文相关性，从而提高他们的写作能力。

（4）语料库分析还可以用于研究文体和修辞手法的实际应用。学生可以查找不同文体和修辞手法的例子，了解它们在不同类型的文本中的使用方式，从而丰富自己的写作风格。

3. 如何建立语料库

建立大学英语写作语料库是一项复杂但有价值的工作，教师或学校需要采集大规模的英语文本数据，这些数据包括书籍、文章、报纸、网页内容等。这些文本数据应该涵盖各种不同主题和领域，以便提供多样化的语言材料。这些文本数据将构成语料库的基础。一旦收集到文本数据，需要将其存储在合适的数据库或语料库中，并建立良好的管理系统，以便随时检索和分析。现代大数据技术可以有效地管理和存储这些数据。

建立语料库后，需要定期维护和更新数据。新的写作文本应不断添加到语料库中，旧数据也需要进行定期清理和更新，以保持数据的新鲜性和准确性。如果有条件，可以考虑将语料库开放给其他研究者和教育机构，以促进研究和教学的发展。共享数据有助于建立更大规模的语料库，提供更多有价值的信息。

建立大学英语写作语料库是一项长期的工作，它可以为学术研究和教育提供丰富的资源。通过大数据技术，学生可以更好地理解和应用英语语言，提高写作水平，也可以促进语言学和教育领域的研究。

（四）主题词云和趋势分析

主题词云是通过大数据工具生成的图形展示，包含当前热门话题和关键词。这些词汇根据它们在大规模文本数据中的出现频率和相关性而排列，通常以不同的字体大小或颜色显示。学生可以通过主题词云快速了解当前社会、文化和时事话题的趋势。他们可以根据词云中的关键词选择感兴趣的主题，从而确保他们的写作内容与时事相关。主题词云可以激发学生的写作灵感，帮助他们找到独特的角度和观点，以便吸引读者的注意。

大数据趋势分析是通过分析大规模数据集中的关键词、主题和话题，来识别当前社会、文化和领域的发展趋势。这有助于学生了解不同领域的热门话题和未来的写作方向。

学生可以通过趋势分析跟踪特定领域或主题的发展，从而选择适合他们兴趣和专业领域的写作主题。这有助于他们保持与时事和研究领域的联系，并写出更有深度和洞察力的文章。

主题词云和趋势分析为学生提供了有关当前热门话题和发展趋势的信息，帮助他们选择适合的写作主题，并使他们的写作更具时效性和吸引力。这两种方法结合了大数据技术和写作教学，使学生能够更好地应对不同的写作任务。

（五）过程监测与写作质量实时反馈

大数据技术可以追踪学生在写作过程中的进展，包括他们的写作速度、时间分配、篇章结构和段落组织等。这种实时监测有助于学生了解他们的写作过程是否顺利，是否存在拖延或混乱的情况。如果学生在写作过程中遇到问题或拖延，系统可以及时发出警告或提醒，帮助他们纠正行为，确保写作进展顺利。实时监测激励学生在写作过程中主动寻求改进，以提高效率和质量。

大数据技术可以自动评估学生的写作质量，包括检查语法错误、拼写错误、逻辑结构和表达能力等。系统可以根据一系列预设的标准来评估写作，提供分数或等级。系统不仅提供总体评估，还会为学生提供具体的反馈和改进建议。这些反馈涵盖具体的错误、建议的修改，以及提高表达清晰度和逻辑性的方法。学生根据系统提供的反馈和建议自主学习，逐渐改进他们的写作技能。这有助于他们理解和纠正自己的写作问题，提高写作水平。

第八章　反思与展望

第一节　在大学英语教育中应用大数据
存在的问题

在大学英语教育中应用大数据技术具有巨大的潜力，可以提高教学效果、个性化教育效果和学生支持服务。然而，正如任何领域引入新技术一样，大数据在教育中应用也伴随着一系列问题和挑战。本节将探讨在大学英语教育中应用大数据时存在的一些重要问题，包括在隐私和数据保护、数据质量和准确性、技术和基础设施限制、社会接受度和伦理问题，以及教育者和学生的态度和接受度等方面的考虑。综合分析这些问题将有助于更好地理解大数据在大学英语教育中的实际应用和潜在限制，从而为更有效地整合大数据技术提供有益的指导和建议。

一、隐私和数据保护问题

隐私和数据保护问题是大数据在大学英语教育中应用时不可忽视的重要因素。高校必须积极采取措施来保护学生的数据隐私，同时遵守相关法规，以确保数据的安全性和合法性。这将有助于建立信任，使大数据技术在教育领域发挥最大的潜力。

（一）学生数据隐私

在应用大数据技术时，高校会收集大量学生数据，包括学术表现、学习行为、兴趣爱好等。这些数据包含个人身份信息，如姓名、出生日期等。因此，保护学生数据的隐私成为首要任务。学生有权要求他们的数据不被滥用或未经授权访问。高校必须确保学生数据的合法收集和处理，并遵守适用的隐私法律和法规。

（二）数据安全风险

大规模数据收集和存储带来了数据安全风险。高校必须采取适当的安全措施来保护学生数据，以防止数据泄露、黑客入侵或其他安全威胁。这包括数据加密、访问控制、网络安全策略和定期的安全审查。员工应接受培训，了解如何处理学生数据以确保数据安全性。

（三）数据用途透明度

学校应明确告知学生他们的数据将被用于何种目的。透明度对于建立信任至关重要。学生和家长应清楚了解数据将被用于改进教学质量、提供个性化支持或其他方面。同时，学校不应将学生数据用于未经明确同意的目的。

（四）数据访问和控制权

学生和家长有权访问自己的数据，并要求纠正不准确的信息。这有助于确保数据的准确性，并使学生能够更好地参与自己的教育过程。同时，学生和家长也应有权决定是否同第三方分享他们的数据。

二、数据质量和准确性

保证数据质量和准确性是使用大数据技术改善大学英语教育的关键。通过采取严格的数据管理和清理措施，确保数据的可信度，学校可以更好地利用大数据分析来改进教学方法、提供学生支持服务，并做出更明智的决策。

（一）数据采集和整理问题

大数据通常有多种来源，包括学生管理系统、在线学习平台、社交媒体、问卷调查等。确保数据来源的多样性的同时需要更复杂的数据整合和清理过程，以确保数据的完整性和一致性。

数据采集方法的选择影响数据的质量。例如，如果某些数据是自动收集的，可能存在系统误差。同时，手动输入数据也会导致错误。因此，需要使用可靠的采集方法，并进行数据验证和纠正。

（二）数据可信度

大数据分析的结果和决策依赖于数据的准确性。如果数据存在错误、遗漏或不准确，将导致不准确的分析结果。因此，必须确保数据的准确性，定期进行数据质量检查和校验。

确保数据的完整性也很重要。如果数据缺失或不完整，可能会导致分析的片面性。高校需要建立良好的数据收集流程，以确保数据的完整性。

（三）数据清理和标准化

数据通常包含冗余、错误或不一致的信息。数据清理是一个重要步骤，涉及检测和纠正这些问题，以确保数据的质量。

不同数据源使用不同的数据格式和单位。数据标准化是将数据转化为统一格式和单位的过程，以便进行比较和分析。

（四）数据质量管理

高校应该建立数据质量管理体系，明确数据质量标准和流程，制定质量控制措施，并指定负责人。数据质量管理需要定期的内部和外部审核，以确保数据的质量和准确性得到保障。

三、技术和基础设施限制

技术和基础设施限制是在大学英语教育中应用大数据时需要解决的重点问题。

（一）师资和学生的技术能力

从师资层面看，大数据分析通常需要高级的技术知识和技能，包括数据收集、数据清理、统计分析和数据可视化等。因此，高校有责任提供相应的培训计划，以协助教师掌握这些重要技能。这种培训包括定期的研讨会、在线课程和工作坊，帮助教师逐步提升自己的技术水平。教师还需要深入了解大数据分析如何应用于英语教育，并认识到它如何有助于提升学生的学习体验和成果。为此，高校可以通过定期更新教材、分享成功案例和组织专题讲座等方式，提高教师的技术意识，使他们更加了解大数据的潜力和应用领域。大数据分析往往需要跨学科的合作，涉及计算机科学、数据科学等领域的专家。在这方面，高校可以积极鼓励教师与这些专家展开合作，共同开发和实施大数据项目，从而充分发挥不同领域的专业知识和技能。

从学生层面来看，他们需要具备一定的数字素养，包括基本的计算机操作、数据阅读和数据解释的能力。为此，高校可以将数字素养培训纳入课程中，帮助学生掌握这些重要技能，以便更好地应对大数据分析的需求。学生还应具备理解和有效利用大数据分析结果的能力。这包括识别重要趋势、提出问题以及使用数据可视化工具等技能。教师应鼓励学生积极参与数据分析项目，以培养他们的实际操作能力和应用技能。

最后，高校可以提供相关支持服务，包括数据分析方面的辅导和指导，以帮助学生更好地利用大数据工具和资源。高校还应设立技术支持团队，解决教师和学生在使用大数据工具时可能遇到的问题和挑战。这一支持团队可以提供培训、在线支持和解决问题服务，确保高校能够顺利推进大数据应用。

（二）高校基础设施需求

1. 计算能力

大数据分析通常需要大量的计算能力来处理和分析海量数据。高校需要投资于高性能计算机集群、云计算服务或其他计算资源，以满足大数据处理的需求。这些计算能力有助于高校更快速地进行数据分析，提供及时的反馈和洞见。

2. 数据存储

大规模数据收集需要大量的存储空间。高校需要建立可扩展的数据存储解决方案，以容纳和管理各种类型的数据，包括学生信息、学术成绩、在线学习内容等。有效的数据存储系统可以确保数据的安全性和可用性。

3. 网络带宽

高速互联网连接是大数据应用的关键。大量的数据需要在不同部门之间传输和共享，而学生和教师也需要访问在线资源和工具。因此，高校必须确保有足够的网络带宽，以支持数据的传输和访问，避免网络拥堵和延迟。

4. 数据整合和互操作性

大学英语教育涉及多个数据来源，包括学生管理系统、在线学习平台、图书馆系统等。为了有效地利用这些数据，高校需要投资于数据整合和互操作性的解决方案。这些解决方案可以帮助不同系统之间的数据流畅集成，确保数据的一致性和准确性。

5. 数据安全体系

高校需要建立强大的数据安全体系，以保护敏感的学生数据免受黑客攻击、数据泄露或滥用的威胁。这包括数据加密、访问控制、身份验证机制等安全措施，以确保数据的机密性和完整性。同时，高校还需要遵守隐私法规，确保学生数据的隐私得到妥善保护。

6. 硬件和软件

大数据分析通常需要专用的硬件和软件工具。高校需要投资于适当的硬件设备，如高性能服务器、数据存储设备以及数据分析工作站。此外，选择适用的数据分析软件工具至关重要，以支持数据处理和可视化。

（三）费用和资源

费用和资源管理在大学英语教育中应用大数据时是至关重要的，需要全面地规划和管理。高校应该谨慎考虑投资需求、人力资源、培训和教育、技术支持以及监测与评估等方面的资源分配，以确保大数据项目的顺利实施和取得可观的教育效益。

1. 投资需求

建立和维护大数据基础设施需要大量的投资。这些投资包括硬件（如高性能服务器、存储设备）、软件工具（如数据分析平台和数据库管理系统）、网络基础设施升级、数据安全措施和技术支持。高校必须仔细评估这些成本，并制定合理的预算，以确保项目能够稳健运行。

2. 人力资源

大数据项目需要专业的人力资源，包括数据科学家、数据分析师、数据工程师等。拥有这些专业人员对于成功的大数据应用至关重要。然而，招聘和培养这些人才是一项挑战，因为社会对这类人才的需求较高。高校需要考虑与企业合作、提供竞争性的薪酬和福利，以吸引和留住这些优秀人才。

3. 培训和教育

除了专业人才，高校还需要培训和教育现有的教职员工，以提高他们在大数据分析领域的技术能力。这包括数据分析培训、数据隐私培训、数据安全培训等。培训计划应该根据不同的角色和技能水平来设计，以确保所有人都能适应大数据应用。

4. 技术支持和维护

大数据基础设施需要定期的技术支持和维护，以确保系统的稳定性和安全性。高校必须投入足够的资源来维护硬件设备、更新软件、进行安全审查以及提供及时的故障排除服务。这可以通过招聘专业的技术支持团队或与外部服务提供商合作来实现。

5. 监测和评估

高校还需要投入资源来监测和评估大数据应用的效果和成果。这涉及数据质量检查、教学效果评估、学生参与度跟踪等工作。通过不断地监测和评估，高校可以优化大数据项目并确保投资的有效性。

四、社会、教育者和学生的态度和接受度

社会、教育者和学生的态度和接受度对于大数据在大学英语教育中的应用产生重要影响。

（一）社会的接受度

任何新技术的产生与应用都会伴随着社会的不解和担忧。这是因为新技术往

往会改变现有的生活方式、社会结构和经济格局，人们对这些变化产生恐惧或不确定感。大数据在教育中的应用亦然。一些人对数据收集和分析过程中的隐私问题感到担忧，担心他们的个人信息会被滥用或泄露。此外，一些人担心大数据分析会导致学生被过度监控，从而损害他们的个人自由和隐私。这些担忧会影响公众对大数据应用的态度，甚至出现反对声音。

尽管新技术引发不解和担忧，但它们通常伴随潜在的益处和机会。通过有效的沟通、教育、信息公开和政策制定，社会可以更好地理解新技术，减轻担忧，同时确保这些技术的合法和道德使用。

因此，为了提高社会对大数据应用的接受度，学校需要进行有效的沟通和宣传。这包括清晰地解释数据收集的目的、使用方法和保护措施。学校可以组织信息会议、编制信息手册，以便向社会大众传达透明的信息。学校还可以积极回应公众的疑虑，解答疑问，并展示数据应用如何有益于教育领域。

政府和监管机构制定的法规和政策可以明确规定大数据应用的合法性和框架。如果法规和政策支持大数据应用，并确保数据隐私和伦理合规性，那么社会就会接受这些应用。反之，如果法规和政策存在漏洞或缺乏保护措施，就会引发公众的不信任和反对。另外，学校必须遵守相关法规，并积极参与制定与大数据应用相关的政策。学校可以与政府和监管机构合作，提供有关数据收集、隐私保护和伦理原则的建议。通过遵守法规和政策，学校可以获得社会的信任和支持，增强大数据应用的合法性和可持续性。

（二）教师的态度和接受度

教师的态度和接受度对于大数据在大学英语教育中的应用产生重要影响，因为他们直接参与教育过程，决定了这一技术能否够成功融入教学环境。

一些教师担心大数据技术的应用会取代传统的教育方法，使他们的角色变得不重要。他们担心自动化和数据分析会削弱教师的必要性。数据收集、分析和报告需要额外的工作量，这会让一些教师感到负担加重。他们担心这将占用他们本应用于教学和课程设计的时间。一些教师缺乏必要的技术知识和技能，不知道如何正确地使用大数据工具和资源，从而感到不安和无法适应。

对此，学校可以鼓励教师积极参与大数据项目，让他们了解这一技术如何提高教育质量和学生学习体验。参与过程中，教师可以更好地理解大数据的潜在价值。

学校还应提供相关的培训计划，以帮助教师掌握大数据技术和工具。培训包括数据收集和清理、数据分析、数据可视化等技能培训。这可以提高教师的信心和能力，使他们更容易适应新技术。

（三）学生的态度和接受度

学生的态度和接受度对于大数据在大学英语教育中的应用同样至关重要，因为他们是教育过程的直接受益者。

大数据时代的大学生通常被称为"数字原生代"，他们在数字技术和互联网兴盛时代下长大，非常熟悉数字设备、社交媒体和在线资源。他们更容易接受和适应新技术，数字素养高。得益于互联网和社交媒体，大学生有轻松获取和分享信息的机会。他们可以轻松地查找学术资料、在线课程、教育资源，并与同学、教师和其他人分享自己的见解和学术成果。因此，大部分学生对大数据应用持积极态度，期望通过数据分析来改进他们的教育体验。他们认为个性化的学习建议、更好的学术支持和资源可以提高他们的学术成绩和学习效果。另一些学生对数据收集和隐私问题表示担忧。他们担心个人信息被泄露，或者不愿意让学校或教育机构收集和分析他们的数据。这些担忧会影响他们是否愿意参与大数据项目。

针对这些问题，其一，学校可以利用大数据分析来为学生提供个性化的学习建议和资源。这可以激励学生更积极地参与，因为他们能够从中获得直接好处。其二，学校应该积极进行教育和沟通，向学生解释大数据应用的目的、好处和数据使用的方式。大数应用的透明性和明确性可以减轻学生的担忧。其三，学校必须确保学生数据的隐私和安全。建立健全的数据保护政策，采取必要的安全措施，以保护学生的个人信息。

第二节　大数据在大学英语教育中
应用的未来趋势

在教育领域，教育技术的发展应该始终以提高学校教学质量为最终目标。这些技术可以为学生和教师提供更好的学习和教学体验，但它们的应用和发展必须紧密围绕提高教育质量和学生学习成果展开。如果脱离了这一前提，无论技术如何发展都变得毫无意义。

一、技术发展与应用的前提原则

（一）教育技术应该以学生为中心

教育技术的设计和应用应始终以学生的学习需求和提高他们的学术成绩为最终目标。这意味着任何教育技术产品或解决方案都应该以满足学生的需求为首要任务。教育技术应该关注学生的学习风格、水平、兴趣和需求，从而提供个性化的学习路径和资源。技术的设计应考虑如何激发学生的学习兴趣和提高他们的参与度。最终，技术的应用应使学生更轻松地实现学术成功。

（二）技术的设计和实施应该以支持教师为目标

教师是教育过程中不可或缺的重要角色。因此，教育技术的设计和实施应旨在支持和加强教师的教学工作，而不是替代他们。技术可以提供教学资源、数据分析工具和管理平台，以帮助教师更好地指导学生。这包括教育技术提供的自动化工具，如自动评分系统、在线资源库和课程管理系统。技术应该与教师的专业知识和经验相结合，共同提高教学质量。

（三）技术不能单独存在

教育技术的应用必须与教育理念、课程设置、师资培训等其他要素相结合。技术只是实现教育目标的手段之一，它的应用必须建立在教育的全面发展基础上。教育技术应与课程内容和教学方法相协调，以确保技术的有效性和一致性。此外，教育技术应与教育整体环境相融合，包括学校政策、资源配置和学生支持。

（四）教育决策者对技术应持审慎的态度

在技术迅速更新迭代的今天，教育决策者需要审慎考虑技术的采用和应用。不能过于追求时髦和新颖的技术而忽视了教育的核心目标。技术的使用必须以经验丰富的教育工作者的意见为指导，确保技术的引入是为了改进教育而不是破坏传统教学方式。决策者需要深入了解技术的长期影响，并确保其在高校环境中的可行性和可维护性。

（五）教育技术的引入和应用需要逐步、有序推进

教育技术的应用需要给高校和教师足够的时间适应和掌握。过于急功近利的实施会导致教育中断和负面效应。因此，技术的引入应该逐步、有序推进，以确保教育界有足够的资源和支持来采纳新技术。此外，技术支持不能"一刀切"，不同地区高校的情况各不相同，应根据实际情况进行个性化的部署和培训。

二、基于大数据的大学英语教育创新模式构建

在大学英语教育中，大数据技术的应用正逐渐改变着传统的教学方式和学习体验，构建基于大数据的大学英语教育创新模式已经成为大数据在这一领域的未来趋势。

（一）以大数据为支撑

基于大数据的英语教育创新模式借助数据分析和机器学习等技术，为学生提供高度个性化的学习体验，帮助他们更高效地学习英语。这种模式不仅提升了教育的质量，还有助于培养更具竞争力的英语学习者。

1.学习行为数据收集与分析

通过收集学生的上网学习行为数据，包括用词查询记录、在线练习提交情况等，教师可以深入了解每名学生的学习习惯和水平。这些数据不仅可以用于评估学生的兴趣点，还可以揭示他们的学习强项和薄弱点。

2.考试成绩数据分析

对于英语学习，考试成绩是重要的衡量指标。系统可以分析学生的各章测试成绩以及不同题型的答题情况，以识别个人的知识差距和经典难点知识点。这有助于定制更精确的学习计划。

3.学习投入数据分析

了解学生在学习过程中的投入程度同样重要。系统可以追踪学生观看在线教学视频的时间长短、作业提交频率等数据，以评估他们的学习效率。这些信息可以用来调整学习计划，提高学习效果。

4.机器学习建模

基于收集的各类学习数据，系统可以利用机器学习算法构建针对每个学习者的英语能力感知模型。这个模型将学生的学习历史、成绩、学习习惯等因素综合考虑，以更准确地了解他们的英语水平和需求。

5.个性化学习计划定制

基于机器学习得到的学生模型，系统可以为每个学习者定制个性化的学习计划。这包括设定重点练习模块，推荐适合他们水平和兴趣的学习资源，以及掌握学习进度。

6.实时反馈与完善方案

学习过程中，系统不断收集学生的反馈，包括难点问题、学习满意度等。这些反馈有助于实时调整个性化学习方案，提供额外的支持和资源，以满足学生的

需求。

7.学习成绩跟踪和智能体系优化

学习过程不仅关注起始阶段，还需要跟踪学习成绩的动态变化。系统可以评估学习计划的优化效果，并在必要时进行调整，以确保学生的进步。

所有这些步骤和方法的结合使大数据支撑下的个性化英语学习体验成为可能。每位学习者都可以根据自己的需求和水平获得定制的教育，以提高学习效率和英语能力。该智能化学习体系以大数据为基础，可以为学生提供更好的教育体验。它不断学习和改进，以适应不同学习者的需求，构建一个更加灵活和多样化的英语学习环境。

（二）人工智能模拟教师一对一教学

人工智能（Artificial Intelligence，AI）属于计算机科学领域，旨在开发具有类似人类智能的计算机系统。这种智能系统能够模仿和执行通常需要人类智力的任务，如学习、推理、问题解决、语言理解、感知和决策制定。

人工智能与教育密不可分。随着新一代人工智能技术的迅速发展，教育领域逐渐进入了一个创新与融合的时代，以实现教育教学的变革和提升。在过去几年中，政策、市场需求和技术不断推动着人工智能与教育之间的融合。在政策层面，中国相继发布了一系列支持人工智能与教育融合的政策，为这一融合进程提供了政策支持。同时，人工智能技术的迭代和升级也加速了其在教育领域的应用。

随着居民生活水平的提高和教育消费需求的升级，家庭对教育的投入明显增加，对教师、学习环境和条件的要求越来越高。在线学习需求大幅增长，这促进了人工智能技术在教育行业的广泛应用。在技术层面，计算机视觉技术、智能语音技术和自然语言处理等核心人工智能技术已被广泛应用于在线教育、智慧课堂等领域，为智慧教学和智慧学习提供了强大的支持。从英语语音测评到情感分析，人工智能已经涵盖了教育领域的多个方面，为学习者提供了更多的学习工具和资源。

国内外知名科技公司也积极投入到人工智能教育领域，研发各类 AI 教育软件，扩大了人工智能在教育中的影响。例如，Google、Alpha 等国际知名公司已开发出多种有竞争力的 AI 教育产品，并开始进军教育市场。国内的腾讯、科大讯飞、百度等公司也研发了大量学习和教育软件，并吸引了众多用户。人工智能正引领教育向智慧教育和智慧学习的方向迈进，将为教育带来更多的可能性。

传统的大学英语教学往往面临一名英语教师需要同时照顾几十名甚至上百名

学生的挑战，这样的教育模式会导致个别学生的需求难以得到满足，也给教师带来巨大的教学压力。然而，基于大数据的大学英语教育创新模式中，人工智能技术可以模拟教师，为每名学生提供一对一的教学指导。

1.对话机器人提供语言智能指导

人工智能模拟教师可以以对话机器人的形式出现，与学生实时对话。它具备自然语言处理和生成能力，能够理解学生提出的问题，并给予详细的回答和解释。这种互动性有助于学生更好地理解和掌握英语知识。

2.语音智能助教进行语音对话练习

语音智能助教允许学生进行语音对话练习，同时识别发音错误并及时提供修正建议。通过实时语音交流，学生可以纠正口音和发音问题，提高口语表达能力。

3.智能写作助手提供写作支持

智能写作助手可以检查学生的英语写作，包括语法和结构错误，并给予建议和改正意见，帮助学生提升写作能力。这对于学术写作或英语作文练习尤其有益。

4.教学问答模型解答问题

人工智能通过学习大量教学视频和互动记录，构建了教学问答模型。这个模型能够为不同学习需求的学生提供详细的问题解答和教学指导。

5.个性化学习建议和作业评价

通过监督学习模型，人工智能可以根据学生的学习数据为他们提供个性化的学习建议和作业评价。学生可以了解自己的学习进度，改进学习策略。

6.动态更新教学模式

算法会根据学生的反馈不断更新教学模式，进行个性化和情景化优化。这使教学更贴近真实的学习情况，满足不同学生的需求。

7.教学视频内容的制作

人工智能还可以摄制大量教学视频内容，辅助教师完成部分常规教学任务。这些视频可以提供多样化的学习资源，帮助学生更好地理解教材。

8.人机协同模式

在人机协同模式下，人工智能助教与真实教师有机衔接，互相补充。这种合作模式可以更好地满足个别学生的学习需求，弥补了传统教育中的个别差异。

总之，人工智能模拟教师一对一教学通过结合先进的技术和个性化教学方法，为大学英语教育提供了全新的可能性。这一模式有助于学生更好地掌握英语知识和提高语言技能，为教师减轻工作负担，实现更高效的教育。

（三）利用虚拟现实和增强现实技术创设沉浸式学习环境

适宜的教学环境可以为教师提供更多的教学资源和工具，帮助他们更好地实施教学策略，也可以激发学生的学习兴趣，提高他们的学习效果。在基于大数据的大学英语创新模式中，利用虚拟现实和增强现实技术，能创设沉浸式的学习环境，从而实现更有效的教学和学习。

1.虚拟现实（VR）和增强现实（AR）技术概述

首先，虚拟现实技术（VR）基于计算机生成的三维虚拟环境，通过头戴式显示器、手柄等设备，使用户完全沉浸在虚拟世界中。VR的特点包括全尺寸的沉浸式体验、封闭性（用户无法感知真实世界）和高度互动性。在英语学习中，VR可以创造出虚拟的英语学习环境，如模拟英语国家的街道、商场、会话场景等，使学生能够身临其境地练习听、说、读、写技能，提高语言应用能力。

其次，增强现实技术（AR）是一种将虚拟信息叠加到真实世界的技术，通常通过智能手机、AR眼镜等设备来实现。AR的特点包括将虚拟与现实相结合、开放性（用户依然感知真实世界）和实时性。在英语学习中，AR可以为学生提供实时的语言翻译、语法提示、单词解释等信息，帮助他们更好地理解和使用英语。

虚拟现实和增强现实在英语学习中具有潜在的广泛应用。在VR方面，学生可以参与虚拟的英语对话，与虚拟角色互动，进行模拟商务会议，提高口语流利度和自信心。AR技术可以用于语言学习应用程序，通过识别文本并提供即时翻译或语法建议提高学生的阅读和写作技能。此外，AR还可以为学生提供沉浸式的英语文化体验，如虚拟博物馆游览、文化街道导览等，帮助他们更好地理解英语国家的文化。

2.沉浸式学习在英语教育中的优势

沉浸式学习在英语教育中具有许多显著优势，这些优势有助于提高学生的学习效果和学习体验。

（1）沉浸式学习环境可以激发学生的学习兴趣，因为它们提供了引人入胜的学习体验。学生通常更愿意投入虚拟世界中，与虚拟场景或角色互动，这可以增强他们的学习参与度。

（2）沉浸式学习允许学生在虚拟环境中进行实际应用和情景模拟。在英语教育中，这意味着学生可以参与虚拟对话、模拟商务会谈、游览虚拟英语国家等。这种实践性的学习有助于学生将所学知识应用于实际情境，提高他们的语言技能和沟通能力。

（3）沉浸式学习环境可以根据每名学生的需求和兴趣进行定制。通过大数据和智能算法，系统可以为每名学生创建个性化的学习路径和内容，提供针对性的练习和挑战。

（4）虚拟现实和增强现实技术提供高互动性的学习体验。学生可以与虚拟对象、角色或场景进行实时互动，这有助于他们更深入地理解和吸收英语知识。

（5）通过虚拟现实，学生可以沉浸式地体验不同文化的环境，提高他们的跨文化交际能力。这对于大学英语学习者来说尤为重要，因为他们可以更深入地了解英语国家的文化和语境。

（6）沉浸式学习环境可以实时监测学生的表现，并提供即时反馈。这有助于学生及时了解自己的进展，并改进学习策略。

（7）由于沉浸式学习提供了多感官体验，学生更容易记住和理解所学内容。通过视觉、听觉和运动的参与，知识更容易在大脑中建立联系。

3.大学英语沉浸式学习环境的设计

设计一个成功的大学英语沉浸式学习环境需要综合考虑学生的不同语言水平和技能需求，以及提供多样化的学习任务和体验。以下是大学英语沉浸式学习环境的设计要点。

（1）学习任务的多样化。为初级水平学生提供生活场景的任务，如购物、订餐、交通导航等，以帮助他们掌握基础的日常用语。对于高水平学生，可以设置更具挑战性的任务，如模拟工作场景、商务会谈、学术研究讨论等，以提高他们的专业英语技能。每个任务应该明确定义目标和难易程度，以便学生了解任务的要求和预期结果。这有助于提高学生的自我评价和学习动力。

（2）构建真实环境场景，自定义角色设定。为学生提供沉浸式的国际文化体验，包括参观不同国家的景点、参加各类主题活动（如文化节庆、展览会等）。这样的体验有助于学生了解不同国家的语言和文化，提高他们的跨文化交际能力。学习者可以自主选择虚拟身份，如学生、公务员、商务人士等。这种自定义允许学生将学习任务与他们的职业或兴趣相关联，增加学习的实际意义。

（3）各个模块设计细致。支持学生进行虚拟对话，练习口语交流，通过语音识别技术提供即时反馈和评价。为学生提供在虚拟环境中进行选择和决策的机会，这有助于他们提高判断力和解决问题的能力。支持学生在虚拟环境内与同伴、教师展开讨论和合作，模拟真实课堂情境，促进互动和合作学习。设定学习任务完成后的评估机制，以测量学生的语言技能和知识水平。这有助于学生了解自己的进展并提供反馈。同时，确保学习环境可以在不同设备上灵活访问，包括电脑、平板和手机，以适应学生的学习习惯和需求。

（4）丰富的多媒体支持。整合视频、音频等多媒体资源，以提供更生动、具体的学习环境。这有助于学生更好地理解语言的用法和语境。

大学英语的沉浸式学习环境设计应综合考虑这些要点，以提供丰富、个性化、互动性强的学习体验，帮助学生在语言技能和文化认知方面取得更好的成就。同时，不断的评估和反馈机制有助于改进和优化学习环境的设计，以满足学生不断变化的需求。

（四）借助自适应学习系统实现英语终身学习

终身学习教育理念的核心是为全体公民提供不同年龄阶段的学习机会和资源，以便他们能够在任何时间、任何地点以各种方式进行学习活动。终身学习不仅包括正规的学校教育或高等教育，还包括所有形式的学习，无论是正式的、非正式的还是非正规的。

这个概念的推广反映了社会的变革和知识经济的崛起，强调了学习的重要性，而不只是教育的一部分。终身学习鼓励个体主动追求知识和技能的提升，以适应不断变化的社会环境。这意味着学习者需要不断增强自己的知识、情感、技能和能力，以实现自我完善和个人生涯的发展。终身学习强调学习者可以从多种渠道和通过多种方式获取知识，包括课堂教育、在线学习、社交媒体、实践经验等。这种多样性有助于满足不同学习者的需求和兴趣。终身学习鼓励学习者在需要的时候进行学习，而不受时间和地点的限制，使得学习更具灵活性，可以与生活和工作相协调。

现代技术和工具如互联网、移动设备、在线课程等为终身学习提供了更多的机会和便利。学习者可以随时随地访问学习资源。自适应学习系统是这一趋势的重要组成部分，它们利用技术的力量为学习者提供更好的个性化学习体验。

自适应学习（Adaptive Learning）强调学习应该根据每个学习者的独特需求和能力水平进行个性化调整。在自适应学习中，学习者不再被迫按照统一的教学计划前进，而是可以根据自己的学习背景、兴趣、学习速度和目标，自主选择学习内容和学习方式。这一方法的目标是提供更有效、更有针对性的学习体验，以满足不同学习者的需求。

自适应学习系统（Adaptive Learning Systems）是支持自适应学习的技术工具。它们利用先进的技术，如大数据分析、机器学习和人工智能，来跟踪学习者的学习进展和行为。这些系统建立学习者模型，包括学习者的学习历史、兴趣、学习风格和能力水平等信息。然后，系统使用这些模型来自动调整学习内容和学习路径，以最大限度地满足学习者的需求。这包括提供适当难度的教材、及时的反馈、个性化的学习建议等。

借助自适应学习系统实现英语终身学习，可以从以下四个方面来实现。

首先，构建一个具有开放性和弹性的学习平台体系，使学习者可以随时随地进行灵活的学习。这意味着学习不再受时间和地点的限制，学习者可以根据自己的时间表和需求自由选择学习的地点和方式。

其次，建立学习者的个人档案，记录他们的学习历史和数据，形成了解每个学习者能力水平和学习风格的学习档案。这个档案对于个性化学习至关重要，它可以帮助教师更好地了解学习者的需求和背景。根据学习档案和实时学习数据，学习系统可以动态地推荐个性化的学习内容和任务。这包括重点练习学习者的弱点，例如网络词汇，以便更有针对性地提高英语技能。

再次，智能算法对学习数据进行分析和预测，为学习者设计学习路线图和发展建议。这有助于学习者更有效地规划他们的学习路径和目标，以提高学习效率。同时，提供丰富的在线学习资源，如视频课程、选修模块和学习材料库，使学习者能够根据自己的需求选择适合的学习资源。自适应系统支持在线社交学习互动，包括学习论坛答疑解惑和师资指导。这种互动可以促进学习者之间的知识分享和合作，提供更多学习机会。采用阶段性评估和积分认证机制，激励和记录学习成就。这有助于学习者保持动力，并衡量他们的学习进展。

最后，及时接收反馈数据，对系统进行优化，确保学习系统不断适应学习者的需求和进展。

参考文献

[1] 教育部高等教育司.大学英语课程教学要求[M].北京：高等教育出版社，2007.

[2] 王守仁.《大学英语教学指南》[J].大学外语教学研究，2018（0）：7.

[3] 肖君.教育大数据[M].上海：上海科学技术出版社，2020.

[4] 周文娟.大数据时代外语教育理念与方法的探索与发现[M].上海：上海交通大学出版社，2014.

[5] 王志.大数据技术基础[M].武汉：华中科技大学出版社，2021.

[6] 蔡先金，宋尚桂，王希普，等.大数据时代的大学：e课程 e 教学 e 管理[M].济南：山东人民出版社，2015.

[7] 陈坚林.计算机网络与外语课程的整合———一项基于大学英语教学改革的研究[M].上海：上海外语教育出版社，2010.

[8] 黄荣怀，Jyri Salomaa.移动学习——理论·现状·趋势[M].北京：科学出版社，2008.

[9] 丽娜.大数据驱动下的大学英语教学革新与探索[M].长春：吉林人民出版社，2021.

[10] 苗玉娜.大数据时代英语教师发展研究[M].长春：吉林出版集团股份有限公司，2021.

[11] 韩晓美.基于教育大数据的英语信息化教学改革探析[J].北京劳动保障职业学院学报，2019，13（2）：63-65.

[12] 韩凌，李慧芳.基于大数据的英语"精准教学"及其实现路径[J].教学与管理，2020（30）：108-111.

[13] 张娇媛.高校英语混合式教学与信息技术应用[M].天津：天津科学技术出版社，2019.

[14] 戴朝晖.基于慕课理念的大学英语翻转课堂研究[M].青岛：中国海洋大学出版社，2019.

[15] 刘梅.大数据时代的英语写作教学与研究[M].苏州：苏州大学出版社，2018.

[16] 任彦卿.基于移动学习系统的大学英语教学研究[M].长春：吉林人民出版社，

2019.

[17] 刘玉婷.基于信息化支持的英语教学模式研究[J].中国信息技术教育，2019（5）：69-71.

[18] 鲁子问.英语教学论[M].2版.上海：华东师范大学出版社，2009.

[19] 杨艳.英语教学创新研究[M].长春：吉林人民出版社，2019.

[20] 王丹.大数据时代下的大学英语听说教学改革初探[J].佳木斯职业学院学报，2016（9）：241.

[21] 谢聪.论大数据时代英语视听说网络自主学习平台的构建[J].英语教师，2019，19（22）：117-119.

[22] 王轶，李姝焱，杨璐.大数据视域下混合式大学英语教学模式的构建与应用[J].吉林广播电视大学学报，2022（3）：109-111.